Tech for Social Good: Theory and Case

企业科技向善
理论与案例

孟猛猛 ◎ 主 编

U0360618

清华大学出版社
北京

内 容 简 介

本书基于中国集体主义文化，厘清了企业科技向善的概念，探讨了科技向善的理论内涵和逻辑范畴。在企业层面上，分析了企业科技向善对社会价值和竞争优势的影响机制，为企业接受科技向善理念和选择科技向善战略导向提供了理论依据，即企业科技向善有助于创造共享价值、场景价值和社会价值，进而更好地融入社会。本书经过典型案例分析，提出将企业的社会价值和公共利益创造作为政府监管与考核的新维度，为企业的创新管理实践和政府制定企业科技向善的准则及其他相关政策提供参考和对策。

本书主要面向关注企业科技创新和科技伦理的大学生、学者、政府监管人员和企业管理者，为他们提供有益的参考和借鉴。

图书在版编目（CIP）数据

企业科技向善：理论与案例/孟猛猛主编. —北京：清华大学出版社，2022.5
ISBN 978-7-302-60711-3

Ⅰ. ①企…　Ⅱ. ①孟…　Ⅲ. ①企业管理－技术革新－研究－中国　Ⅳ. ①F279.23

中国版本图书馆 CIP 数据核字（2022）第 068016 号

责任编辑：杜春杰
封面设计：刘　超
版式设计：文森时代
责任校对：马军令
责任印制：杨　艳

出版发行：清华大学出版社
　　　　　网　　　址：http://www.tup.com.cn，http://www.wqbook.com
　　　　　地　　　址：北京清华大学学研大厦 A 座　　　邮　　编：100084
　　　　　社 总 机：010-83470000　　　　　　　　　邮　　购：010-62786544
　　　　　投稿与读者服务：010-62776969，c-service@tup.tsinghua.edu.cn
　　　　　质量反馈：010-62772015，zhiliang@tup.tsinghua.edu.cn
印 装 者：天津安泰印刷有限公司
经　　销：全国新华书店
开　　本：185mm×260mm　　　印　　张：11.75　　　字　　数：236 千字
版　　次：2022 年 6 月第 1 版　　　　　　　　印　　次：2022 年 6 月第 1 次印刷
定　　价：59.80 元

产品编号：093897-01

前　言

改革开放 40 多年来，我国经济高速发展，科学技术也实现了历史性跨越，中国已经成为具有重要国际影响力的科技创新大国。新一轮科技革命和产业变革正在创造历史性机遇，催生智能制造、互联网+、分享经济等新科技、新经济、新业态，蕴含着巨大商机。科学技术是第一生产力，而且是先进生产力的集中体现和主要标志，这里面隐含的前提假设是科学技术被劳动者所掌握，科技为社会服务。

2019 年，习近平总书记提出，科技伦理是科技活动必须遵守的价值准则，要加强统筹规范和指导协调，推动构建覆盖全面、导向明确、规范有序、协调一致的科技伦理治理体系，并组建了国家科技伦理委员会，进一步完善制度规范，健全治理机制，强化伦理监管，细化相关法律、法规和伦理审查规则，规范各类科学研究活动。

科技创新引领经济高质量发展。国家倡议发挥企业在技术创新中的主体作用，强化国家战略科技力量，推动经济高质量发展。然而，2021 年多家科技互联网企业为了追求利润，引发了多起"采用大数据杀熟"或"非法抓取用户隐私数据"等"科技向恶"事件，这会削弱党对科技工作的集中统一领导力。

在这种新形势下，如何引导企业科技创新和产品应用为社会谋福利，推动社会发展，让企业致力于创造社会价值和广义的社会贡献，是国民经济和社会发展中迫切需要解决的关键科技问题，也是理论创新和实践发展的迫切需要。企业的创新行为和科技应用必须遵循"科技向善"原则。本书正是在上述重大需求的驱动下诞生的。

本书基于中国集体主义文化厘清了企业科技向善的概念，探讨了科技向善的理论内涵和逻辑范畴。在企业层面上，分析了企业科技向善对社会价值和竞争优势的影响机制，为企业贯彻科技向善理念和制定科技向善战略导向提供了理论依据，即企业科技向善通过共享价值、场景价值和社会价值创造融入社会。此外，本书结合中国企业参与新冠肺炎疫情期间的抗疫措施，对企业科技向善的行为进行案例分析。

本书主题新颖，具有鲜明的首创性特征。但由于企业科技向善是原创性的探索成果，限于作者自身能力，本书难免存在一些不足和疏漏，欢迎读者批评指正，与我们一起探讨未来科技世界的规范要求和伦理法则。

本书相关研究工作由孟猛猛组织和推动，由清华大学中国企业成长与经济安全研究中心团队协作完成。全书的编写分工如下：

全书统稿工作：孟猛猛；第一章：雷诺、李欣融、孟猛猛；第二章：孟猛猛；

第三章：陈虹；第四章：杨淼；第五章：王婧；第六章：杨雅程；第七章：陈虹；第八章：张丽（8.1）、刘丰睿（8.2）、黄瑞敏（8.3）、刘悦佳（8.4）；第九章：雷诺。

最后，感谢清华大学出版社在本书的编辑与出版过程中给予的支持和帮助。

本书的相关研究分别获得了国家社会科学重点项目（20AZD112）、中央高校基本科研业务费专项资金项目（2021RC61）、北京邮电大学大学生创新创业项目（202108007）的资助。

目　　录

第1章　值得关注的领域：企业科技向善

1.1　数字经济下的科技管理困境

随着现代科技的迅猛发展，企业家和学者们越来越多地倡导"科技向善"。当下人类面对的诸多困难需要借助科技手段来缓解和解决。所谓企业科技向善（corporate technology for social good），就是指借助于科技手段特别是新科技的应用，解决影响面大的社会难题：一是科技普惠，二是解决社会弱势群体（贫困人口、鳏寡孤独、老弱病残、妇女儿童）的特殊困难。在业界、学界越来越多地关注"科技向善"的社会环境下，我们要尽可能地消除"科技向恶"和"科技失控"带来的负面影响。

1.1.1　科技企业的大数据杀熟

在移动互联网日益普及和 5G 商用不断扩大的背景下，以人工智能、区块链、云计算、大数据为底层技术推动的数字经济正在不断对我们的生产、生活产生深刻而广泛的影响。一方面，一些大型数字化平台上汇集了生产、生活中多个领域的服务，形成了超级平台，通过不断积累大量用户数据，运用智能算法进行数据挖掘，为用户提供商品和服务，提高了供需配比率，降低了交易成本，提高了消费者效用（戚聿东，2020）；但另一方面，数据主要集中在这些超级平台也导致市场缺乏有效竞争，提高了其他企业的市场进入壁垒，抑制了正常的市场竞争和降低了资本配置效率。

在数据集中在超级平台的背景下，大数据杀熟成为价格歧视新的表现形式，即超级平台企业利用市场支配地位实施"杀熟"行为，对市场秩序造成了一定的冲击和破坏，严重侵犯了消费者的知情权、隐私权。

2018 年 3 月，大数据杀熟进入国人视野。在 2018 年十大消费维权舆情中，大数据杀熟排在十大热点话题第三位，且这一现象可能已经持续多年。大数据杀熟具体是指，同样的商品或服务，老用户看到的价格反而比新用户要高出许多的现象，大数据产业在发展过程中的信息不对称及不透明都使得大数据杀熟现象越来越普遍。网购平台、在线旅游、网约车类移动用户端或网站是大数据杀熟的"重灾区"，滴滴、携程、美团、淘票票等平台企业都被卷入其中，只是上述企业从未公

开承认大数据杀熟行为，这使得消费者难以举证维权。

1. 屡见不鲜的大数据杀熟现象

2020年12月，自媒体"漂移神父"发布文章《我被美团会员割了韭菜》，获得了10万+的阅读量，也让大数据杀熟再次成为热点话题。开通美团会员只要15元，开通后可以领取5个5元红包，表面上省了10元，但同一家店、同一个配送位置、同一个下单时间节点，开通会员后，配送费用反倒比非会员要高出1～5元不等。同为外卖平台的"饿了么"，新、老用户在同一家店消费，可享受的红包金额也因人而异。

网约车平台也是大数据杀熟争议较多的领域。2021年3月，复旦大学教授孙金云的"手机打车软件打车"调研登上热搜。从2020年8月开始，孙金云团队28人在选取华北、华东、华南、西南的代表城市北京、上海、深圳、成都和重庆进行针对性打车，覆盖7个平台，得到821份有效数据。同时为了确保数据的说服力，调研覆盖早/晚高峰、早/晚非高峰4个时间段，短途、中途、远途3种路线长度。

他们的调研发现：①手机越好，价格越贵。用苹果手机在一键呼叫中勾选"经济型"和"舒适型"两档进行测试后发现，苹果手机用户被舒适型车辆（专车、优享）接单的频率是非苹果手机用户的3倍；同时苹果手机用户比非苹果手机用户享受的优惠力度更低。②平台补贴，先涨后降。有优惠时，平台的平均抽成比例跌为负值，即平台确实在补贴用户；但无优惠时，用户端的最终计价与司机端的最终计价差距为14%，有优惠时却提到了21%。由此可以看出，有优惠时的最终计价高于无优惠时，即平台先提价再减免。③不靠谱的预估价格。在某些城市，网约车用户实际支付的价格往往比软件预估要高很多，其中上海为11.8%，成都为8.5%，北京为6.9%。④不靠谱的等待时间。预估等待时间普遍低于实际等待时间，这一点身为用户想必深有体会。

调查发现，平台"杀熟"的方式除了根据乘车时间和里程调整价格和计价方式，还会针对人群和地域调整价格。业内人士表示，"平台都会做用户分层，判定用户是活跃用户、流失用户还是新用户，以便给予不同的优惠。从技术上来讲，实现分人群、分地域、分时段的定价机制，没有门槛。"加上如今各个平台建立的会员体系，用户权益的差异大，"优惠政策完全是千人千面"。在网约车行业，供求关系导致的价格调整无处不在，调整供求关系的方式也有差异。以滴滴为例，滴滴快车使用的是排队政策，因为快车用户群体对于价格调整较为敏感；而滴滴礼橙专车用的是加价策略，让接受高溢价的用户优先获得服务。

网购方面，电子商务平台大多利用大数据，采用"千人千面"的方式，即同一App在不同终端上显示的商品会根据用户的购物习惯实现个性化定制。"千人千面"的初衷是为用户提供更有针对性的优质服务，但其背后难免会出现给新用户显示低价、给老用户显示高价、根据用户的购买频率提高价格等"价格歧视"现象。比如，对比京东开通 Plus 会员前后的价格，开通会员后看到的价格和普通用户看到的价格是不一样的。

2. 大数据杀熟现象的监管

从经济学视角看，商家作为市场中的理性人，对消费者"杀熟"是为了获取消费者的剩余价值，谋求商家自身利润的最大化。商家在消费者不知情的情况下，根据各大平台的大数据模型建立的用户画像、消费者的支付能力进行差异化定价，这既满足了消费者的有效需求，商家也获得了貌似"愿意支付较高价格"的消费者的"剩余价值"。

大数据杀熟严重侵害了消费者的权益。中国传媒大学文化产业管理学院法律系主任郑宁认为，"大数据杀熟侵害了消费者的公平交易权。此外，各大平台通过大数据收集消费者的个人信息，从而推测出消费者的消费偏好，如果不符合'知情—同意原则'，则可能涉嫌侵害个人信息权益"。大数据杀熟对于公平竞争、诚实信用的市场秩序具有破坏效应，可能引发社会信任危机。上海恒衍达律师事务所律师王艳辉认为，大数据杀熟侵害了消费者的知情权。《中华人民共和国消费者权益保护法》（以下简称《消费者权益保护法》）第八条规定了消费者享有知情权，即"知悉其购买、使用的商品或者接受的服务的真实情况的权利"。

2021 年 2 月 7 日，国务院反垄断委员会实施了《关于平台经济领域的反垄断指南》，其中第十七条将"大数据杀熟"定义为"基于大数据和算法，根据交易相对人的支付能力、消费偏好、使用习惯等，实行差异性交易价格或者其他交易条件"。大数据杀熟主要表现为平台滥用市场支配地位，实施消费者差别待遇。以西方国家为借鉴，遏制"大数据杀熟"现象，需要立法及时精准、监督有力有效。民众还要提高保护自己权益的意识。

1.1.2 科技企业的隐私泄露

1. 个人信息过度索取

大数据时代，个人隐私泄露成为全球共同面对的重大社会问题。

目前，通过移动互联网泄露隐私的主要渠道有手机 App、公共 Wi-Fi、旧手机、企业数据，其中手机 App 是最重要的隐私泄露渠道之一。不法分子恶意获取手机权限后，盗取并泄露用户隐私，可能导致进一步的违法犯罪活动，如诈骗、勒索等。2016 年，Facebook 承认因为一个系统安全漏洞，无意间向未经授权的浏览者泄露了用户的手机号和电子邮件地址，共涉及全球 600 万用户。

在国内，用户隐私泄露问题及造成的影响更为严重，且涉及快递、酒店、外卖、社交媒体等行业领域。泄露的用户数据高达数亿条，而且包含用户十分私密的信息，诸如姓名、手机号、身份证、账户信息、社交账号及密码等，比如在2021年中国裁判文书网上的《逯某、黎某侵犯公民个人信息一审刑事判决书》案例中，淘宝11亿条用户隐私被泄露。

2014 年 3 月 22 日，携程被爆安全漏洞，即用于处理用户支付的服务接口的调试功能，使所有向银行验证持卡所有者接口传输的数据包直接保存在本地服务器，有可能被任何黑客所读取。漏洞泄露的信息包含用户姓名、身份证号、银行卡卡号和类别、卡 CVV 码、6 位卡 Bin（用于支付的 6 位数字）。如果有人获得了他人的上述信息，就能轻松地使用他人信用卡进行支付。

另外，平台过度索要手机权限，也会涉及个人隐私安全问题。用户首次使用某个 App 时，App 会向用户请求获得手机的部分权限，其中有些权限是必要的，有些则可能是不必要的。App 存在功能用不到、却要求用户授权的行为，即"越界获取"权限的行为，用户一旦给 App 授权，不但会给手机带来不必要的负担，还会留下各种安全隐患。

App 只要拿到相关权限，完全可以在正常提供相关服务的同时，"顺手牵羊"获取用户的隐私数据。例如，采取升降式摄像头的 vivo NEX 手机用户发现，通过手机 QQ 浏览器打开某些页面时，手机前置摄像头会出现一个"升降"动作；更有 vivo NEX 用户反馈，在输入界面未进行操作时，手机提示"百度输入法正在录音"。不少用户都有在社交软件与朋友在线聊某一话题时，被其他软件推荐相关话题的商品、服务、内容的经历。更有甚者，用户在与朋友线下谈论某物后，会被某些 App 推荐相关内容，这无疑是手机软件获取用户隐私的证据。

随着健康码、乘车码、付款码、点餐码、进门码等越来越多的二维码代替公交卡、菜单、进门证、工作证等实体凭证，人们的生活及工作越来越便利，但同时涉及个人隐私的问题也越来越多。如扫码点餐时，用户必须关注公众号，有的还需要验证手机号码、授权个人地理位置，更有甚者需要用户填写姓名、性别、出生年月等个人信息，否则不能完成点餐。这些无疑是对用户权益的侵犯。

2020 年 11 月，圆通内部工作人员违规操作导致 40 万条个人信息泄露，这无疑再次为个人隐私保护敲响警钟。造成这次个人信息泄露的原因是其内部员工与不法分子勾结，利用员工账号和第三方非法工具窃取运单信息，导致信息外泄。这些信息被以每条一元的价格打包出售到全国各地及东南亚电信诈骗高发的国家。

2. 人脸识别隐藏的危机

人脸是具有唯一性且终身不变的生物信息，也是计算机技术识别个人身份的重要依据。随着人脸识别技术的发展、AI 算法的优化，人脸识别让生活变得更加高效，刷脸解锁、刷脸支付、刷脸考勤、刷脸乘车、刷脸执法被广泛应用。与此同时，个人隐私的泄露也给当事人带来更多的潜在威胁。

在 2019 年城市轨道交通运营发展论坛上，北京地铁和北京市轨道交通指挥中心相关负责人透露，未来将建立地铁"白名单"及快速安检通道制度，应用人脸识别技术实现乘客分类安检。对此，清华大学法学院教授劳东燕表示担忧。

2019年10月28日，浙江理工大学副教授郭兵以杭州野生动物世界（旅游地）未经其同意强制收集个人生物识别信息、严重违反《消费者权益保护法》等法律相关规定为由，将杭州野生动物世界起诉至杭州市富阳区法院，成为"人脸识别第一案"。

2020 年 7 月 13 日，新华社披露了"倒卖人脸"现象。在电子商务平台上，藏着一批倒卖非法获取的人脸信息和"照片活化工具"的店铺。这些人脸可以执行"眨眨眼、张张嘴、点点头"等操作，通过人脸识别验证，"一张（静态）人脸0.5 元、照片活化软件加教程 35 元"。这意味着，只需花费一顿午饭钱，就能与别人"换脸"。这些人脸可有针对性地避开腾讯游戏的"未成年人防沉迷机制"、通过滴滴的人脸识别抽检与注册或打开如支付宝等交易 App，甚至打开他人手机里的私密软件，危害他人财产安全。

对于人脸识别用于解锁、支付、考勤、乘车、执法等类做法的合法性，清华大学法学院教授劳东燕的观点是很有道理的。她认为，社会收集个人生物信息应得到被收集人的同意；国家对于收集的主体、目的、方法、范围与程序等问题，应做出相应限定；违规收集或使用的行为，应承担相应的法律责任。她的这些观点，实际上揭示了国家构建相应法律的必要性。

1.1.3 科技企业的监管失控

当地时间 2021 年 2 月 17 日，Facebook 开始屏蔽澳大利亚媒体的新闻内容，同时限制用户在 Facebook 查看和分享澳媒的新闻报道。Facebook 此举的目的是回击澳大利亚即将出台的《新闻媒体协议规范》。

传统媒体不甘为科技公司作嫁衣，无偿提供内容给科技公司，让科技公司获得庞大的流量和巨额广告收入，于是与政府联手，向 Google、Facebook"宣战"，通过立法强制要求科技巨头为新闻付费。澳大利亚的"战火"一路蔓延到加拿大、欧洲各国、印度等全球战场，然而此举也遭到了 Google、Facebook 的强烈抵制。

面对科技巨头的强烈抵制，2021 年 2 月加拿大新闻媒体协会（NMC）联合国内主要媒体，共同发起了一场"消失的头条"运动，包括《多伦多星报》《滑铁卢区档案报》等 100 多家加拿大报纸和新闻网站都在一片空白的头版之下印着一行字："想象一下如果这里没有新闻，如果我们现在什么都不做，新闻业终将消亡。"

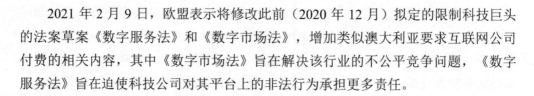
2021 年 2 月 9 日，欧盟表示将修改此前（2020 年 12 月）拟定的限制科技巨头的法案草案《数字服务法》和《数字市场法》，增加类似澳大利亚要求互联网公司付费的相关内容，其中《数字市场法》旨在解决该行业的不公平竞争问题，《数字服务法》旨在迫使科技公司对其平台上的非法行为承担更多责任。

1.1.4　启示与思考：企业应该承担的社会责任

企业社会责任是企业对利益相关者承担的义务和责任，包括有强制性的经济责任、法律责任，也包括有非强制性的伦理道德责任和慈善责任。大数据时代，面对大数据平台企业的大数据杀熟、侵犯个人隐私、刷脸等行为，企业社会责任在法律责任和伦理道德责任方面有了新的定义，主要表现在以下几个方面。

1.　政府难题：法律存在滞后性，难以遏制大数据杀熟

大数据杀熟本质上是互联网平台运用大数据和算法进行的一种隐蔽的"价格歧视"，以榨取消费者剩余价值，实现平台自身的利益最大化，侵害了消费者的个人隐私权、知悉真情权、自主选择权和公平交易权。无疑，政府对此应在制定相关法律基础上，加强对商家的行为规制。

尽管《消费者权益保护法》对于消费者的知悉真情权、自主选择权、公平交易权都有相关规定，但其中的原则性条款难以直接使用。《消费者权益保护法》中规定消费者维护自身权益，必须向执法机关申诉或向法院提起诉讼，具体事项需要消费者自身举证。但是在互联网消费中，没有实物凭证，电子形式的证据很容易被篡改或者销毁，这就增加了消费者举证的难度。

《中华人民共和国电子商务法》虽对定向电子营销进行了一定规制，但主要规定在差别推送方面，要求平台商家不应当针对用户的个人特征和消费习惯推送商品或服务；推送相关商品或服务时，也需要推送其他不基于个人特征和消费习惯的商品或服务。而关于大数据杀熟这一"价格歧视"，尚无直接规制的条款。

《中华人民共和国反垄断法》第十七条对于差别定价（"价格歧视"）明确规定，禁止具有市场支配地位的经营者在交易价格上实施差别对待。但在实际发生的大数据杀熟的案例中，也存在不具备市场垄断地位的经营者直接通过购买算法技术来实施"杀熟"行为的现象，再者认定经营者是否具有垄断主体资格也有很大的困难。

《中华人民共和国侵权责任法》规定，经营者是否侵权，需要认定经营者存在主观过错。但在司法实践中很难认定"过错"，经营者往往以"价格随时间变动而变化，价格随需求正常调整"为由进行抗辩，法院也往往以消费者证据不足为由判决消费者败诉。

总体来说，国家现有法律体系不足以有效应对大数据杀熟问题。因此，相对于事后应对，应当将重点放在事前预防，即应对平台商家收集、处理个人信息及算法歧视进行相应的规制，从源头上规避大数据杀熟行为的发生。

2. 法律责任：企业对用户数据的采集多数违规

商家在收集和利用用户数据形成"用户画像"，是一种需要征得用户同意的行为。我国 2021 年 8 月实施了《中华人民共和国个人信息保护法》，其中第十四条就"知情—同意"原则进行了规定，"基于个人同意处理个人信息的，该同意应当由个人在充分知情的前提下自愿、明确作出"。因此，平台商家在收集处理消费者个人信息数据时，必须以明示的方式得到消费者同意。

但实际情况是，使用平台软件购物时，消费者需要"勾选同意条款"才能使用，而这些条款往往包含平台商家收集、使用消费者信息的内容，在消费者不经意间平台商家就获取了消费者个人信息的使用权。尤其是一些人事前不做判断，缺少个人权益意识，导致了个人隐私的泄露。

3. 法律规制盲区："算法"规制

目前我国尚未制定对平台企业大数据算法进行规制的法律法规，平台企业所用算法的合理程度，只能靠平台运营者的良知和自律。鉴于这种情况，国家有必要制定针对性法律法规，明确"无歧视、无偏见"的规制原则，对平台企业使用的算法进行规范和规制，以遏制部分平台企业恶意对待消费者的现象，特别要遏制大数据杀熟现象。

科技本身没有好坏之分，关键在于如何利用技术。大数据杀熟、个人隐私被侵害、科技企业任性等现象都是企业经营者、商家平台为了自身利益，对技术的不当设计和利用所导致的恶果。从长远角度来看，某些企业的不当行为也是给自己"挖坑"，透支了消费者对企业的信任，损耗了消费者的忠诚度，对企业的品牌、口碑和未来发展有百害而无一利。基于此，要想让科技向善理念被大部分人接受并实践，国家应就引导科技向善制定法律、法规。

1.2　企业科技向善的发展

1.2.1　企业科技向善概念的起源

在人类文明的进程中，科技与伦理的关系一直是人们的关注点。1919 年，德国哲学家、社会学家马克斯·韦伯（Max Weber）在慕尼黑大学的一篇名为《以政治为业》的演讲稿中，提出责任伦理的主张，他认为人们应当对自己的行为及其后果负责，应当理性和谨慎地采取行动，以避免可预见的不良后果。马克斯·韦伯所提出的责任伦理视角对政治参与、可持续发展、环境保护、社会责任等方面具有重大意义，它要求人们拥有前瞻性责任意识，并主动地履行责任（2008）。汉斯·萨克塞（Hans Sachsse）在《技术与责任》一书中将马克斯·韦伯的责任伦理观点引入技术领域，他认为技术的发展方向是向善还是向恶取决于人，在技术快速发展的同时应当进行伦理反思，提倡科技工作者积极承担决策的责任，避免在技术发展过程中可能出现的后果。

如果说汉斯·萨克塞是从科技工作者的角度看待责任伦理问题，那么汉斯·约纳斯（Hans Jonas）则是进一步从人类社会责任共担的角度来看待技术的责任伦理问题。1979 年，汉斯·约纳斯在其著作《责任原理——工业技术文明之伦理的一种尝试》中指出，技术本身不具有伦理或道德的性质，是人类用来开发和使用工具从而满足需求、改变环境的力量来源，但那些以现代形式出现的技术所带来的不仅仅是人类社会的幸福和进步，也伴随着极大的不确定性，甚至是灾难；现代技术成果不单单是某个学科或科技工作者的实践，更是整个人类社会的集体实践，因此应当建立以责任为中心、面向自然界或人类未来的新型伦理关系。至此，科技的伦理问题不再被看作一个孤立的问题，而成为与法律、文化、政治息息相关的社会议题（樊春良，张新庆，2010）。

20 世纪 80 年代以后，对科学技术的伦理治理从"技术—伦理"治理模式逐步向"技术—伦理—社会"治理模式转变（薛桂波，闫坤如，2018）。在此背景下，Hellstrom（2003）从技术评价和风险管理的角度提出了负责任创新的框架，他强调科技工作者与公众、企业、政府等利益相关者之间的责任共担（Von Schomberg，2008），通过互动交流、集体讨论、共同参与等方式了解社会诉求（Owen，2013），从而有助于更准确地预知科技创新成果对人类社会带来的积极影响与潜在风险，使技术创新更好地服务于社会，实现公共价值。在负责任创新的框架下，技术创新的责任主体不再仅仅是科技工作者，还包括社会大众、政策制定者等多个主体（薛桂波，赵一秀，2017）。

科技向善（technology for social good）一词的正式提出可以追溯到 2013 年，由影响力投资者 Paul Miller 提出。Paul Miller 身为社会投资机构贝斯纳尔格林风险投资基金（Bethnal Green Venture）的管理合伙人兼首席执行官，同时也是一位科技向善的积极倡导者，他认为科技要用来解决社会问题，并说："我们可以帮助初创企业制定战略，使其成为成功的大企业。但与此同时，我们希望以一种最有可能对环境、社会或健康产生积极影响的方式来做这件事。"

2016 年，斯坦福大学计算机科学系为本科生开设了 Using Technology for Good 这门课程，该课程由 Computer Science + Social Good 学生社团发起，倡导将技术的力量用于社会公益，发挥技术利他潜能。该社团的学生创始人 Lawrence Lin Murata 说："我们正在建立一种思维模式（mindset），而不是一种产品（product），希望可以改变人们使用技术的心态。"

在互联网界，科技向善的社会思潮由来已久。早在 1999 年，"不作恶"（Don't be evil）就被写入谷歌公司的行为准则，前首席执行官兼董事长埃里克·施密特（Eric Emerson Schmidt）宣称："'不作恶'是谷歌公司员工共同的价值观与目标，那些对用户不利的事情就是'恶'。"2018 年，谷歌公司因向军方提供人工智能技术支持而深陷内部矛盾与社会舆论中。此后，谷歌公司将该准则更换为"做正确的事情"，饱含了向商业利益妥协的意味。2019 年，腾讯公司正式宣布了科技向善的愿景和使命，公司董事局主席兼首席执行官马化腾提出："一切以用户价值为依归，将社会责任融入产品与服务之中，推动科技创新与文化传承，助力各行各业升级，促进社会可持续发展。"

2020 年，新冠病毒疫情在全球蔓延，严重影响了人们的生活和工作，也影响了企业正常运转。中国迅速响应，多措并举抗击疫情，很多企业除了采用诸如慈善捐赠等传统方式履行社会责任，还充分发挥自身专业优势抗疫驰援，通过科技创新向社会提供注入善意属性的产品与服务，保障公众的正常生活和企业的正常运营，为社会做贡献。例如，汽车制造商五菱集团利用现有生产线技术生产口罩和口罩机，不仅避免了企业倒闭或破产，还使国内摆脱了口罩供应短缺的困境；腾讯公司基于腾讯会议和企业微信平台，借助腾讯同传技术，满足了联合国大会的在线会议需求。在中国情境下，企业科技向善在解决社会问题中发挥了关键作用，也引发了企业管理领域学者的思考。

1.2.2 企业科技向善概念的发展

以往的主流观点将企业科技向善看作科技伦理问题，即避免技术的开发和利用造成不良后果，不用科技做"坏事"，这为科技活动划定了边界，如谷歌公司的"不作恶"准则。事实上，企业科技向善的含义远不止于此，更重要的是强调企业用科技做更多"好事"（雷家骕，2020）。例如在数据使用方面，科技向善要求不仅要以负责任的方式使用数据、不滥用数据，还要利用数据来解决棘手的社会问题，造福社会（周以真，2020）。

近年来，更多学者尝试从不同角度对企业科技向善的概念进行阐述。从行为主体看，威廉姆·科瓦契奇（Villiam Kovacic，2020）指出企业管理者应当负责任地关注所提供的产品和服务对社会的影响，从而预见和减轻社会危害。从科技服务的对象来看，饶培伦（2020）强调科技向善并非单纯做慈善或满足特定用户的特定需求，而是以全人类福祉为中心进行产品和服务设计。从企业文化看，金兼斌

（2020）从孔子提倡的"礼"入手来思考科技之"善"，提出科技公司向善即在企业层面贯彻"礼"的价值观，反映了企业对社会责任的理解和回应。从影响结果看，陈春花（2020）和董洁林（2020）认为科技向善可以在解决人们潜在需求和社会问题的过程中，帮助企业找到新的商业契机，创造商业价值，是企业持续竞争优势的来源之一。

从实践过程看，2020 年新冠肺炎疫情的暴发凸显了科技创新活动与人、社会和自然更加密切的联系，例如技术的创新与应用解决了患者诊疗、居民生活、企业经营、学生学习等方面的难题，推动了科技在经济社会中的应用从"科技创造财富"向"科技造福社会"转变。在此期间，创新的 3 个要素（创意、方法、首批客户）相对更容易解决，从而涌现大量科技向善的创新（雷家骕，2020）。

综合学者观点与现实依据，企业科技向善包含两层含义：一是"不做坏事"，避免技术作恶，不做危害人类社会发展的事；二是"要做好事"，实现技术为善，企业主动寻找合适的定位，以实现向善和商业共同发展。

1.2.3 企业科技向善概念的辨析与界定

企业科技向善与以往研究中出现的技术伦理、企业可持续发展、负责任创新、企业社会责任、企业风险管理概念相近。下面对这些概念进行比较，以加深对企业科技向善概念的理解，如表 1-1 所示。

表 1-1 科技向善与相似概念辨析表

概　念	含　义	属　性	特　征	相 同 点	不 同 点
企业科技向善	企业在满足自身生存和发展需要的前提下，主动开发和利用负责任的创新解决社会问题，在谋求人类社会福祉与可持续发展的过程中实现企业的商业价值与社会价值	人类认识和处理与科技的关系的价值取向和行为倾向	工具理性与价值理性	—	—
科技	科学是人类认识客观世界的产物，技术是人类改变客观世界的方法与手段，有时技术是科学的产物	具体表现为产品和服务	工具理性	都承认了科技的工具理性	未考虑人的价值理性
技术伦理	在技术研发和应用阶段的伦理导向	非正式制度	事前引导	强调了遵循技术行为规范和道德标准的重要性	科技向善是目标，技术伦理是保障

续表

概　念	含　义	属　性	特　征	相同点	不同点
企业可持续发展	企业在满足自身生存和发展需要的前提下，采取措施以保证未来可能的资源需要	商业价值导向	具有经济含义的生态概念	以保持企业持续竞争优势为目标	未脱离效率逻辑，仍把提高商业价值视为唯一的最终目标
负责任的创新	强调研究和创新活动利益相关者的相互责任，关注研判创新活动中的责任分配	创新战略	对上游环节创新的治理	都强调了共同责任	未考虑下游环节（创新成果使用）的责任治理
企业社会责任	对社会压力的响应，即企业社会回应，包括经济、伦理、法律和慈善责任	主动或被动的社会回应	关注利益相关者的利益	提高了企业竞争优势与合法性	企业利益相关者为主要受益者，而科技向善面向全社会
企业风险管理	一种科学管理方法，通过风险识别、衡量、应对与控制，将风险和不利影响降至最低	科学管理方法	从流程上把控	都要求对创新环节存在的潜在风险进行提前预判	风险管理对技术创新的伦理风险缺乏足够重视，更重视从流程上把控；科技向善还能创造社会价值

资料来源：作者根据已有文献资料整理

1. 企业科技向善与科技

　　科技包含科学与技术两层含义，科学是人类认识客观世界的产物；技术是人类改变客观世界的方法与手段。有时技术是科学的产物。对企业而言，其重要职能之一是建立和整合相关领域知识，提高产品附加价值，知识基础决定其竞争力（Grant，1996）。科技本身不分"善恶"，所谓科技之"善恶"是由研发者、设计者和使用者的"善恶"决定的，通过产品和服务体现。因此，科技向善是人类认识并处理与科技之间关系的一种价值取向和行为倾向，它包含着科技的工具理性与人的价值理性双重属性。

2. 企业科技向善与技术伦理

　　20 世纪 70 年代以来，以汉斯·萨克塞和汉斯·约纳斯等为代表的西方学者开始从伦理的角度思考技术，认为技术的发展对人类社会的影响具有极大的不确定性，应当建立以人类社会为对象、以责任为中心的技术伦理关系，避免科技发展过程中的不良后果。对企业来说，技术伦理是在技术研发和应用阶段的伦理导向，体现在企业处理内、外部利益相关者的关系上，遵循技术行为规范和道德标准。技术伦理作为一种非正式制度安排，弥补了正式制度的滞后性，为科技活动提供约束和保障，也为有限理性的科技工作者划定了伦理边界，发挥事前引导作用，为企业科技向善目标的实现提供保障。

3. 企业科技向善与企业可持续发展

世界环境与发展委员会于 1987 年提出可持续发展的概念，呼吁人们关注全球严峻的生态环境问题。在企业层面，刘力钢（2000）提出企业在谋求自身生存和发展过程中不仅要实现自身经营目标，还要持续保持利润增长和能力提升，以确保长期竞争优势。虽然可持续发展最初是一个环境生态方面的概念，但引入企业管理领域后并未脱离效率逻辑，仍把企业商业价值视为唯一最终目标。然而它并非单纯的经济概念，而是具有经济含义的生态概念（Brown，1981）。虽然企业科技向善也以保持企业持续竞争优势为目标，但并不局限于实现商业价值，而是谋求商业价值与社会价值的共同实现。

4. 企业科技向善与企业负责任创新

负责任创新又称负责任研究与创新，Owen（2013）指出负责任创新是一种创新范式，强调研究和创新活动利益相关者的相互责任，关注研判创新活动中的责任分配，从而对下游环节（创新使用）的风险治理可转变为对上游环节（创新产生）的创新本身的治理（Stilgoe，2013）。科技向善同样强调了共同责任，但它涵盖的内容更全面，既包含了对上游环节的治理，也包含了对下游环节的治理。

5. 企业科技向善与企业社会责任

1953 年，Howard Bowen 提出了"商人的社会责任"，奠定了企业社会责任概念的基础。企业社会责任是指对社会压力的响应，即企业社会回应，包括经济责任、伦理责任、法律责任和慈善责任（Carroll，1979）。企业不仅要关注对股东的责任，还要关注对利益相关者的责任（Clarkson，1995）。企业通过主动或被动承担企业社会责任可以增强竞争优势（Porter，Kramer，2006），提高合法性地位（Suchman，1995），这与企业科技向善的作用相同，但企业科技向善的主要受益者是全社会，而不只是特定的利益相关者（饶培伦，2020）。

6. 企业科技向善与企业风险管理

风险管理是一种科学管理方法，组织对风险进行识别、衡量、应对与控制，将风险和不利影响降至最低（Williams，Heins，1985）。企业科技向善与企业风险管理的共同点在于两者都要求对创新环节存在的潜在风险进行提前预判，例如《欧盟纳米安全 2015—2025：向安全和可持续的纳米材料和纳米技术创新迈进》报告将纳米材料风险预测和管理工具研究列为四大主题之一，其主要目标是开展纳米材料的前瞻性风险管理。市场风险、研发风险等是科技企业需要重点防范的风险，目前企业在风险管理具体实践中更注重从流程上把控这些风险，对技术创新的伦理风险缺乏足够重视。从作用来看，风险管理着重于帮助企业实现商业价值（曹元坤，王光俊，2011），而科技向善还能发挥技术创新正外部性，创造社会价值。

基于以上讨论以及对相似概念的辨析，现有关于企业科技向善的概念包含了三个基本要素：一是解决社会问题，二是利用负责任的治理方式，三是创造商业价值和社会价值。因此，可将企业科技向善界定为：企业在满足自身生存和发展需要的前提下，主动开发和利用负责任的创新解决社会问题，在谋求人类社会福祉与可持续发展的过程中实现企业的商业价值创造与社会价值创造。

1.3 关于企业科技向善的研究

1.3.1 企业科技向善的理论基础

企业科技向善可从资源基础观、能力理论、制度理论、利益相关者理论和高阶理论等角度得到理论支撑，这些理论能够对企业科技向善的前因后果做出清晰的阐释。

1. 资源基础观

资源基础观揭示了企业如何保持独特且可持续的竞争优势。在资源不可完全流动的产业环境中，企业可持续的竞争优势来自拥有宝贵的、稀缺的、不完全可模仿的和不可替代的资源（Barney，1991）。从这一理论出发，不难看到企业科技向善的动因及后果。

首先，随着科技向善战略的实施，企业更加重视在特定领域的科技发展，甚至可能会追求超越自身生存需要的更高水平的科技进步。其次，企业主动利用负责任的创新解决社会重大问题，从中发现和提取新的商业机会，是科技活动重要的创意资源。创意资源是一种隐性资源，竞争企业难以模仿，有利于企业做出独特、新颖的产品或服务。再次，企业目标用户的定位更广泛，不仅服务主要利益相关者，更面向公众，广泛的受众是有价值的客户资源。最后，企业将责任感融入创新产品和服务设计中，负责任的创新机制有助于满足制度环境提出的合法性要求，得到政府和公众认可，从而获得政府、社会支持等稀缺资源。因此，企业科技向善可以使企业取得创意资源、客户资源、政府和社会支持等战略性资源，并积累自身科技与知识基础，在获得和保持企业竞争优势上发挥重要作用，对企业具有战略意义。

2. 能力理论

能力理论是随着战略管理理论对企业竞争优势来源的研究和资源基础观的启发下逐步发展起来的。能力理论认为企业拥有资源是远远不够的，还需要有能更好利用这些资源的能力（Prahalad，Hamel，1990）。由这一理论不难看到企业的核心能力和动态能力能够促进科技向善更好地实施，同时企业通过科技向善也可以提升自身能力，进而增强竞争优势。

实施科技向善对企业适应外部环境变化和应对冲击的能力提出了更高要求。科技向善是为了解决当下存在的社会问题甚至重大难题，而企业面临的社会环境、制度环境、技术环境是动态而复杂的，因此对企业的核心能力、动态能力提出更高要求：企业在与社会环境的紧密联系和互动中，通过整合、构建、重新配置等手段（David，1997），塑造机会识别、科技创新、适应环境的能力，改善资源运用效率。

3. 制度理论

制度理论指出，企业面临的制度环境是指法律制度、文化期望、社会规范、观念体系等被广泛接受的社会事实（Meyer，Rowan，1977）。这些社会事实具有很强的约束力，支配着个体的行为，被称为合法性机制。合法性机制在组织成长过程中起着重要作用，现实中所观察到的许多行为都是对制度环境的反映。由这一理论不难看出，企业科技向善有助于增强企业在法治社会中经营的合法性。

基于制度理论，企业实施科技向善由 3 个机制发挥作用：强迫性机制、规范性机制、模仿机制（Dimaggio，Powell，1983）。首先，法规、法律已明确规定企业不能利用科技去做的坏事，如果企业违反政府和法律的规定，将会受到处罚。因此，企业不得不"不做坏事"，避免技术作恶。其次，社会主流观念和思维已从"科技创造财富"向"科技造福社会"转变，使企业不知不觉中接受了"要做好事"的共享观念。最后，当企业处于不确定环境中时，可通过模仿先进企业科技向善实践来降低不确定性。企业将责任感融入创新产品和服务设计中，满足制度环境提出的合法性要求，可以得到政府和公众认可，提升合法性地位和声誉。

4. 利益相关者理论

利益相关者理论认为，企业致力于实现利润最大化的同时应承担社会责任。利益相关者是指可以影响或受公司目标实现影响的群体或个体，企业应采取明确的战略来处理与利益相关者的关系，尤其是权衡不同利益相关者的需求（Freeman，

1984）。利益相关者可分为 3 类：一是所有权利益相关者，即持有企业股票的人；二是经济依赖性利益相关者，即具有经济关系的相关群体；三是社会利益相关者，即与社会利益相关的人。

基于该理论，可以试图回答"科技向善的受益者是谁"这一问题。科技向善的企业战略充分考虑了社会利益相关者，他们可能与企业并没有直接的市场交易关系，也没有对企业进行专用性投资，但却与企业关系密切，甚至承担某种形式的风险。例如，智能打车软件的普及使智能手机用户出行变得更方便，但对不使用或不擅操作智能手机的人来说，出行却变得困难了，甚至可能拦不到一辆出租车，因为它已经被某智能手机用户预约了。因而，科技向善要求企业充分考虑应用科技开发的产品和服务对公众，特别是对弱势群体的潜在影响（Chopra，2012）。

5. 高阶理论

根据高阶理论，企业战略由高管决定，而认知、价值观及经历影响其面对组织情境改变时的选择，特别是组织战略的形成（Hambrick，Mason，1984）。换言之，企业战略是高管认知、价值观的反映。企业科技向善的工具理性和价值理性两大特征表明，科技作为服务于人类的中性工具，离不开人的主观认知和价值观。高层管理者的认知和价值观受到有限理性的制约，在面对复杂的内外部环境时，有限理性的高管会根据自己的认知和价值观对企业环境进行解读。即使在稳定的环境中，拥有不同认知和价值观的高管也可能做出不同的战略决策。由这一理论不难看出企业科技向善的决策者是谁以及科技向善的某些偏好。

企业科技向善不仅是一种道德行为，还是一种战略行为。企业战略的制定与实施是个复杂的决策过程，特别是面对快速变化的内外部环境时，高管很难掌握全部信息，且会受到自身认知和价值观的约束。高管是否关注社会利益相关者的诉求，并根据自身认知和价值观判断其诉求是否重要，决定了企业能否实施科技向善；即便高管意识到社会利益相关者的需求，若他们认为需求并不重要，也会忽略科技向善战略的实施。由此看出，企业科技向善的战略决策不可避免地受到高管认知、价值观的影响。

6. 理论整合模型构建

上述理论之间有着紧密的内在联系，由此构成企业科技向善较为完整的理论依据，如图 1-1 所示。

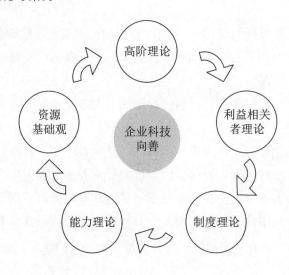

图 1-1　企业科技向善的理论基础示意图

资源基础观揭示了企业科技向善有助于战略性资源的获取，例如知识资源、创意资源、客户资源、政府资源和社会支持。能力理论揭示了核心能力和动态能力能够帮助企业更好地实施科技向善；而企业通过科技向善可以增强企业能力，进而增强竞争优势。企业仅获得稀缺资源是不够的，还需有能力利用好这些稀缺资源。科技向善使得企业与社会环境紧密联系和互动，不断整合、构建、重新配置资源，形成新的能力。

制度理论揭示了企业科技向善有助于提高其在法治社会中经营的合法性。特别是企业在塑造自身能力以应对竞争激烈的技术环境时，还需关注制度环境提出的合法性要求。利益相关者理论揭示了企业科技向善有助于改善利益相关者关系，特别是回答科技向善的受益者是谁的问题。

高层管理者根据企业所面临的内外部环境以及自己对复杂环境的理解进行决策，高阶理论可以解释企业科技向善的决策者是谁，以及科技向善的某些偏好，特别是决策是否实施以及实施偏好在多大程度上受高管认知和价值观的影响。

1.3.2　企业科技向善的理论思考

基于前文对概念与理论基础的讨论，本小节进一步对企业科技向善的影响因素与作用结果进行讨论，并描绘相关变量间的关系。

1. 企业科技向善的影响因素

1）环境层面

（1）市场环境。利益相关者意识取决于企业所在的市场发展水平（Fombrun，Shanley，1990），位于相对发达市场中的企业透明度更高，对公众和利益相关者有更高的能见度；更发达的市场也可以提供更先进的技术和资本市场，从而推动企业科技向善的行为和表现。

（2）制度环境。在外部制度环境的约束下，企业遵循社会规范和期望履行社会责任，可获得合法性和生存所必需的资源（Campbell，2007）。面对合法性要求，企业履行社会责任的可能性越大，社会责任表现越好（周中胜，2012）。

2）组织层面

（1）组织知识。企业科技向善与技术发展密切相关。作为创新主体，企业通过持续的组织学习发展知识基础（Fiol，Lyles，1985），获得其他企业难以模仿和替代的异质资源与能力，使之更好地管理和转移知识、跨组织交流与合作、应对危机和自然灾害、推出新产品及服务，促进企业科技向善的良好实施。

（2）组织能力。组织能力是企业科技向善的重要影响因素之一，例如利益相关者管理能力可以帮助企业与利益相关者建立信任和伙伴关系（Sanjay，Harrie，1998），能够关注到不同利益相关者需求的企业也更愿意承担社会责任（Buysse，Verbeke，2003）。

（3）治理结构。企业治理结构是科技向善的另一影响因素。例如董事会多元化、女性董事比例合理对企业社会表现水平有积极影响（Hafsi，Turgut，2012；Liao，2015），大股东普遍不支持企业社会责任行为，而股权集中度较低的企业则更注重对社会公众的责任（Crisostomo，Oliveira，2016）。

（4）组织文化。企业科技向善战略不仅是外部环境驱动的结果，也是企业内部文化的外部体现。对于建立持续、稳定的企业社会责任运营模式，道德文化所蕴含的伦理价值观和长期导向发挥巨大作用，引导企业实行有益于社会的经营管理，保持企业目标与社会发展目标的一致性，自觉承担相应的社会责任（姜丽群，2016）。

3）个体层面

高层管理者在企业决策中起着重要的作用，他们的个人认知和价值观影响着他们在面对组织情境时的选择以及对商业信息的分析和理解，对企业伦理行为具有潜在的引导作用。企业社会责任动机受到企业家个人道德修养的直接影响（Pratima，Trevor，2003），当高管对道德做出个人承诺时，企业更有可能进行道德投资以证明其承诺（Weaver，1999）。

2. 企业科技向善的作用结果

1）商业模式创新

商业模式包含内容、结构和治理 3 个方面。内容指创造了怎样的价值、选择了怎样的价值创造活动；结构指谁参与创造价值，以及如何连接和整合价值创造的参与者；治理指参与者对哪些价值活动负责并从中获益（Amit，Zott，2001）。企业科技向善可为商业模式差异做出解释，包括纵向一体化、社会网络、治理结构。

（1）纵向一体化。从内容角度来看，为了实施科技向善，促进负责任创新的实现和落地，企业要承担更多新兴技术进步和应用的责任，例如将研发、生产、销售等环节纳入企业中，实现向前和向后的纵向一体化，由此打破了企业原有边界，拓展了商业模式内容维度的创新空间。

（2）社会网络。从结构角度来看，企业具有社会属性，嵌入社会关系的网络结构中。为了实施科技向善，企业有必要与社会其他主体形成共同解决社会问题的安排和约定，引入新的合作伙伴，建立新的合作与联盟关系，由此改变了企业社会关系的网络结构，拓展了商业模式结构维度的创新空间。

（3）治理结构。从治理的角度来看，企业科技向善是一项长期、持续的活动，更注重长期商业价值和社会价值的回报，然而企业内存在不一致的目标与冲突，因此对企业内部治理结构和模式的创新提出了更高要求。为了实施科技向善，企业不仅要考虑如何实现长期价值回报，还要考虑新的分摊成本和收益方式，由此改变了企业利益分配方式、激励机制等，拓展了企业商业模式治理维度的创新空间。

2）企业绩效

（1）战略绩效。企业将利益相关者的权益纳入经营战略，向其传递企业可靠、值得信赖的信号，表明企业是值得信赖的，进而赢得其信任和支持，并与各利益相关者保持长期的合作关系，促进企业可持续发展的实现；在解决人们的潜在需求和社会问题时，更容易发现新的商机、创造商业价值，形成企业可持续的竞争优势（董洁林，2020）。

（2）财务绩效。企业在研发和生产中注入社会责任属性是实现产品差异化的重要手段之一，有助于企业获得市场竞争优势（Porter，Van Der Linde，1995），同时取得更高的知名度和声誉，促进财务业绩回报（Waddock，Graves，1997）。

3）组织能力提升与创新

（1）组织能力提升。在探索商业机会以应对社会挑战时，企业不断挖掘解决社会问题的商业机会，通过整合、构建、重新配置内外部资源，满足制度和技术环境的新要求，与社会环境产生密切互动和联系，从而提升企业组织能力。

（2）组织创新。由于企业更加重视自身在特定领域的科技发展，甚至寻求超越自身生存需要的科技创新，同时从社会问题中提取新的商业机会来获得重要的创意资源，因此有助于做出独特新颖的产品或服务。

综上所述，本文提炼出企业科技向善研究理论框架，如图1-2所示。

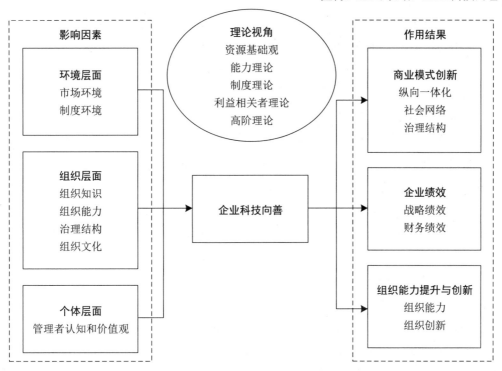

图 1-2　企业科技向善研究理论框架

本章参考文献

[1] 周中胜，何德旭，李正. 制度环境与企业社会责任履行：来自中国上市公司的经验证据[J]. 中国软科学，2012（10）：59-68.

[2] 韦伯. 伦理之业：马克斯·韦伯的两篇哲学演讲[M]. 桂林：广西师范大学出版社，2008.

[3] 樊春良，张新庆. 论科学技术发展的伦理环境[J]. 科学学研究，2010，28（11）：1611-1618.

[4] 薛桂波，闫坤如. "负责任创新"视角下技术伦理的政策转向[J]. 大连理工大学学报（社会科学版），2018，39（1）：9-14.

[5] 薛桂波，赵一秀. 基于"负责任创新"的欧盟科技政策转型及启示[J]. 中国科技论坛，2017（4）：172-177.

[6] 雷家骕. 疫灾时期科技向善的创新[J]. 网信军民融合，2020（3）：29-32.

[7] VON SCHOMBERG R. From the ethics of technology towards an ethics of knowledge policy: implications for robotics [J]. AI & SOCIETY, 2008, 22(3): 331-348.

[8] PAZGóN E. Ethical, legal and social implications of nanotechnology [M]//BRAR S K, ZHANG T C, VERMA M, et al. Nanomaterials in the Environment，2015: 553-562.

[9] KOURANY J A. Philosophy of Science after Feminism [M]. New York: Oxford University Press, 2010.

[10] BROWN M J. The Source and Status of Values for Socially Responsible Science [J]. Philosophical Studies, 2013, 163(1): 67-76.

[11] TSUI A S. The Spirit of Science and Socially Responsible Scholarship [J]. Management and Organization Review, 2013, 9(3): 375-394.

[12] RUPP D E, WRIGHT P M, ARYEE S, et al. Organizational Justice, Behavioral Ethics, and Corporate Social Responsibility: Finally the Three Shall Merge[J]. Management and Organization Review, 2015, 11(1): 15-24.

[13] HELLSTRöM T. Systemic innovation and risk: technology assessment and the challenge of responsible innovation [J]. Technology in society, 2003, 25(3): 369-384.

[14] OWEN R, BESSANT J, HEINTZ M. Responsible innovation: managing the responsible emergence of science and innovation in society [M]. Chichester, West Sussex : John Wiley & Sons Inc., 2013.

[15] TSUI A. Reflections on the so-called value-free ideal: A call for responsible science in the business schools [J]. Cross Cultural & Strategic Management, 2016, 23(1): 4-28.

[16] GEORGE G, HOWARD-GRENVILLE J, JOSHI A, et al. Understanding and Tackling Societal Grand Challenges through Management Research [J]. Academy of Management Journal, 2016, 59(6): 1880-1895.

[17] CHOPRA S K. Leveraging Technological Advances in Corporate Social Responsibility（CSR）: A Systems Thinking Approach [R]. IEEE, 2012.

第2章 企业科技向善与社会价值创造

2.1 科技向善的研究背景

2.1.1 科技向善的实践背景

2020 年年初,新型冠状病毒开始逐渐在全球大范围传播,中国政府迅速协调各方力量,掌握传播途径并获得基因序列,新建了武汉火神山和雷神山等医院,率先有效地控制了疫情。在疫情期间,科技企业通过捐款、捐物等方式承担社会责任,同时也把科技创新应用到疫情防控和患者救治的过程中。比如,河南企业研发的新型隔离帽解决了医护人员同时佩戴护目镜与口罩时出现面屏雾化、脸部勒痕等问题,还有快速研发的病毒检测试剂盒、基于 5G 和云技术的智慧医院建设等。在这一背景下,科技向善的创新案例不断涌现。科技向善也作为一个重要的理念,在中国社会传播开来。

随着人工智能、生物基因技术和大数据技术的发展,科技治理成为人类社会发展的重要议题,而建立有效的科技治理框架是解决目前科技发展引发的伦理和社会问题的关键措施。习近平总书记提出的构建"人类命运共同体"的思想是解决人类问题的有效方案之一,符合人类社会的整体利益和长远利益。因此,基于"命运共同体"思想,科技向善理念提倡科技为人类社会利益服务,是科技治理框架的重要原则。中国企业已经开始实施科技向善的理念,比如腾讯公司把科技向善作为企业使命,构建"善意+产品"的产品能力;在疫情期间,优必选科技有限公司和清华大学等企业或机构提供了巡检和测温机器人,减少了医护人员的感染风险。

高新技术的应用具有不可预测性并可能给人类的伦理规范带来风险,而法律强制约束措施具有滞后性,因此一些学者开始关注技术的负外部性和技术伦理。技术伦理的前期研究聚焦技术主体的责任意识和自律性,研究停留在对技术主体的说服教育。随后技术伦理开始融入政策监管,比如欧盟"地平线 2020"计划提出了"责任式创新"(Stilgoe J, Owen R, Macnaghten P, 2013),研究开始关注科技的社会价值和社会效益,创新主体通过透明和互动的过程考虑产品伦理的可接受性等方式,让科技融入社会。技术伦理开始作为创新的内在动力内嵌于具体技术实践的过程,并通过制度响应保障技术创新责任目标的实现(薛桂波,闫坤如,2018)。维贝克提出的"道德物化"思想重构人与技术的关系,道德物化将道德理念"嵌入"

技术人工物的功能中，推动人的行为向善，即"技术物"道德属性实现技术主体的道德实践，达到伦理与技术的共同发展，比如人工智能的"合乎伦理设计"主动解决系统设计中的伦理问题（闫坤如，2020）。但"道德技术物"能否认为是"道德行动者"，还存在争议。道德技术物影响人的善恶选择，这对人的自由意志发出挑战，引发人们对技术失去控制的担忧。然而技术伦理在哲学层面的讨论和发展开始影响科技企业的战略制定和产品设计，比如企业界和学者共同呼吁的"科技向善"。科技向善也成为企业树立负责任的形象和增加产品竞争力的重要方式。那么企业行为和产品如何嵌入技术伦理获取可持续竞争优势？科技向善是"道德物化"的一种体现吗？对于这类问题，战略管理领域的相关研究还十分匮乏。

基于企业实践需要和理论研究的思考，本文引入技术伦理的思想，通过对新冠肺炎疫情期间的企业创新和科技向善进行分析（见表 2-1），从文化差异的角度研究科技治理和企业科技创新的问题，提出科技向善的概念和内涵框架。科技向善是约束科技活动的一种理念和规范，强调科技创新服务于社会公众利益，解释了技术与社会的新型关系。本章明确界定了科技向善的内涵，探讨了科技向善对企业竞争优势的影响，加深了对技术伦理在企业战略管理和产品创新中所起作用的理解，扩展了战略管理的研究领域，并可为企业在科技创新和社会价值创造等方面的战略决策提供理论依据。

表 2-1　新冠肺炎疫情期间的科技向善案例

社 会 问 题	科技向善的应用方式	代表性机构和企业
病毒检测	（1）基于现有生物技术和基因技术对 COVID-19 开发核酸试剂检测，并大规模生产试剂盒。 （2）利用大数据技术自动化分析基因组和开发 CT 影像的智能化诊断与定量评价系统提高诊断效率，并利用 5G 和云技术开发远程会诊系统，合理分配医疗资源	钟南山团队、李兰娟团队、康圣达医学、良培医学、华大医学、阿里健康、依图医疗、武汉大学、清华大学和北京精诊医疗科技有限公司
治疗及物资	（1）智能语音系统和导诊机器人，辅助进行发热人群筛查和分流。 （2）智能消毒和巡诊机器人，降低医护人员感染率。 （3）利用现有生产线转产口罩、口罩机、消毒液等医疗防护物资，并采用无人机专门配送至各个医院，提升效率，解决物资紧缺。 （4）利用生物科技和基因技术进行疫苗研发	科大讯飞、上海交通大学医学院、清华大学、上海钛米、创泽智能、灵至科技、优艾智合、迅蚁科技、五菱和比亚迪、中国疾控中心、上海市东方医院转化医学平台、斯微生物科技有限公司

社 会 问 题	科技向善的应用方式	代表性机构和企业
疫情防控和社会管理	（1）基于无人机技术，增加测温传感器和消毒装置，进行人群体温监控、管制和大范围消毒，降低防控人员感染率。 （2）基于云技术，使疫情信息实时更新，比如患者地理位置、交通同行、疫情地图等，疫情防控系统使社会管理更有效率	大疆科技、极飞科技、中科院成都文献情报中心、无糖信息技术有限公司、百度、腾讯、阿里巴巴、心医国际、中国移动和中国联通等通讯公司
隔离期的生活服务	智能物流机器人和送餐机器人等配送生活物资	京东、上海擎朗智能科技、苏宁
隔离期的学习、工作	（1）利用云计算和大数据技术开发多人在线视频会议和学习的交流终端，保障面对面交流的及时稳定。 （2）基于云计算的企业数字化转型，利用在线办公系统优化工作流程和提升工作效率。 （3）普及 5G、AI 技术和建立网络数据中心，推动数字政府和智慧城市等新型基础设施建设，增强经济持续增长的韧性	阿里云、腾讯、清华大学雨课堂、慕课、Zoom、华为

资料来源：作者根据已有文献整理

2.1.2 科技向善的理论背景

汉斯·约纳斯（1979）提出的"责任命令"使技术伦理在技术哲学和伦理学领域得到广泛讨论（祝继高，王谊，汤谷良，2019），人们开始关注技术研究和科技成果的负面效应，并开始推行技术伦理教育（陆素菊，2006）。德国学者汉斯·伦克（Hans Lenk）（1993）通过《技术与责任》等著作对责任进行分类，比如行为责任、道德责任和法律责任，倡导制定伦理的规则框架，为责任承担提供制度保障（王飞，2008）。道德责任是普遍的，需要团队成员或集体共同承担。技术伦理逐渐衍生出了生物技术伦理、纳米技术伦理和信息技术伦理等前沿研究，探讨基因技术、个人隐私、生物安全等热点问题（侯剑华，周莉娟，杨秀财，2018）。

随着新兴技术的快速迭代发展，技术伦理的范围和原则受到挑战（李文潮，2005）。Hellstrom（2003）提出了"负责任创新"的概念，提高了科技创新和产品的"道德可接受性"。道德可接受性和人类利益是负责任创新的基本要素，也成为欧盟政策制定的基本理念（薛桂波，闫坤如，2018）。负责任创新要求利益相关者共同参与和响应实现创新过程中的伦理责任承担（Voegtlin，Scherer，2017）。此时，技术伦理的研究超越了科技伦理教育阶段，开始引入政策和制度架构，以约束科技人员。

我国学者引入西方技术伦理思想（王飞，2008；李文潮，2003），并结合马克思技术伦理思想（李三虎，2005）和中国传统道德进行研究（王前，2008），推动我国把技术伦理纳入政策框架中，如《科技工作者道德行为自律规范》等，在"十三五"科技创新规划中强调加强科研诚信、科研道德、科研伦理建设和社会监督。

技术伦理的研究开始引入企业战略领域，Carroll（1979）认为企业在追求经济效益的同时还应该承担伦理责任，重视社会贡献和环境保护，即企业要承担社会责任。承担社会责任能够促进企业技术创新和绩效提升（孟猛猛，陶秋燕，雷家骕，2019），并为企业带来品牌忠诚度，企业社会责任逐渐被消费者和企业所接受。企业要承担责任就赋予企业道德属性，企业的目标不再是仅仅追求经济利益最大化，而是具有道德价值，对内部员工、环境和社会发展都要做出贡献。有学者就开始使用"企业公民"概念来研究企业行为（龚天平，2006）。因此，企业公民必须遵守社会道德规范，受普遍的伦理约束，这些规范和约束构成了企业伦理，而企业技术伦理就是企业伦理的重要类型。企业承担的伦理责任与经济目标产生矛盾，出现了伦理困境（黄曦，周利刚，2012）。但企业家以解决社会问题为目标进行社会创业（刘振，杨俊，张玉利，2015），从而兴起了"社会企业"这样的组织。社会企业具有"企业公民"和经济组织的双重身份（刘志阳，庄欣荷，2018）。社会企业通过社会创新解决社会问题或创造社会价值（刘志阳，李斌，陈和午，2018），因此提高社会服务效率和创造社会价值的科技创新能够改变企业组织形态（Battilana，Sengul，Pache，et al.，2015；Wry，York，2017）。

正如前面所述，企业承担伦理责任、进行社会创业和社会创新（Battilana，Sengul，Pache，et al.，2015；Wry，York，2017），最终表现为通过科学技术解决社会问题和提升社会公共利益。我们将其归纳为企业的科技向善战略。科技向善赋予企业遵守道德和伦理的组织文化，让企业在产品设计和科技创新活动中自觉融入责任意识，创造社会价值。科技向善让企业行为更容易符合制度的伦理监管要求，获得利益相关者认可，同时也是对技术伦理和企业战略管理研究的扩展。

2.1.3 东方文化下的科技向善

"科技向善"概念的提出基于中国文化背景，西方创新管理理论主要基于西方社会文化和价值观，中国与西方的文化和价值观存在差异，这种差异为科技向善提供了重要基础。

首先，集体主义和个人主义是东西方文化最明显的差异。西方文化强调个人主义，即人与人、人与集体之间的差异性。而东方文化强调集体主义，即人与人、人与集体（家庭和社会）之间的相互依赖和依存关系（Barkema，Chen，George，et al.，2015）。个人主义与集体主义在利益分配过程中考虑个体和集体利益的相对重要程度和优先级别存在差异。比如在集体主义文化下，个人对集体利益的重视程度超过个体利益，而且更愿意遵守规章制度。不同的文化影响着人们的价值观和行为，进而影响企业的行为和战略。比如，李洪（2019）发现价值观差异会影响企业的并购绩效（李洪，叶广宇，赵文丽，2019）。此外，文化差异也会影响技术创新方式（杨建君，杨慧军，马婷，2013），比如企业在集体主义文化下更倾向于突变创新，而在个人主义文化下倾向于渐进式创新。而杜旌持相反观点，他认为在集体主义文化下，新想法和新措施破坏集体和谐并损害集体利益，进而认为集体主义会阻碍个人创新（杜旌，穆慧娜，刘艺婷，2014）。

其次，东西方文化下思维模式存在差异。在西方文化下，人们构建独立型自我，崇拜英雄主义，从不放弃属于自我的权利。古希腊哲学家普罗泰戈拉提出"认识世间万物的尺度"，随后文艺复兴为个人主义发展提供了土壤（季文，2015）。个人主义强调自信和个人利益，代表着创造性、开拓性和不向权威屈服的精神。同时，托克维尔指出，如果个人主义不受压制就会走向利己主义。亚当·斯密的《国富论》提倡人性自私，认为人追求自己的利益，才能更有效地促进社会利益。然而个性自私与公共利益之间的矛盾一直没有得到有效解决。中国先秦哲学家老子提出"上善若水"和"水利万物"的思想，强调"至善"是为集体利益服务的。《礼记》中记载的"天下为公"体现中国大同世界的基本价值观，中国提倡的"命运共同体"思想是这种价值观的继承，有利于人类整体利益的统一。

最后，科技向善作为一种理念和规范，在集体主义文化里更容易被人们遵守。儒家和道家是中国古典哲学的代表，在传统文化中一直处于主导地位并进行了融合。儒家的五常——"仁、义、礼、智、信"塑造了中国文化的基本特征，"天人合一"和"仁爱忠恕"的思想受到广泛认同，科技作为一种工具和手段是为集体利益和社会效益服务的，通过"仁爱"和"德治"，科技可以实现人与人、人与集体和人与自然的和谐统一。

2.2 科技向善的内涵及内在逻辑

本文基于东方文化价值观的分析，提出了科技向善的基本理论框架，主要从企业战略管理的角度来考察科技向善的内涵，主要体现在：①道德属性——负责任（经济、环境和社会等）的技术创新；②应用目的——科技应用于亟待解决的社会问题或重大难题；③服务对象——为整个社会的公共利益服务，追求社会服务效率提升而非商业利益最大化；④价值创造——社会价值、集体利益相对优先于个人利益，致力于创造社会价值和广义的社会贡献。中国古代哲学著作《老子》记载的

"上善若水，水善利万物而不争"强调人的最高境界的美德是"利万物"。因此，企业公民作为社会的经济组织，恪守道德规范的"利万物"就是服务社会公共利益，从而实现科技服务于人类共同的价值和利益，达到"天人合德"的境界。

2.2.1 科技向善的内涵

科技向善是指企业主动地利用负责任的创新技术解决社会问题，把道德理念融入产品设计和科技应用之中，为社会的公共利益服务，追求社会服务效率的提升和社会价值的创造，在实现集体利益的过程中获得个人价值和商业利润。企业公民行为和企业理论包括企业遵守法律和商业道德，对人、环境和社会承担责任，比如社会投资和慈善捐助等，其存在符合监管要求和获取合法性的动机。科技向善则强调社会问题和公共利益是企业的发展机遇和再创业机会，采用负责任的创新技术对广义的社会价值和经济福利做贡献，从而获得商业利润，这是聚焦未来的可持续性发展策略，具有战略主动性。

科技向善强调企业在科技创新和产品设计过程中的道德伦理属性和责任意识。企业要做负责任的创新，把伦理责任作为创新的内在动力。负责任的创新通过预测性（anticipation）、包容性（inclusion）、自反性（reflexivity）和响应性（responsiveness）等要素（Pandza K，Ellwood P，2013）来引导技术创新与伦理结合的方向。创新主要对技术的负面效应和不确定性进行预测和评估，使所有的利益相关者参与技术和产品设计的过程，实现多元参与和责任共享的包容性创新机制，同时创新主体与社会、环境互动迭代，通过制度响应实现伦理责任目标。企业要确定"善意+产品或服务"的模式，在产品设计时嵌入道德价值和善意理念，将道德物化到企业的产品或服务中，即把道德规范落实到企业行为、产品或服务。但向善的产品和技术不应该强迫客户进行善意行为，这会导致人服从于机器和技术，而应该把选择权交给消费者（人），否则善意的产品会引发伦理问题，比如移动智能应用未经客户授权收集个人隐私并进行健康信息推送，或者企业在技术产品和服务价格中包含保险和慈善捐赠，而消费者不知情，这些善意的产品都是缺乏责任意识的表现。

科技向善要求企业科技致力于解决社会问题或重大难题。政府、市场和公益部门未能解决的社会问题是企业发展的重要机会，企业的技术创新应用以解决复杂社会问题并推动社会变革和效率提升。而社会企业通过技术创新和商业模式创新以待解决的社会问题为出发点进行创业（刘志阳，庄欣荷，2018），利用新的理念方法创造共享价值和提高社会效率。企业在追求可持续发展的过程中，创造社会价值和获取合法性是重要的途径，比如通过技术创新为未被满足的社会需求提供创造性的解决办法。五菱汽车公司在新冠肺炎疫情期间提出"人民需要什么，就生产什么"的口号，利用现有生产线技术，制造口罩和口罩机等防疫物资，从而渡过停工、停产危机。因此，把社会问题作为科技应用的目的和动机是企业机会识别和价值创造的有效方案，也是科技向善的基本要求。

企业追求科技向善，久而久之会将其作为一种战略。这种战略会驱动企业为社会公共利益服务，增加社会福利和提高社会效率。党的十九大提出"幼有所育、学有所教、劳有所得、病有所医、老有所养、住有所居、弱有所扶"的思想，界定了民生改善和社会福利的基本范围。日益增长的美好生活需要是人民群众最迫切的需求。中国古代哲学家墨子也提出"饥者得食，寒者得衣，劳者得息"和利民谨厚的社会福利思想（毕天云，2018）。因此，科技向善战略驱动企业的新技术、新产品、新服务和解决方案服务于社会公共利益，使公众共享价值，即"保养万民"，符合东方文化的传统社会规范（徐珺玉，2018）。

科技向善战略要求企业的最终目标是追求社会价值创造和广义的社会贡献，在实现集体利益的过程中获得个人价值和商业利润。社会价值是企业的终极追求，而科技向善是解决企业商业利润和社会价值的矛盾的最佳方案。企业通过科技创新和善意产品服务，与社会、政府等不同利益相关者共同参与来解决社会问题，实现经济和社会等混合价值的共同创造。在这个过程中，企业获取了商业利润和社会认可（合法性），在追求社会价值的过程中实现了短期效益和长期可持续发展的平衡。

2.2.2　科技向善的逻辑

科技向善是企业的一种理念和战略导向，具有丰富的理论内涵。科技向善的核心范畴与基本逻辑主要体现在企业创新的道德属性、应用目的、服务对象和价值创造四个基本方面。

科技向善战略能够帮助企业获得竞争优势并促进企业成长，与现代企业管理理论的主要观点保持内在的一致性。与西方理论体系强调"个人"不同，东方文化更加强调"集体""天下为公"与"命运共同体"，因此集体主义文化是科技向善的基本假设。

从企业外部视角来看。社会制度和社会转型存在的困难或问题以及疫情、地震等外部冲击是影响企业科技向善的外部因素。从应用目的来看，科技向善的企业利用科技创新解决社会问题，即企业从社会问题中识别机会并适应由突发社会问题带来的环境变化，同时增强企业机会识别能力和资源整合能力。从服务对象和价值创造要素来看，企业实施科技向善战略强调为公共利益服务和社会价值创造，强调企业与社会的融合，这会降低监管成本。而社会价值创造可以促使企业商业模式创新并使企业在产业价值链竞争中处于优势地位，比如基于社会创新的社会创业（Zahra，Rawhouser，Bhawe，et al.，2008），让新兴的社会企业受到投资者的关注。企业价值创造模式变革形成了差异化的竞争战略。

从企业内部视角来看。企业从社会问题中发现新技术应用场景、创业机会和创新机遇的机会识别能力是影响科技向善战略实施的内部因素。从道德属性来看，负责任的创新技术强调多元参与和责任共享的包容性创新机制，能够让所有的利益相关者参与技术和产品设计的过程，利益相关者的参与可以帮助企业获得外部关键资源。多元参与和"善意+产品或服务"的模式会让企业充分调用内部资源，有助于协调能力、创新能力、机会识别能力等核心能力的培养，这与资源基础观的思想保持一致（Barney，1991）。此外，在突发公共安全事件和新冠肺炎疫情等外部冲击下，企业与社会共生共存的需求也会促使科技向善，善意的科技创新和产品服务也是制度响应的一种方式，能够让企业获取合法性，符合制度理论的观点（见表 2-2）。

表 2-2　企业科技向善的核心范畴和逻辑

科技向善的战略要素	企业逻辑范畴	企业理论范畴	代表性研究及关键词
道德属性——负责任的创新技术	企业资源获取、利用和核心能力培养	利益相关者理论资源基础观	责任式创新/负责任创新（Pandza，2013）（Voegtlin，2017）
应用目的——科技应用于亟待解决的社会问题或重大难题	企业机会识别和动态环境适应	动态能力理论企业社会责任	社会创新（Zahra，2008）（陶秋燕，高腾飞，2019）
服务对象——公共利益服务	企业与社会共生共存和责任承担	共生理论制度理论	社会创业/数字社会创业（刘志阳，2018）
价值创造——社会价值	企业的可持续发展、价值模式变革和竞争优势获取	企业竞争优势外生理论（SCP 和五力模型等）	社会企业（刘振，张玉利，2015）（Wry，2017）（Battilana，2015）

基于科技向善的内外驱动因素及四个基本原则，我们把科技向善战略的逻辑框架在图 2-1 中进行展示。它包含以下几个相互联系的部分：①科技向善的四个基本要素；②科技向善的内部和外部驱动因素；③综合绩效，企业的可持续发展和社会的变革发展。

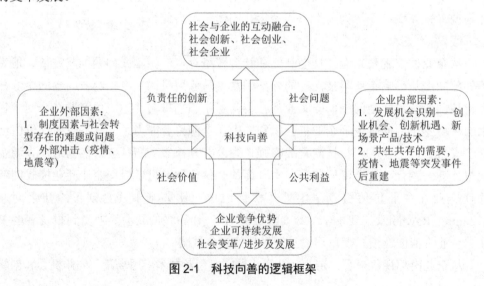

图 2-1　科技向善的逻辑框架

2.3 科技向善与企业的竞争优势

Porter 和 Kramer（2006）提出，社会问题深刻地影响着公司的行为和价值创造，企业和社会具有很强的相互依赖关系，企业必须把社会伦理规范融入核心竞争力范畴，同时创造经济价值和社会价值才能获得竞争优势，即商业决策要遵循创造共享价值的原则（Porter M E，Kramer M R，2006）。社会价值是企业竞争战略的新维度，科技向善让企业的科技和产品竞争进入新赛道，使企业与社会互动融合，帮助企业获得可持续竞争优势。

2.3.1 科技向善使企业获得核心资源

科技向善有助于企业获得核心资源，进而获得竞争优势。实施科技向善战略的企业把道德伦理属性和责任意识融入科技创新和产品设计过程中，并致力于解决社会问题，其多元参与和责任共享的包容性创新机制能够获得政府和社会公众的认可。从制度理论的观点来看，这会帮助企业获得合法性和企业声誉。在参与解决社会问题的过程中，企业能够通过政府和社会支持获得外部稀缺资源，比如市场准入权、土地使用权等。资源基础观从企业内部资源的角度将企业竞争优势构建和企业成长范式解释为核心资源—竞争优势—组织绩效/企业成长，那么从西方战略管理角度看，企业实施科技向善战略解决社会问题和服务公共利益，可在与社会互动过程中获取核心资源，帮助企业获得持续竞争优势。

2.3.2 科技向善能够增强企业核心能力

科技向善有助于增强企业的核心能力，进而增强企业的竞争优势。科技向善要求企业科技从社会问题或重大难题中识别机会，企业与社会共生共存就要求企业具有适应外部冲击和社会环境变化的能力。从动态能力理论框架"核心能力—竞争优势—组织绩效"分析（焦豪，2011），科技向善的企业在与社会互动的过程中可以增强自身的机会识别能力、资源整合能力和创新能力，从而获得竞争优势。例如，如何降低碳排放和能耗是一个重要的社会问题，格力电器股份有限公司致力于绿色创新，把科技创新应用到善意的产品来解决碳排放问题，并制定了光伏空调产品的行业标准，从而增强了公司的竞争优势。

2.3.3 科技向善促使企业变革价值创造模式

科技向善有助于企业变革价值创造模式，进而获得持续的竞争优势。从企业外部视角来看，梅森和贝恩提出企业竞争优势外生理论和"市场结构—企业行为—组织绩效（SCP）"范式。迈克尔·波特通过五力模型和三大战略具体分析了竞争优势来源。而科技向善战略是企业为公共利益服务，终极的目标追求是社会价值。但目前并不是所有企业都把社会维度纳入其战略规划中，社会价值创造可为企业竞争策略提供差异化选择。企业通过社会价值创造与进入另一个赛道和维度进行竞争。科技向善促使企业产品差异化，实现商业模式创新，这会改变目前的市场结构，让企业在价值链中处于更有竞争力的位置。此外，企业参与社会问题的解决和价值创造，在这个过程中会降低企业的监督成本。从交易成本理论的角度看，科技向善又可以提高企业的效率和扩大企业的边界，这也是企业竞争优势的重要来源（沈满洪，张兵兵，2013）。

2.3.4 科技向善促使企业主动与社会融合

科技向善让企业主动与社会融合（corporate social integration），这超越了企业社会责任的范畴。善意的科技应用和产品创新能够创造出共享价值，使社会和企业共同受益。基于以上分析，在企业科技向善与社会互动融合的过程中，从内部视角看能够帮助企业获得核心资源和增强核心能力，从外部视角看这会使企业变革价值创造模式和进行商业模式创新，形成差异化，帮助企业占据价值链高端环节，进而获得竞争优势。科技向善帮助企业获得竞争优势的逻辑过程如图 2-2 所示。

图 2-2　科技向善与竞争优势的逻辑关系

2.4　科技向善的讨论和思考

在中国，传统文化深深地影响着企业行为，科技向善是企业结合中国集体主义文化背景与中国企业管理实践形成的经营理念与战略。新冠肺炎疫情期间，相比传统的捐款、捐物等企业社会责任行为，在集体主义文化背景下，中国企业科技向善的创意产品和服务更引人注目。西方的学术研究主要聚焦于"世界是什么"的实证研究，而中国哲学普遍探讨"应该怎么做"，强调"积极入世"做到天人合德。基于中国的哲学思想，科技向善使企业主动地用负责任的创新技术解决社会问题，服务公共利益并创造社会价值。

本章主要从实践基础、理论背景和东方集体主义文化背景等角度梳理了科技向善的概念，并初步探讨了科技向善的理论内涵和逻辑范畴。科技向善帮助企业获得核心资源、核心能力，通过变革价值创造模式实施差异化竞争战略，最终帮助企业获得可持续竞争优势。本文扩展了 Porter 和 Kramer（2006）对企业和社会关系的相关研究，并可为企业在科技创新和社会价值创造等方面的战略决策提供理论依据。

本章的研究对企业战略管理和政府监管具有重要的启示。管理者应该意识到科技向善是企业的重要经营理念与竞争战略，从预测、过程设计和结果等方面保障企业进行负责任的创新，把道德理念融入科技创新和产品设计，能够为企业带来资源和能力，把社会价值创造作为企业终极目标追求是企业可持续发展的重要前提。而企业的社会价值和公共利益创造也是政府监管和考核的新维度。2020 年，香港证券交易所修订并实施最新的《环境、社会及管治报告指引》，以"重要性、量化、平衡和一致性"原则，对上市公司环境、社会和治理的关键性指标进行考核。而上海和深圳证券交易所的《企业社会责任报告关键定量指标指引》还处于非常落后的阶段。科技向善理念强调企业的科技创新和产品服务于社会价值和公共利益，是对传统企业社会责任行为的扩展，故在新的上市公司监管政策中，应该把这一维度作为关键性指标进行考核。

本章首次把科技向善作为企业的经营理念与竞争战略进行探讨，为企业战略管理提供了一个基本框架和操作思路，但难免存在一些不足之处。比如，社会规范和伦理道德的动态演变暂时无法明确地为企业提供详细的企业实施科技向善战略的操作性指引。希望未来有更多的研究关注科技向善，以下两个问题可能有助于科技向善的进一步研究：科技向善对企业赢得竞争优势的作用机理和路径机制是什么？如何有效识别企业科技在社会价值创造和公共利益中的作用？

本章参考文献

[1] 薛桂波，闫坤如．"负责任创新"视角下技术伦理的政策转向[J]．大连理工大学学报（社会科学版），2018，39（1）：9-14．

[2] 闫坤如. 人工智能"合乎伦理设计"的理论探源[J]. 自然辩证法通讯，2020，42（4）：14-18.

[3] 祝继高，王谊，汤谷良. "一带一路"倡议下中央企业履行社会责任研究：基于战略性社会责任和反应性社会责任的视角[J]. 中国工业经济，2019（9）：174-192.

[4] 詹新惠. 盲人定制应用与科技向善[J]. 青年记者，2019（30）：91.

[5] 王佑镁，宛平，赵文竹，等. 科技向善：国际"人工智能+教育"发展新路向：解读《教育中的人工智能：可持续发展的机遇和挑战》[J]. 开放教育研究，2019，25（5）：23-32.

[6] 张新樟，汪建达. 技术伦理如何避开人类中心主义和生物中心主义：约纳斯《责任的命令：寻求技术时代的伦理》解读[J]. 自然辩证法研究，2007（8）：6-10.

[7] 王飞. 伦克的技术伦理思想评介[J]. 自然辩证法研究，2008（3）：57-63.

[8] 李文潮. 技术伦理与形而上学：试论尤纳斯《责任原理》[J]. 自然辩证法研究，2003（2）：41-47.

[9] 王前. "以道驭术"：我国先秦时期的技术伦理及其现代意义[J]. 自然辩证法通讯，2008（1）：8-14+110.

[10] 孟猛猛，陶秋燕，雷家骕. 企业社会责任与企业成长：技术创新的中介效应[J]. 研究与发展管理，2019，31（3）：27-37.

[11] 刘振，杨俊，张玉利. 社会创业研究：现状述评与未来趋势[J]. 科学学与科学技术管理，2015，36（6）：26-35.

[12] 刘志阳，庄欣荷. 社会创业定量研究：文献述评与研究框架[J]. 研究与发展管理，2018，30（2）：123-135.

[13] 刘志阳，李斌，陈和午. 企业家精神视角下的社会创业研究[J]. 管理世界，2018，34（11）：171-173.

[14] 陶秋燕，高腾飞. 社会创新：源起、研究脉络与理论框架[J]. 外国经济与管理，2019，41（6）：85-104.

[15] 杜旌，穆慧娜，刘艺婷. 集体主义的确阻碍创新吗？：一项基于情景作用的实证研究[J]. 科学学研究，2014，32（6）：919-926.

[16] STILGOE J, OWEN R, MACNAGHTEN P. Developing a framework for responsible innovation[J]. Research Policy, 2013, 42(9):1568-1580.

[17] MAO C, KOIDE R, BREM A, et al. Technology foresight for social good: social implications of technological innovation by 2050 from a global expert survey[J]. Technological Forecasting and Social Change, 2020，153.

[18] MIRVIS P, BALTAZAR HERRERA M E, GOOGINS B, et al. Corporate social innovation: how firms learn to innovate for the greater good[J]. Journal of Business Research, 2016,69(11):5014-5021.

[19] VARADARAJAN R. Toward sustainability: public policy, global social innovations for base-of-the-pyramid markets, and demarketing for a better world[J]. Journal of International Marketing, 2014, 22(2): 1-20.

[20] TOMASEV N, CORNEBISE J, HUTTER F, et al. Ai for social good: unlocking the opportunity for positive impact[J]. Nature Communications, 2020, 11(1): 436-1144.

[21] GOLSTEIJN C, GALLACHER S, CAPRA L, et al. Sens-us: designing innovative civic technology for the public good[M]. New York: Assoc Computing Machinery, 2016(6): 39-49.

[22] GUIDI B, RICCI L, CALAFATE C T. Editorial: smart objects and technologies for social good (goodtechs 2017)[J]. Mobile Networks & Applications, 2018, 23(6): 1680-1681.

[23] MONICA R. Harnessing technology for the social good: empowering consumers with immediate feedback and self-directed means of care to address affordability, access, and stigma in mental health[J]. Health & Social Work, 2020, 45(2): 135-137.

[24] CHAPMAN G. "shaping technology for the 'good life': the technological imperative versus the social imperative"[M]//JOHNSON D G, WETMORE J M. Inside Technology. CAMBRIDGE: M I T PRESS, 2008: 445-458.

[25] FLORIDI L, COWLS J, KING T C, et al. How to design ai for social good: seven essential factors[J]. Science and Engineering Ethics, 2020, 26(3):1771-1796.

[26] MORMINA M. Science, technology and innovation as social goods for development: rethinking research capacity building from sen's capabilities approach[J]. Science and Engineering Ethics, 2019, 25(3): 671-692.

[27] VOEGTLIN C, SCHERER A G. Responsible innovation and the innovation of responsibility: governing sustainable development in a globalized world[J]. Journal of Business Ethics, 2017, 143(2): 227-243.

[28] BATTILANA J, SENGUL M, PACHE A, et al. Harnessing productive tensions in hybrid organizations: the case of work integration social enterprises[J]. Academy of Management Journal, 2015, 58(6): 1658-1685.

[29] WRY T, YORK J G. An identity-based approach to social enterprise[J].

Academy of Management Review, 2017, 42(3):437-460.

[30] BARKEMA H G, CHEN X, GEORGE G, et al. West meets east: new concepts and theories[J]. Academy of Management Journal, 2015, 58(2): 460-479.

[31] PANDZA K, ELLWOOD P. Strategic and ethical foundations for responsible innovation[J]. Research Policy, 2013, 42(5): 1112-1125.

[32] GUIDI B, RICCI L. Editorial note: smart technologies for social good[J]. Multimedia Tools and Applications, 2019, 78(3): 3277.

第3章　企业科技向善对场景价值创造的影响

3.1　场景价值创造下的科技向善

新经济时代，随着群体性技术革命爆发、跨界融合创新兴起，各行各业开始在云端用人工智能处理大数据，以数字化、网络化、智能化为特征的数字经济风起云涌，数字经济在给中国带来弯道超车机会的同时，也带来了一些问题。2019 年年底，腾讯提出了"科技向善"的全新使命愿景。在商业回报之外，科技公司的产品和服务必须兼具公共价值与社会视角，实现技术为善，避免技术作恶。践行科技向善，首先需要企业投入巨额资金，利用科技去做很多有利于提升社会福祉，但不会带来直接商业回报的事情。很多互联网企业对"向善"一词避之不及，因为一旦以"向善"为标准，其商业模式将有可能坍塌。

在新冠肺炎疫情这种特殊的场景下，科技人员和企业努力想办法，一方面用新的技术方法、技术手段解决疫情时期面临的困难，另一方面把社会往前推进（雷家骕，2020）。特别是人工智能在应对疫情中发挥了不小的作用，比如，助力抗病毒药物研发，优化 AI 算法与算力，压缩研发周期；助力病情快速诊断，研发专用 AI 系统，加强自动化诊断；无感测温，助力社区防疫管理。这些都依赖大数据的支持，但大数据背后所涉及的用户隐私一直是全球范围内争论非常激烈的一个话题，人工智能企业将面对巨大商业利益与外部压力之间的决策选择。

产品层面的科技向善已成为重要的创新能力，好的产品能够创造性地解决社会痛点，并推动自身产品发展。以科技向善为导向，企业如何兼顾用户体验与产品收益，如何平衡社会影响与商业价值，如何用长期效果赢取口碑、忠诚度与竞争力，需要学界通过案例研究提炼出一套理论机理以指导实践。

科技向善会不会和企业商业模式相冲突？首先要研究企业商业模式中商业价值是如何创造的，然后来探究科技向善在价值创造过程中的作用机理。本章采用扎根理论，以新冠肺炎疫情时期的人工智能企业为案例，探究人工智能企业在践行科技向善的过程中，通过打造应用场景来实现其商业价值的理论机理，丰富关于科技向善方面的研究。

在新的经济发展阶段，以市场应用为核心的场景已开始成为新兴产业爆发的原点，也将越来越成为产业发展所依赖的稀缺资源。因此，主动营造各类产业发展的场景成为催生产业爆发的新逻辑。场景被应用于商业领域，并被嵌入商业模式，从而形成"场景型商业模式"，产生了"商业模式深入到用户生活方式"的提法。企业开展产品创新和模式创新需要考虑用户的应用场景，场景是设计和验证产品原型或者商业模式时最重要的依据。场景价值创造的过程就是洞察并挖掘客户隐形需求，构建以用户的显性需求和隐性需求为核心的产品与服务的应用场景。重新定义产品，提供个性化服务，重新建立企业与用户之间、与产业之间、与其他商业生态之间的联系，从而实现商业模式创新。特别是对于人工智能这类企业，不能采用"服务主导逻辑"来打造其场景价值，而要通过产品自身的价值撬动足够多的系统集成资源，创造客户的终极应用场景，以实现其商业化。人工智能企业在商业模式创新中，还需要将科技向善理念与场景意识相结合，这样更加有利于主动构建一个多元社会主体联动机制。

学界提出"服务主导逻辑"的价值共创理论（江积海，廖芮，2017）和互联网产品用户价值创造作用机理（江积海，刘芮，2019），主要从消费者角度研究通过互联网营销模式建立企业与消费者之间价值共创的机理，认为应培养以情景体验为导向的与消费者共创价值的能力，但是关于企业与企业之间价值共创的研究还是空白。腾讯提出：科技是一种能力，向善是一种选择。目前，学界还缺乏一种理论机理来指导企业如何将科技向善理念融入实践活动。

本章第一部分对相关文献进行回顾，提出预设理论；第二部分介绍研究方法；第三部分详细描述案例分析过程；第四部分提出理论模型并进行解释；第五部分对本研究的结论进行总结和讨论。

3.2 场景价值和科技向善的理论发展

3.2.1 何谓科技向善

最早提出"科技向善"口号的是英国贝斯纳绿地投资公司（Bethnal Green Ventures，BGV）首席执行总裁保罗·米勒（Paul Miller），他创办的投资公司是欧洲领先的"科技向善"风险投资企业，致力于投资"科技向善"的初创企业，而他最知名的一句话是"希望确保技术公司专注于回馈世界，而不仅仅是占领我们的屏幕时间"。"科技向善"由此渐渐成为一个扩展到世界各地的运动。腾讯在成立 21 周年纪念日上，正式发布了新的使命愿景：用户为本，科技向善，由此引发了国内关于科技向善的讨论。

科技向善包含两个方面：一方面以正理企，坚持诚实创新（张华强，2020）；

另一方面要确保新科技不被恶意使用。企业实施科技向善的原因有两个：第一，来自外部的监管压力；第二，用技术让世界变得更加美好的意愿。尽管腾讯提出科技向善的理念，但学界依然对这个理念能否真正落实到企业的行动上表示怀疑。吴晓波（2020）认为，当商业利益和向善发生冲突时，企业解决问题时的思考和行动如果还能是正面的，才能被定义为科技向善。董洁林（2020）却认为，科技向善不是为了"善"而"善"，在"向善"的同时，还应创造商业价值，只有这样，科技向善才具有可持续的生命力。邱泽奇（2020）则进一步解释科技向善应包含四个价值：第一个价值是促进效率和效益的提升；第二个价值是让大多数人从中受益，从而实现社会覆盖性；第三个价值是包容；第四个价值是实现社会整合性。

陈春花（2020）认为，企业要真正落实科技向善需要建立相应的企业文化和价值观，并渗透到每个员工的行为之中。而孟猛猛和雷家骕（2020）认为实施科技向善的企业主要从核心资源和核心能力两个方面获得竞争优势。核心资源就是用户，只有以最佳和最大可能的方式影响大量人群，科技向善的那个"善"字才能转化为以最大可能的方式影响最大数量的人的产品或服务。核心能力则是一种有意图的设计，不是设计产品与服务，而是设计用户体验。用户体验就是在特定的时间、地点、场合，通过提供产品或服务来满足用户的需求并增强体验。赵振（2015）将其称为"场景"，即企业、用户及其他相关主体间的关系、行为所构成的具体画面或特定过程。

3.2.2　商业模式场景化

"场景"一词最初指的是戏剧、电影中的场面，而后逐步为社会学、传播学等学科所应用。Kenny 和 Marshall 认为场景是用户生活中的某一特定情境及产生的需求和情感因素（Kenny，Marshall，2000）。美国记者罗伯特·斯考伯率先提出了商业模式中适用的场景理论，从此场景概念进入学术视野，并演化为一种新的理论。

Ott 和 Amit 认为商业模式（BM）以价值创造为目的，在不同组合方式的商业活动中寻找在特定时间、特定地点某一面墙上的商业机会的过程（赵振，2015）。学者将 BM 按价值类型进行了分类：顾客需要的是一个电钻工具，这是基于交换价值的 BM1；顾客需要的不是电钻工具而是墙上的一个洞，这是基于使用价值的 BM2；顾客需要个洞，这是基于场景价值的 BM3，进而衍生出场景化的商业模式。商业模式的场景化已成为商业模式创新的新范式和新路径。

消费升级及新技术的发展使用户需求越来越场景化，成为在特定时间、空间及待办事项中的即时需求。从价值主张层面看，用户的价值主张由功能型向情感型转变，由价格敏感型向价值敏感型及时间敏感型转变。在互联网时代下，商业模式应更加关注客户价值的重要性。比如，江积海和刘芮（2019）认为企业为最大化满足目标用户延伸式、复合式的需求，应向用户提供更多整合式产品服务价值，满足用户的功能型价值主张和情感型价值主张。从价值实现层面看，场景化（contextualization）是指在用户需求个性化的拉动和数字化技术的驱动下，企业运用场景元素实现价值创造的过程。胡有林和韩庆兰（2018）提出"顾客参与—价值共创—创新效应—创新绩效"的路径探索顾客参与对绩效的影响。

商业模式场景化是指将场景元素嵌入商业模式实现场景价值创造的过程，即企业将场景元素与商业模式的构成要素相融合，以期在特定应用场景中创造价值（江积海，2019）。

3.2.3 场景价值创造

Chandler 和 Vargo 正式提出场景价值（value in context）一词，认为使用价值源于顾客的应用场景和过程，如时间、地点、独特经历、故事、感知、象征、关系影响等，从而细分出场景价值。江积海把场景价值定义为用户在特定场景中对某一新产品或服务的体验或价值感知，即支付意愿（江积海，阮文强，2020）。同样的产品或服务在不同情境（场景）下产生的价值不同，因此，主张用场景价值代替使用价值。

在新的场景下，企业创造新的价值不仅依赖其内部因素，还取决于场景和价值网络等外部因素（吴晓波，赵子溢，2017）。价值驱动行为，行为创造价值结果，即商业模式所创造的价值感知影响用户的购买和消费行为，进而创造价值结果，最终形成"价值感知—用户行为—价值共创"的内在机理（江积海，2019）。

学界多以 2C 业务模式为研究对象，开展商业模式场景化的机理和路径研究。比如，江积海和阮文强（2020）归纳新零售企业场景型商业模式价值创造路径及演进机理；Chang-Hua Yen（2020）以餐饮行业为研究对象，研究创新对顾客价值共创行为的影响；江积海和刘芮（2019）提出需要利用网络效应、社群等加强和用户的连接，为用户提供精准的"解决方案"，实现用户使用价值、娱乐价值和社会价值的倍增。但是，基于 2B 业务模式的商业模式场景化研究还是空白。结合文献研究，本章提出科技向善的场景价值创造的初设理论，如图 3-1 所示。

图 3-1　科技向善的场景价值创造的初设理论

在发掘应用场景时，首先需要对用户现状及其需求进行分析，产生客观场景。目标场景建立在客观场景之上，期望达成能解决用户客观场景中相关问题与需求的用户场景。目标场景需要针对用户在客观场景中反映的需求提出针对性的解决方案。想要验证和评估目标场景的优劣，就需要引入实际场景。实际场景是指在不干预的情况下，提供目标场景中设计好的相关产品或模型给用户，由用户在实际的参与式体验过程中测试目标场景，并进行产品的测试及适用性评价。

对于实施科技向善的企业，在识别价值中需要具备科技向善的洞察能力，将科技向善理念用于产品设计中，通过产品或服务向客户传递科技向善的价值。所以，分析客观场景的过程是科技向善理念的融入过程，是目标场景的基础。实际场景对目标场景进行验证和评估的过程，也是场景价值实现的过程。同时，被验证的实际场景又是下一次交互的设计对象，上一次的实际场景会转化为下一次的客观场景，这是一个持续优化和快速迭代的过程。

3.3　研　究　设　计

扎根理论最早由 Glaser 和 Strauss 提出，是在经验资料的基础上，自下而上建构理论的质性研究方法。扎根理论对极端实证主义（extreme empiricism）与完全相对主义（complete relativism）进行了折中，提出了一整套系统的数据收集方法来帮助理论建构，并强调"持续比较"（constant comparison）和"理论取样"（theoretical sampling）的重要性。与实证主义者把数据收集与分析分离开来的主张不同，扎根理论认为数据收集与理论形成应该是一个互动的过程，也就是"收集数据—形成理论—再收集数据—完善理论"不断循环的过程。

扎根理论的研究方法从出现演变至今，共产生了三种流派：原始扎根理论、程序化扎根理论和建构型扎根理论。本章采取程序化扎根理论，引入"主轴编码"这一环节，通过范式矩阵绘制范畴与范畴、范畴与概念之间的关系图，以建构（提炼）实质性理论（Corbin，Strauss，2008）。

3.3.1　研究案例选择

本章选择新冠肺炎疫情期间的 4 个人工智能企业作为案例研究样本。案例研究遵循理论抽样的原则，即所选案例是出于构建理论的需要，所以只有选择那些极端情境和类型的案例，有趣的过程才能够被清晰而透彻地观察到（Pettigrew，1990）。

从研究对象上看，人工智能产业的链条太长，很难在商业化上做到立竿见影；

同时，消费者对人工智能认识不足，需要企业花费精力打开教育市场，进一步拉长了变现的周期。人工智能企业如何实现场景价值的过程具有情景化特征的构念，采用案例研究有助于有效展示研究过程的整体性、动态性和辩证性。只有通过对典型案例的深入剖析，才能发现变量之间独特的因果关系（Welch，2011）。

从研究问题上看，本章要回答人工智能企业如何进行场景价值创造这一问题，案例研究最适合回答"如何（how）"和"为什么（why）"类型的问题。

从设计方法上看，多案例研究可以增加构建理论的普适性（毛基业，陈诚，2017），应用"复制逻辑"在比较中从多角度、多维度提炼理论，识别潜在因果关系并提高案例研究的外部效度，可以使研究结论更具普适性、稳健性和精炼性（Eisenhardt &Graehner，2007）。

将案例分为两组：组内案例是 3 家组织架构相似的企业，以此进行逐项复制；组间案例是 1 家组织结构不同的企业，以此进行差别复制。

本章首先选择数据资料最丰富的案例开展详尽的单案例分析，归纳并总结其在疫情期间创建新的场景价值过程和路径，提出特征命题；再以其他三个案例对前面单案例研究所提出的命题进行验证，直至无法产生新的纬度和概念，通过理论饱和度检验（见表 3-1）。

表 3-1　案例研究清单

防 疫 场 景	案　　　例	企　　业
快速诊疗	①新冠肺炎 AI 系统	数坤科技
疫情溯源、追踪与预测	②基于 AI 的精准防控、疫情推演及病毒溯源方案	第四范式
公共场所疫情排查	③明骥疑似发热人员智能筛查系统	旷视科技
社区服务	④即时配送系统、无人配送车	美团

3.3.2　资料收集

为了提高研究的信度和效度，本研究主要将采访视频作为主要资料来源，同时通过二手资料补充资料库，形成近 10 万字的案例库。这些资料包括北京卫视采访视频、网页新闻报道、企业网站新闻报道等（见表 3-2）。

表 3-2　资料来源清单

案例 企业	数 坤 科 技	第 四 范 式	旷 视 科 技	美　　团
视频影像	《为你喝彩：团结一心齐抗疫》	《为你喝彩：大数据下的科技抗疫》	《为你喝彩：科技逆行者助力防疫一线》	《为你喝彩：科技抗疫中的最美逆行者》

续表

案例企业	数坤科技	第四范式	旷视科技	美团
网页新闻	《数坤科技新冠肺炎AI深入疫情前线助医抗"疫"》 《数坤科技助力新冠肺炎》 《疫情时期，我们重见了医疗AI的诞生初衷：解决中国优质医疗资源稀缺问题》 《数坤科技响应国家医疗AI抗"战"一线》 《数坤科技研发新冠肺炎智能影像分析系统 助力数万患者筛查、救治》 《数坤科技向北京捐助新冠肺炎影像AI辅助诊断系统》	《第四范式联合周志华团队等搭建新冠病毒自学习模拟器》 《第四范式打造"隐形病毒捕手"人工智能助力疫情精准防控》 《第四范式人工智能助力疫情防控：精准防控、疫情推演及病毒溯源》	《旷视科技最新研发出来的，用人工智能技术助力疫情防控》 《旷视冲刺IPO：疫情之中找到增长点》 《战"疫"在行动 旷视科技：以人工智能技术助力科学防疫复工复产》 《疫情让城市治理迎来大考 旷视科技城市大脑让智慧城市知行合一》 《疫情大考下的人工智能，交出了一份多少分的答卷？》 《解密旷视科技中长期增长点：快速开发AI抗疫产品核心AI框架开源在即》 《AI战"疫"：北京卫视〈为你喝彩〉专访旷视团队 科技逆行者助力防疫一线》	《美团启动"无人配送防疫助力计划"，三大场景已实现落地》 《美团配送CTO孙致钊：外卖的人工智能是一点点超越人类的》 《疫情防控：美团外卖无接触配送，安全放心》
企业网站	相关企业新闻12篇	相关企业新闻1篇	相关企业新闻3篇	相关企业新闻1篇

3.3.3 资料分析方法

为规避研究者个人主观偏见对编码结果的影响，减少研究结果误差，本章第一作者与另一名研究者共同组成编码小组。第一作者首先进行编码，另一名研究者复核。

运用 Atlas 软件将案例内容、相关文献导入软件中，利用编码功能逐句进行标注，并分别进行归纳和提炼，形成编码。通过软件对编码的统计，更加有效、准确地对概念和范畴进行提炼和归纳。

借鉴多案例研究思路，本研究先选择了数据资料最丰富的案例开展详尽的单案例分析，然后对其他案例开展有针对性的资料分析，经过"收集资料—形成理论—再收集资料—修正完善理论"这些流程，直至理论饱和。

3.4 案 例 分 析

3.4.1 开放性编码

开放性编码指在数据中识别概念并发现其性质和维度的分析过程。目的是通过对资料的初步分析来定义现象（识别关键事件的过程）、界定概念（提炼现象的中心思想），进而发现范畴（相同概念的集合，并可以抽象为理论的基本要素）。它要求研究者保持完全开放的态度，对资料进行逐行编码、逐层概念化及抽象化，通过不断比较将资料及抽象出来的概念打破，最终确定概念的范畴。

开放性编码工作的步骤是：第一，贴标签，即对资料库中一切可能与特征、发展过程有关的语句后标注"a+数字编号"；第二，定义现象，将"a+数字编号"简化并初步提炼；第三，概念化，将"a+数字编号"重新归类，归类出的概念用"A+数字编号"表示；第四，范畴化，对相关的概念进行抽象化、归类，用"AA+数字编号"表示。

本章先以数坤科技案例进行开放性编码，如表 3-3 所示。经过上述步骤，最终得到案例标签 38 个、概念 15 个、子范畴 11 个。

表 3-3　数坤科技案例开放式编码示例（部分）

案例资料（贴标签）	定 义 现 象	概 念 化	范 畴 化
公司一直在医疗领域开发多病种 AI 影像诊断平台（a1）	a1 行业技术积累	A1 行业经验积累（a1，a6，a14）	AA1 行业经验（A1）
"我们把这些数据都拿出来了，帮助医生做筛查（a2）"	a2 提出解决方案		
短短七天，新一版新冠肺炎 AI 系统成功面世（a3）	a3 短时间研发成功	A2 快速研发产品（a3，a20）	
让医生看片的过程从 2～3 分钟缩短到 2～3 秒（a4）	a4 解决医生实际需求	A3 精准满足需求（a2，a4，a21，a26，a29，a30）	
"在腊月二十九的时候，我跟湖北的几个主任交流（a5）"	a5 主动了解需求	A4 发现场景（a5，a16）	AA2 场景意识（A4）
"我们的心脏、头颈的这些 AI 产品在他们那边用得挺多的（a6）"	a6 有客户基础		
"给武汉造成的压力那么大，我们还是要做点什么（a7）"	a7 科技向善意愿	A5 科技向善意愿（a7）	AA3 科技向善（A5）
"我们就有很多互动……用 AI 真正能够帮助到医生（a8）"	a8 客户互动频繁		

案例资料（贴标签）	定义现象	概念化	范畴化
AI 的长处就是深度学习，快速做出分辨和判断，这正是公司所擅长的（a9）	a9 公司技术积累	A6 基础研究积累（a9，a12，a13，a19）	AA4 基础研究（A6）
"我们的算法……趋于更加准确……比以前算法有了很大提高（a10）"	a10 算法迭代	A7 持续迭代（a10，a11）	AA5 迭代验证（A7，A12）
"前面的一些版本……会把肺之外的东西误识别，现在这些也都克服了（a11）"	a11 技术迭代		
"我们有自建的测算中心，能满足数据在短时间里集中的训练（a12）"	a12 支持快速研发的模型		
"我们在人工智能产品的研发方面的基础设施非常完善……能支撑我们在这么短的时间里研发出这么急需的产品（a13）"	a13 支持快速研发的基础设施		
"要求我们对这种疾病、临床的把握达到医生的水平……把数据科学家、算法科学家和医生临床专家做结合（a14）"	a14 技术与行业专业知识相结合		
和一线医生保持密切沟通（a15）	a15 保持与客户的密切沟通	A8 持续客户沟通（a8，a15，a17）	AA6 客户互动（A4，A8）
一线医生根据临床需要，给团队提出了最新的产品需求（a16）	a16 倾听客户的需求		
研发团队不断与医生交流，来自一线的需求使系统能更加精准地应用到临床中（a17）	a17 将客户需求融入产品		
"我们有医工结合的团队（a18）"	a18 跨专业团队	A9 跨专业团队（a18）	AA7 跨界融合（A9）
"有很多已有的模型，我们可以拿来作为初始模型输入（a19）"	a19 已有模型积累		
"让公司在短短 7 天时间里就研发出了能切实帮到一线医生的新冠肺炎 AI 系统（a20）"	a20 快速研发成功		
随着系统不断优化已经能够实现……精准定量分析……量化评估在 2～3 秒之内完成（a21）	a21 满足客户各类需求		
毛新生第一时间就想到将系统送到武汉抗疫一线落地应用（a22）	a22 找到试点客户	A10 试点落地（a22，a23，a24）	AA8 快速落地（A2，A3，A10）
"我们人进不去，进行系统配置都非常辛苦（a23）"	a23 面临落地难题		

案例资料（贴标签）	定义现象	概 念 化	范 畴 化
"我们派一个工程师过去两个小时就干完的事情……要花好几天，想竭尽所能想到各种办法（a24）"	a24 解决落地难题		
数坤科技以公益捐赠的形式，将产品部署到全国几十家区域一线医院（a25）	a25 以公益形式促进快速落地	A11 产品优化与定型（a25，a27，a37）	AA9 产品商业化（A11，A13）
"数坤科技的产品……大大提高了我们在诊疗过程中的工作效率，降低了医生的工作负荷（a26）"	a26 产品获得客户认可		
铺设面越来越广，样本数据也越来越多，AI 智能运算也就越来越精准（a27）	a27 规模化促进产品提升		
基于和武汉市中心医院的长久合作，产品出来以后迅速进入打磨调试阶段（a28）	a28 寻求首发产品验证	A12 寻找产品验证（a28，a32）	
"我觉得上来还是挺及时的（a29）"	a29 及时性获得客户认可		
"它对病灶的识别准确率还是挺高的，医生的反响还是不错的，在很大程度上缩减了我们的工作量（a30）"	a30 效果获得客户认可		
"我们通过公益捐赠的方式，组织一个国际援助的小分队，到各个国家做真正的落地实施（a31）"	a31 以公益形式扩大市场	A13 形成市场示范（a31，a33，a36）	
产品在武汉一个地区使用后，数坤科技寻找全国最优秀的传染病医院进行进一步的验证（a32）	a32 寻求更多机会进行产品验证		
得到了一线医院和头部医院的认可后，全国更多医院积极选择数坤 AI 精准防控（a33）	a33 获得市场口碑		
市场人员快速联系疫情较重的河南、浙江、重庆等地的医院（a34）	a34 主动扩大市场	A14 扩大市场（a34，a35）	AA10 市场推广（A14）
未来会有更多的医院安装该新冠肺炎人工智能辅助诊断产品（a35）	a35 获得更大市场		
经过武汉考验的数坤 AI 辅助诊断系统以"技术迁移"的方式，已经公益部署到了全国几十家医院（a36）	a36 形成示范效应		
该产品的部分功能已于 3 月 20 日取得医疗器械二类注册证（a37）	a37 形成公司新的产品线		
"我们在科委的指导下，很好地完成了这些事情……整个产学研在政府的牵引和组织下做事情（a38）"	a38 政府牵引	A15 政府组织（a38）	AA11 政府推动（A15）

3.4.2 主轴编码

开放性编码得到的是可成为范畴的子范畴（范畴化），它们彼此相互独立，不同子范畴之间的关系尚未进行深入探讨，因此需通过主轴编码建立子范畴间的关系，重新组装开放性编码过程中形成的概念化数据。通过主轴编码，可将概念和子范畴形成"对现象的更精确和完整的解释"，为抽象出核心范畴奠定基础。

运用"因果条件—背景—介入条件—核心现象—行动/互动策略—结果"这一范式模型（Kalateh，Tabei，Ebrahimzade，et al.，2016），可帮助分析人员捕捉概念和子范畴的动态和演变本质。范式模型的中心是核心现象，因果条件、背景、介入条件回答了核心现象发生的背景、条件、环境等，用行动/互动策略回答人、组织和社区针对核心现象发生后的反应及结果。

本研究将 11 个子范畴进行继续归类、逻辑分析后得到如下模型（见图 3-2）。

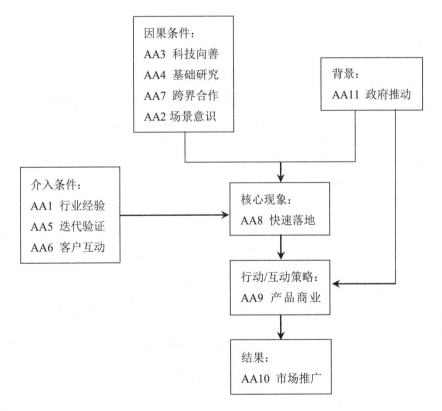

图 3-2　数坤科技案例范式模型

3.4.3 选择性编码

经过开放性编码和主轴编码后，得到数坤科技创建场景价值路径的基本框架，但该框架（见图 3-2）仅对其场景价值创造进行了初步解释，要深入了解其创造机理，还需进行选择性编码，展开深入分析。所谓选择性编码，是在子范畴基础上进一步抽象为核心范畴，并验证它们之间关系的过程（见图 3-3）。

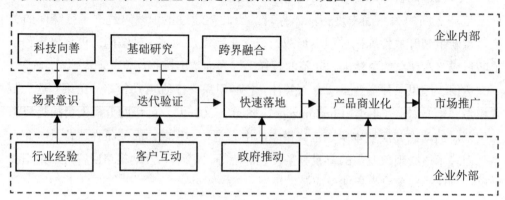

图 3-3　数坤科技创造场景价值的路径模式

3.4.4　多案例比较

基于数坤科技创造场景价值的路径模式，对后续三个案例（第四范式、旷视科技、美团）进行比较分析，保证理论达到饱和。本研究到第三个案例时，基本已达到理论饱和，未出现新维度。修正后的范畴及概念如表 3-4 所示。

表 3-4　多案例比较

范　畴	概　念	案例资料（部分）
AA1 行业经验	行业经验积累	①在平台的核心算法、功能组件和底层技术等方面已经有了成熟的经验保障 ②在"火线上岗"的系统背后，是旷视科技长期积累的 AI 技术底蕴、丰富的业务实践经验 ③我们要向产业沉淀……做真正地影响着行业的产业，要把这种能力变成实在的产品
AA2 场景意识	发现场景	①我们公司有一位面向政府业务的同事，说有没有可能用 AI 帮到疫情防控 ②场景可以帮助我们把产品和方案都打磨好，这也是价值实现的最终归宿
AA3 科技向善	科技向善意愿	①在得知项目是公司为疫情做的免费服务后，很快便有几十人主动参与进来 ②主动成立项目组，许多旷视人自愿加入研发工作
AA4 基础研究	基础研究积累	①这件事与第四范式的科学家和工程师们一直以来的研究密切相关 ②这一切离不开美团多年投入打造的"超脑"即时配送系统

范　畴	概　念	案例资料（部分）
AA5 迭代验证	持续迭代 寻找产品验证	①这是一个快速迭代而且非常紧急的状态 ②根据机器学习的结果，医学专家再对模型的针对性和准确性进行验证和优化 ③系统团队每天会定时与宏观调控部门的技术人员远程连线……根据系统预测值和实际值的差距进行优化 ④产品的迭代以小时为单位计算，3～5 天产品实现较大提升 ⑤对算法模型进行了专项训练与优化升级 ⑥随着复工复产节奏的加快……旷视科技在 AI 技术及场景适应性上深度打磨，根据……因素的不同，推出……四个版本，让安装和使用更加灵活 ⑦我们的算法也在不断学习人工的各种优秀经验，并将学到的内容存储到超脑里 ⑧弥补技术缺口只用了 3 天时间，完成了技术优化，解决落地问题
AA6 客户互动	主动了解需求 持续与客户沟通	①我们需要做一件事情，与现场的其他参与单位一起探讨具体的方案，这件事情一开始是没有一个明确的范围和内容的 ②过去我们没有做过这些事情……相当于自己给自己出题，自己再把这道题解了 ③随着团队与一线医学专家深入交流和探讨，问题逐渐浮出水面 ④对发热人员筛查系统需求、解决方案功能规划、接口方案、测试联调、供应链整合等问题进行深入讨论和沟通
AA7 跨界合作	跨专业团队	①为了去解决这样一些问题……我们也邀请了一些专家 ②这支由人工智能专家和医学专家组建的联合团队……
AA8 快速落地	快速研发产品 精准满足需求 试点落地	①针对交付时间，你觉得大概什么时候能有第一版出来，这个非常重要 ②买菜部向无人配送部门提出支援请求 ③系统团队提出了三套应用方案……开始为疫情防控部门提供小时级的数据更新 ④经过 10 天连夜奋战，旷视 AI 测温系统正式上线，并率先在北京市海淀政务大厅和部分地铁站展开试点应用 ⑤"无人配送防疫助力计划"率先在北京顺义区、海淀区落地

范　　畴	概　　念	案例资料（部分）
AA9 产品商业化	产品优化与定型 形成市场示范	①得到了工信部下属中国信息通信研究所的肯定 ②部分三甲医院、写字楼、社区、校园等场景投入使用，上线期间累计服务 10 余万人次 ③在隔离酒店、餐厅等场景部署室内机器人，承担室内消毒、配送等服务工作 ④日需求量的激增让服务站货物分拣量剧增，为订单配送系统做疫时优化
AA10 市场推广	扩大市场	①除了为国家层面提供防控决策支持外……已经下沉到地方政府 ②这套全民抗疫过程中所沉淀出的方案、经验和技术也将发挥更大的价值 ③疫情过后，美团也将继续提供无人配送服务，并在未来增加餐饮外卖、日用百货、药物等多品类的无人配送服务，并将不断扩大配送范围
AA11 政府推动	政府组织	①国家有关部门早在 1 月份就已经紧急召集人工智能企业，希望通过挖掘新冠病毒多维数据……用于精准指导疫情防控 ②我们得到了国家工信部、科技部、北京市科委各方在资源上的大力支持和协同

　　基于 4 个案例分析，人工智能在疫情期间创造价值的过程大致可描述为：人工智能企业致力于通过大数据和深度学习技术，实现人机互动，取代部分人工活动。疫情发生后，它们敏锐地意识到可以将技术用于抗疫，并主动承担义务的研发工作。它们保持与行业专家或客户的持续互动来深度挖掘实际需求，并通过产品的快速迭代确保短时间内获得场景验证。

　　整个研发过程对人工智能企业极具挑战，一方面要快，一方面要准。本章案例显示，要做到这些依赖两个因素：①这些企业先前的基础研究能力，以及它们所积累的行业经验；②跨专业、跨部门间的快速协作。

　　当产品研发出来后，能够做到第一时间找到试点用户，取得示范效应，并实现快速复制，一方面可以进一步优化产品，另一方面可以为创造场景价值奠定基础。在这个过程中，政府起到了一定的推动作用。

3.5　模　型　解　释

　　人工智能企业通过科技向善打造场景价值的作用机理体现在：通过科技向善的

场景意识发现客户场景，构建基于科技向善理念和能力的内部网络，锁定目标场景，实现产品或服务的快速落地；通过带有科技向善属性的产品服务，营造科技向善的外部网络，聚焦实际场景，实现产品或服务的快速推广，最终获取商业价值（见图3-4）。

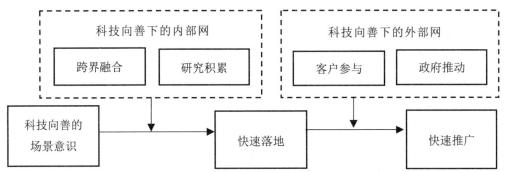

图 3-4　人工智能企业科技向善与场景价值创造的关系机理模型

3.5.1　核心因素

人工智能企业在疫情这一特定时期下，向用户提供他们所需要的产品和服务，所产生的价值就是场景价值。与非疫情时期不同的是，这一场景存在的时间非常短，转瞬即逝。本章所研究的案例企业之所以能够成功打造场景价值，有三个核心因素：①发现既普惠社会也有商业机会的场景；②能快速提供适应该场景的产品或服务；③该产品或服务能快速推广使用，并在普惠社会的同时实现商业价值。

1. 场景意识

场景意识指企业能有意识地思考其产品或服务的应用场景，体现为企业所具有的一种场景力，即企业能够在时间、地点、场合、情感等构成的特定情境中，及时提供产品和服务来满足客户需求并增加客户体验从而提升客户感知价值的动态能力（Kenny，Marshall，2000）。科技向善的场景意识是企业的一种洞察人和社会潜在需求的能力，也是企业在"向善"的同时，创造商业价值的愿望。具体而言，就是企业秉承为社会提供有价值的产品或服务的愿景和使命，致力于寻找应用场景的行为。

科技向善已经成为越来越多的人工智能企业的价值观，从成立之初，这些企业所研究的技术就是基于"科技向善"的。比如，旷视科技的人脸识别技术首先要提升安全性和可靠性。让科技造福人类的思想在这次疫情中被突出地体现出来，特别是这些企业的创始人，因为带着"向善"的人生目标，他们的团队更加愿意为造福人类这一使命去奋斗、去创造。比如数坤科技的创始人思考的是："我们还是要做点什么，用 AI 能够真正帮助医生。"所以就会出现第四范式所提到的："在得知项目是公司为疫情做的免费服务后，很快便有几十人主动参与进来。"而旷视科技的研发团队在一次调整温度曲线时，已经是深夜 11 点多，本来已经准备回家的同事觉得有一块的开发进度还能更进一步，于是又折返回来，继续投入工作之中。

案例公司所体现的科技向善文化，也是凝聚人工智能行业从业人员的关键要素。它不仅可以让员工更紧密地联系在一起（人才总是被那些有意思的事情所吸引），还可以帮助员工看到大画面，从而提供前进的更大动力。当这种愿景和使命与场景意识相结合时，科技向善的理念就被转化为产品或服务，场景意识也就出现了。正如旷视科技创始团队认为的那样："场景可以帮助企业把产品和方案都打磨好，是实现价值的最终归宿。"

2. 快速落地

快速落地是打造场景价值的基础，也就是说要在极短的时间内研发出满足用户需求的产品或服务。本章案例中从企业组建团队到向用户提交产品或服务都没有超过 1 周。另外，在疫情期间，尽管总体需求是相对清晰的，但从产品和系统角度来看，所要实现的功能并不容易说清楚，需要企业凭借自身能力深度挖掘用户需求，把一个概念产品变成真正可以使用的产品。正如第四范式所说："没有人给我们提我们可以做什么，其实相当于自己给自己出题，自己再把这道题解了。"

在这样的条件下如何做到快速落地？通过研究发现，科技向善的场景意识是关键的驱动因素，以科技向善文化为基础的内部资源（团队和技术）对快速落地起到了推动作用。

3. 快速推广

快速推广是打造场景价值的结果，只有被市场所接受，其产品场景最终才能产生价值。把产品或服务推向市场的过程中，有的是市场等产品（比如旷视科技，由政府牵头将海淀政务大厅及一些地铁站作为试点用户），有的是产品找市场（比如数坤科技将系统捐赠给雷神山医院），但共同点是快速找到试点用户，通过示范效应，促进产品或服务的广泛使用。在产品被广泛使用后，所获得的用户数据可以用来进一步优化产品。正如数坤科技团队所说："铺设面越广，样本数据也就越多，AI 智能运算也就越精准。"在这一过程中，科技向善的理念通过产品或服务向企业外传递，让企业获得商业应用所需的外部资源（客户和政府），缩短商业价值实现的时间。

3.5.2 科技向善影响场景价值的机制

1. 科技向善下的内部网络

科技向善下的内部网络指实现科技向善目标所需要的人和技术资源，这与传统意义上的研发团队和新技术有所不同。科技向善的技术需要企业在成立之初就建立技术服务于社会的责任，科技向善团队中的每个人都能够从用户的角度开发出科技向善的产品。

第一，跨界融合。跨界融合包括企业内部的跨专业团队，也包括企业与外部的合作。比如，数坤科技的研发团队由其大数据研究院和临床研究院的团队组成；第四范式的研发团队则由企业内部前端需求人员和后端开发人员，加上外聘的专家组成。这种跨界融合的模式赋予了人工智能科学家对行业的深度理解能力，正如数坤科技团队所说："要想让产品满足用户需求，要求我们对这种疾病的理解达到医生的水平。"这样才能让产品快速落地。

第二，研究积累。研究积累包括基础研究的积累和企业在行业应用中的技术积累。疫情期间对研发时间的要求非常高，案例中的企业都有长期的人工智能研究基础，可以快速进行产品迭代。而这些研究都致力于向社会提供价值。比如，数坤科技有自建的测算中心，能满足大量数据在短时间内的集中训练；而旷视科技在安防领域的实际应用经验，能使其快速开发出应用于高密度人群流动场景下的测温产品。

2. 科技向善下的外部网络

科技向善下的外部网络指科技向善的产品或服务受到潜在用户和监管部门的认可，而在其推向市场时获得支持。只有获得外部环境的认可和支持，才能被认定为"善"，才能让更多的用户去使用，企业的商业价值才能最终实现。

第一，客户参与。客户参与是指潜在用户或实际用户参与到企业的研发过程中，Gronroos（2012）认为客户参与提升了产品或服务的价值。当客户认为创新的产品或服务能够满足他们的需求和利益时，这些产品或服务的价值就会提升（Getnet，2019）。客户参与就是感受产品或服务是否"向善"的过程。本案例中的企业利用其积累的客户资源，通过与客户的频繁沟通，让客户深度参与进来。比如，数坤科技长期在医疗领域服务，积累了一定的客户关系；美团买菜部本身就是无人配送部门的内部客户。

第二，政府推动。政府推动指政府为企业提供相关服务，促进企业产品或服务快速落地或快速推广。当企业的产品或服务带有"科技向善"的属性时，政府的支持力度会进一步增大。本案例中第四范式、旷视科技的需求方就是政府部门及其下属机构，让企业产品有了试点应用的机会。同时，当产品产生示范效应后，政府会帮助进行市场推广，正如数坤科技团队所说："整个产学研在政府的牵引和组织下完成了这些事情。"

3.6 本章小结

本研究表明，人工智能企业在疫情期间依靠科技向善的场景意识，通过产品的快速落地和快速推广打造其未来场景价值。在这一过程中，企业所具备的科技向善的场景意识让他们能够敏锐地发现疫情期间潜在的市场需求，同时秉承科技向善的理念，承担高强度研发工作，助力其在短时间内研发出所需产品。凭借其长期的基础研究和行业应用中的技术积累，通过跨专业合作和邀请客户参与，使其在短时间内能够准确理解和深度挖掘市场需求，降低研发失败的概率，缩短研发周期。

快速落地不仅是将产品研发出来，更是要让产品在试点用户这一真实的场景下得以验证。找到试点用户的意义还在于帮助企业通过示范效应而将带有科技向善属性的产品广泛推向市场，最终实现场景价值。政府在其中发挥了引导、组织和服务的作用。市场推广的速度在场景价值打造中发挥了重要作用，一方面广泛的用户基础是人工智能企业获取大数据的前提，也是其产品优化的基础；另一方面市场规模越大，企业的行业竞争优势也越强，越能通过产品自身的价值势能撬动足够多的系统集成商作为渠道，从而更好地打穿客户的终极应用场景。

科技向善不仅是科技公司的责任，也需要广大用户的互动参与，更需要政府对科技向善的技术发展采取审慎包容式监管，平衡多重目标（司晓，马永武，2020）。过去可以不需要用户参与产品的生产和迭代，满足政府的合格要求即可。如今，技术革命要求每个用户直接参与到产品的生产与迭代中，以对产品的善恶进行评判。本章的第一个理论贡献在于，以人工智能企业为例，构建了科技向善与企业商业价值之间的闭环机理，最为重要的是企业在商业模式创新中，需要将科技向善理念与场景意识相结合，并更多地与社会交互，关注社会对一个具体产品向善的界定和期待。企业秉承向善的理念，可以和经营上的繁荣互为因果。

学界在对场景价值的研究中，往往从营销角度出发，提出互联网产品用户价值创造作用机理；强调互联网企业应通过品牌建立、推广营销等让用户知晓；通过运营和有趣的营销手段提高用户活跃度；以优质内容和服务引发用户自发裂变与推荐（江积海，刘芮，2019）。这些研究所提到的用户更多的是个体消费者，而将企业用户作为研究对象，探索企业与企业之间价值创造的机理几乎是空白。学界还提出基于"服务主导逻辑"的价值共创理论，提出在场景视角下，企业竞争优势来源不再强调产品或服务，而是主张建立以情境体验为导向的与消费者共创价值的能力（江积海，廖芮，2017）。但是对于人工智能企业而言，处在从理论研发、理论与技术结合、技术和工艺结合、调试工艺形成一个可用的模块、模块组装，到模块形成项目体系，再到项目体系商业化的一个极长的产业链条中，用"服务主导逻辑"理论来进行场景价值的打造是不够的。本章的第二个理论贡献在于，以人工智能企业为研究对象，提出其打造场景价值的核心要素，以及这些要素之间的作用机理；揭示了人工智能企业的价值创造既来自与用户共创价值能力层面，也来自技术和产品层面。

在疫情的倒逼作用之下，人工智能企业原本从理论成果到商业化的一条极长的链条被缩短了，在这个过程中所引发的机理对研究成长型企业或创业企业在践行科技向善上打造场景价值更具典型意义。同时，政府需要创建科技向善的社会规则，让企业、政府、用户三方共同参与，将更加有助于推动科技向善的发展。尽管如此，还需要对这类企业如何持续输出商业与社会价值进行研究，同时也需要对大企业在内部推行科技向善的路径进行探究。

本章参考文献

[1] 雷家骕. 疫灾时期科技向善的创新[J]. 网信军民融合，2020（3）：29-32.

[2] 赵振. "互联网＋"跨界经营：创造性破坏视角[J]. 中国工业经济，2015（10）：146-160.

[3] 江积海. 商业模式创新中"逢场作戏"能创造价值吗？——场景价值的理论渊源及创造机理[J]. 研究与发展管理，2019，31（6）：139-154.

[4] 江积海，阮文强. 新零售企业商业模式场景化创新能创造价值倍增吗？[J]. 科学学研究，2020，38（2）：346-356.

[5] 吴晓波，赵子溢. 商业模式创新的前因问题：研究综述与展望[J]. 外国经济与管理，2017，39（1）：114-127.

[6] 司晓，马永武. 科技向善：大科技时代的最优选[M]. 杭州：浙江大学出版社，2020.

[7] 江积海，刘芮. 互联网产品中用户价值创造的关键源泉：产品还是连接？——微信 2011—2018 年纵向案例研究[J]. 管理评论，2019，31（7）：110-122.

[8] 江积海，廖芮. 商业模式创新中场景价值共创动因及作用机理研究[J]. 科技进步与对策，2017，34（8）：20-28.

[9] KENNY D, MARSHALL J F. Contextual marketing: The real business of the internet[J]. Harvard Business Review, 2000, 78(6): 119-125.

[10] CORBIN J, STRAUSS A. Basics of qualitative research: Techniques and procedures for developing grounded theory[M]. Thousand Oaks, CA: Sage Publications, 2008.

[11] KALATEH A S, TABEI S Z, EBRAHIMZADE N, et al. The paradigm model of distorted doctor-patient relationship in Southern Iran: a grounded theory study[J]. Journal of Medical Ethics and History of Medicine, 2016, 9: 2.

第 4 章　企业科技向善的创新行为过程研究

4.1　科技向善理念下的创新行为

2019 年 11 月，腾讯公司成立 21 周年之际，科技向善正式成为企业的使命愿景，即"用户为本，科技向善"，强调科技以人为本、践行社会责任的企业产品能力。这是腾讯公司的重要里程碑事件，科技向善也成为企业在数字经济社会发展道路上的新路标。此后，腾讯公司围绕科技向善理念先后出版《动因：技术、商业与我们的未来》（科技向善·大哉问）、《科技向善：大科技时代的最优选》以及《科技向善白皮书》等一系列丛书，在数字化浪潮迅猛发展和以新一代信息技术为代表的新一轮科技革命导致产业深刻变革的 VUCA（volatility，uncertainty，complexity and ambiguity）时代，充分彰显腾讯人对技术伦理、企业社会责任的深度思考，提出数字社会背景下企业长期发展的行为准则（王佑镁，2019）。这不仅为组织和公民在数字经济时代合理有效使用技术、为社会发展带来更多福祉、促进帕累托改进的实现提供可参考、可践行的行动方案，也为战略管理、创新管理、企业社会责任等研究领域的学者提供丰富厚实的实践研究土壤，有待学者对科技向善从不同研究视角提供合理的理论化解释。

战略导向可以引导企业资源利用的方式和资源配置的方向，辅助企业开发并利用现有资源，对企业市场和技术层面的创新活动具有积极影响（Barrnet，2008；Zhou，2005）。不同的战略导向指导企业拥有的竞争优势也不同，市场导向和技术导向是其中两种重要的战略导向（张妍，2019）。战略导向关注以下问题：特定管理现象或管理挑战需要组织做出何种决策？这些决策与组织所做的其他决策有何联系？这些决策如何影响其他经济主体（竞争者、供应商、互补方等）决策？其他经济主体的决策又如何影响组织的决策?是否涉及跨期决策问题（例如如何推动企业未来决策，企业在进行承诺和分期投资时面临何种不确定性）？

从企业科技向善行为看，其具有典型的战略导向。首先，新一代信息技术快速发展需要企业采取规制决策以实现技术的合理有效使用，这种规制决策必然会影响到企业生产经营过程；其次，规制决策并不是一家企业的垄断性行为，所有企业都可以采纳，不同企业技术规制决策的速度、水平、涉及范围会对规制决策的发展产生重要影响；最后，技术规制决策需要企业在前期投入研发成本，短期内可能不能获得超额收益，而在长期内因具有先发竞争优势，则可以获得一定超额收益，因此企业在制定技术规制时应充分考虑其对企业短期和长期效益的差异影响。

本章将科技向善定位为基于竞争性战略导向的企业行为选择。具体而言，一方面，企业可以充分发挥大数据、物联网、云计算、移动互联网、人工智能、区块链、5G、虚拟现实、增强现实等新一代信息技术的巨大潜力，基于技术赋能提供产品和服务，惠及更多人的工作、学习和生活等应用场景，解决现实社会问题，促进社会良性发展。企业可以将"科技向善"视为一种竞争性战略，当下实践科技向善行为将使企业获得更大的竞争优势和双重合法性（道德合法性和实用合法性），更多利益相关者的支持也会使企业获得更高的声誉和社会影响力。另一方面，想要保证新一代信息技术不被滥用或作恶、保证产品底线，企业应将科技向善融入日常规章制度中，使其成为企业文化建设的重要组成部分。在获取正常的商业回报外，企业所提供的产品和服务应当兼具公共价值和社会属性。对于新技术赋能的产品和服务所带来的各种负面影响，企业应当承担相应社会责任，通过提供有效解决方案给予行为回应，力求通过协同价值创造获得企业和社会共赢的美好愿望（Kurucz，2008）。

4.2 创新与科技向善关系研究现状

4.2.1 基于道德物化思想的技术伦理理论

国外学者较早关注技术伦理问题，此后提出用"道德物化"概念来解释技术伦理。"道德物化"是指通过恰当的技术设计，将道德理念"嵌入"技术人工物的设计和功能中，使技术在使用的过程中对人的决策和行为产生道德意义上的引导和规范作用。"道德物化"思想由荷兰学者阿特胡斯首先提出，后经维贝克的发展深化形成一个相对完整的理论。维贝克为"道德物化"建立了坚实的理论基础，即"技术中介理论"。该理论认为技术在人与世界的关系中扮演着中介调节的作用，它既能影响世界呈现在人面前的方式，也能影响人呈现于世界的方式。在技术的居间调节下，人的主观性和世界的客观性都得到重新塑造，因此可以利用技术的这种属性有意"嵌入"一定的伦理因素来影响人们的决策和行为。"道德物化"思想在当今的工业设计和社会领域已经得到广泛认可和回应，例如美国斯坦福大学教授福戈倡导的"劝导技术"设计、华盛顿大学教授弗里德曼开展的"价值敏感性设计"研究，都与"道德物化"思想存在着密切联系（张卫，2016）。

对于技术是否具有两面性，当下众说纷纭，大致有三种基本观点（王飞，2008；张新樟，汪健达，2007；李文潮，2003）：一是反对技术具有道德能动性，认为技术只是一种工具，本身不具有伦理属性，其好坏取决于人使用技术的方式；

二是赞成技术具有道德能动性，认为具有智能的技术人工物——"机器人"具有类似人的自主性和意向性，可以作为独立的道德能动者；三是中间派，认为技术人工物不具有类似人的道德能动性，但技术人工物也不是价值中立的，它能够影响人的道德选择和行为决策。随着新一代信息技术日益深入日常的工作、学习、生活等各种场景中，基于技术赋能的产品和服务愈加带有智能交互的特征，在一定程度上可能会影响到人的正常行为决策，甚至出现被技术提供人员不合理利用而谋求非法利益的现象，带来恶劣的社会影响。将道德理念内嵌于这些技术赋能的产品和服务中，将在一定程度上规范人使用技术的方式和手段，对人的行为决策产生必要的潜在约束。道德物化将道德规范内嵌入技术人工物中，但如何使用户感知到技术人工物所附有的道德规范，如何使企业和用户等行为主体自觉养成道德意识，道德物化理论没有给出合理解释。科技向善作为基于竞争性战略的企业行为选择，将企业、员工、供应商、最终用户、政府、社区等更多利益相关者有机联系起来，形成科技向善的商业生态系统，使得可持续性和社会责任等体现"善意"的道德观念深入内心，成为组织和个体内生的自觉的心理意识和行为准则，以更好地解决技术伦理问题，最终努力实现科技创新驱动经济社会的高质量发展。

从信息技术对社会影响的实践层面，国际著名社会学家曼纽尔·卡斯特在 1980 年完成的"信息时代三部曲"——《网络社会的崛起》《认同的力量》和《千年终结》在社会科学领域开启了信息技术对社会影响的研究先河。他在书中强调技术与社会之间的复杂互动关系以及技术的文化属性，对信息技术发展带来的隐私权丧失、人类被数据商品化以及人被机器控制、沉迷于技术丛林中等各种新型社会问题持续关注并表示担忧。斯坦福大学和平创新实验室（Peace Innovation Lab）是国际上最早关注数字化技术对用户带来各种潜在威胁的研究机构之一，实验室以"劝导技术（Persuasive technology）"方式从代码层面深入介入互联网产品测试、设计和改进工作，例如社交媒体上女性用户的安全问题等，致力于制定"劝导技术"通用标准，并将标准产品化用一套可以记录的嵌入代码来检验用户在使用产品和服务时是否受到骚扰或发生异常，如果有，就立即请算法工程师进行修正。该产品在事情正在往不好的方向发展时就及时发现苗头并进行有效控制，帮助新技术产品和服务在不断迭代过程中变得更加公平、多元和友好。

4.2.2 "负责任的研究与创新"理论

近年来，"负责任的研究与创新"逐渐成为欧美科技政策研究领域的热议概念，强调科技创新过程的伦理和社会影响，试图通过协商对创新进行综合治理。负责任创新是创新共同体以维护人权、增进社会福祉为价值主旨，以积极承担社会责任为特征的创新认识和实践，其兴起有着深刻的理论与实践必然性。目前相关研究在概念界定、方法建构、反思批判和理论推介等方面取得一些成果，但也存在伦理中心主义倾向、原创性不足等问题。随着近年来中国社会的快速转型发展，社会公众、科技共同体、企业和政府针对创新社会责任的态度、行为出现了一系列新变化，为负责任研究与创新在中国落地成长创造了有利条件。未来该理念在中国的推行还面临着如何平衡责任与创新、增进社会价值和公共福祉各行动主体间的沟通合作以及推动公众参与科技治理等诸多挑战（赵延东，廖苗，2017；刘战雄，2015；薛桂波，闫坤如，2018）。科技向善概念的提出会进一步推动"负责任的研究与创新"理念更好地落地。

4.2.3 社会创新创业理论

科技向善理念要求企业致力于解决现实社会问题。社会创新通过满足社会需求，解决社会问题，创造新的社会关系，从提供新产品、新服务和新的解决方案三个方面开展社会实践活动。它是一个以创新理念开展社会实践的过程，是具有社会属性的主体通过确立特定社会目标，提供创新的解决方案，并与利益相关者共同生产实施，以解决社会问题、创造共享价值及进一步推动社会变革的过程（陶秋燕，2019）。政府、市场和公益部门未能解决的社会问题是企业获得进一步发展的重要机会，而社会创业就是通过技术创新和商业模式创新针对待解决的社会问题进行创业（刘志阳，庄欣荷，2018），利用新理念和新方法创造共享价值并提高社会效率。企业家以解决社会问题为目标进行的社会创业（刘振，2015）催生出一批"社会企业"。社会企业具有"企业公民"和经济组织的双重身份（刘志阳，2018），其通过社会创新解决社会问题、创造社会价值、摆脱社会面临的伦理困境。社会企业是践行科技向善理念的新型组织形态，其内部治理、运作管理与机制创造模式等内容是科技向善在组织层面的研究内容。

4.2.4 企业生态化战略理论

当前企业在治理过程中越来越需要兼顾外部环境需求和内部资源调控、经济效应和社会福祉以及短期目标和长期可持续发展，实施生态型战略是应对这些挑战的一种选择。一方面，企业作为生态组织者可以建立内部生态系统，将产业链上不同类型的业务活动纳入自身生态系统中，有效整合内部资源，提高企业竞争力；另一方面，企业作为生态参与者，将自身整体产业链置于生态环境中，根据外部环境实现战略更新，同时兼顾内部和外部经济性的有机结合，实现企业个体和社会整体、眼前利益和长远利益的协调统一（许芳，2005）。因此，企业生态型战略及其治理问题是科技向善在战略层面的研究内容。

4.2.5　颠覆性技术异化理论

颠覆性技术异化是指在新兴颠覆性技术研发、应用和演进过程中，在技术至上主义和功利主义价值观驱使下背离"以人为本"的人本主义精神，实现非正当收益并损害人和社会全面可持续发展的现象。颠覆性技术异化已成为数字化时代的巨大威胁和人类社会可持续发展面临的重要挑战，由于新兴颠覆性技术发展迅速，对产业和社会潜在影响深远，颠覆性技术异化的社会经济后果可控性低、量级难以估量，因此传统的技术管控和法律监督机制难以对新兴颠覆性技术进行规范和治理，然而学者针对新兴颠覆性技术异化及其治理路径的综合性和系统性研究尚不充分（苗争鸣，2020）。

4.2.6　企业社会责任理论

Carroll 认为企业在追求经济效益的同时还应当承担一定的伦理责任，例如注重保护环境、促进人员健康等，即企业要承担社会责任。企业承担社会责任能提高企业的技术创新水平，进而提高企业效益。企业社会责任赋予企业一定的道德属性，企业的目标不仅仅是商业利益最大化，还要促进社会利益的实现，对员工、社区和社会发展做出贡献。当前，关于企业社会责任研究的成果颇丰，ESG（environment, social and governance）投资理念的提出进一步推动了企业社会责任在企业投资领域的深入发展，使得更多企业关注环境、社会和治理绩效，践行主动的责任投资行为。

4.2.7　科技向善的创新创业行为理论

2020 年伊始，新冠病毒在全球诸多国家迅速传播。中国政府迅速协调各方力量，在全球率先有效控制疫情。新冠病毒对人们的学习、工作和生活产生了很多负面影响，但也激发了无接触购物、在线办公、在线教学、在线电子商务等新型业态和商业模式的快速发展。在新冠肺炎疫情对社会经济运行造成重大冲击的背景下，除慈善、捐赠、公益广告等传统的企业社会责任行为外，不少企业还通过科技创新生产提供富含善意的产品和服务，使企业与社会的良性融合互动更加紧密。科技向善的创新实践案例不断涌现，例如在疫情期间，优必选科技有限公司和清华大学等机构提供巡检和测温机器人降低医护人员的暴露感染风险；无人送餐机器人、无人配送机器人和无人机等智能设备的应用为居民生活提供了极大便利；"人民需要什么，就生产什么"的五菱汽车利用现有生产线技术转产口罩和口罩机，不仅缓解了医疗物资的紧缺，也避免了企业的停工破产危机。"科技向善"理念提倡科技为社会公共利益服务，是科技治理框架的重要原则。"上善若水，水善利万物而不争"

强调人类最高境界的美德是"利万物"，而企业的善意应体现在科技的应用目的是为社会公共利益服务，而不单单是获取商业价值。Porter 和 Kramer（2011）在讨论企业和社会的关系的文章中提倡企业社会融合和企业的共享价值创造。企业参与社会问题的解决是创造"共享价值"的重要方式（肖红军，阳震，2020；肖红军，2020），这是在共享经济时代企业获取"共享价值"的必然选择。企业与社会融合共生是一种新的发展模式，而科技向善将加速这一过程。因此，基于科技向善理论的创新创业行为是科技向善在行为层面的研究内容。

4.3　理解科技向善及量表开发

4.3.1　对科技向善内涵的理解

基于对科技向善概念的定位，本章将科技向善按照理念、行为、内容和制度四个维度进行学理性解释。从理念维度看，科技向善主要包含企业运用技术时"考虑和满足利益相关者的期望""符合法律法规要求和道德规范"和"致力于经济社会可持续发展"三方面的内容。从行为角度看，科技向善主要包含企业运用技术时"最大限度降低经济、社会和环境风险""创造更多经济、社会和环境价值""保持与利益相关者的持续沟通""与利益相关者实现价值共创"和"实现社会资源的优化配置"。从内容维度看，科技向善主要指企业运用技术时关注社会议题。从制度维度看，科技向善主要指企业运用技术的有效方式应嵌入企业使命愿景和管理决策。四个维度不是割裂的，而是相互作用形成一个有机整体，如图4-1所示。

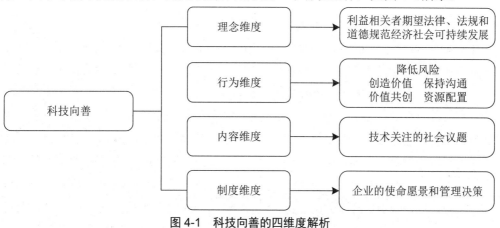

图 4-1　科技向善的四维度解析

按照以上四个维度对企业科技向善进行学理性解释后，可以将科技向善定义为企业把道德规范理念嵌入设计、生产的技术产品和技术服务等科技应用中，主动利用负责任的创新技术改善健康状况、提高教育质量、推动社会公平、促进环境保护等。企业在践行科技向善行为时可以增进公共利益和社会福祉、提升社会服务效率，促进社会价值创造，最终使社会价值和商业价值获取提升，实现帕累托改进，促进社会进步。道德物化是当前用于解释技术伦理的主流理论，科技向善概念的提出会在理论上进一步推动技术伦理研究的发展。道德物化侧重于将道德规范内嵌于技术人工物中，科技向善则认为人在使用和应用技术时应做善事，科技向善在接纳道德物化本质要求的基础上更加关注人在应用技术时的规范性要求。公益、慈善、捐赠作为传统的企业社会责任研究内容已被很多研究者关注，传统的企业社会责任行为与科技向善行为存在本质区别和联系：公益、慈善、捐赠行为是否带有一定的功利性和象征性色彩？科技向善行为可否满足更多利益相关者要求？是否是更高阶的企业社会责任行为？两者在影响企业绩效时是否存在一定的水平差异？等等，这些问题值得学者深入研究。

4.3.2　企业科技向善的量表开发

经典文献中研究者开发的企业社会责任量表包括国际上广泛应用的国际标准化组织提出的 ISO 26000《社会责任指南》和全球报告倡议组织提出的 GRI 4.0 标准，Turker（2009）开发的包括 17 个题项的企业社会责任测量量表，Perez（2013）基于企业响应利益相关者关切和诉求角度开发的包括企业对顾客、股东、员工和社会履责的企业社会责任量表，Oberseder（2014）从消费者感知角度开发的包括 7 个维度的企业社会责任量表，王战杰和买生（2019）基于中国上市公司数据构建的包括股东责任、客户和消费者权益责任、供应商和员工责任、环境责任和社会责任 5 个维度的和讯网"上市公司社会责任报告"评级体系，秦绪忠（2018）针对创业板数据构建的中国中小企业社会责任信息披露指数，买生和匡海波（2012）基于科学发展观视角开发的企业社会责任综合测量模型，田虹和姜雨峰（2014）针对网络媒体企业开发的企业社会责任测量模型以及齐丽云（2017）开发的包括 8 个维度的企业社会责任量表等，以上研究成果为下一步开发企业科技向善量表提供了可资借鉴的参考方案。

本章按照理念、行为、内容和制度四个维度开发企业科技向善量表。理念主要指企业的使命愿景、企业文化等，关注其中是否包含科技向善或善品创新、产品底线等相似概念的表述；行为主要指企业提供的技术赋能产品和服务的实际过程，即企业科技向善行为的现实发展路径；内容主要指技术赋能的产品和服务所关注和解决的社会议题，即善品创新和产品底线所反映或解决的现实社会问题；制度主要指科技责任治理的制度性规定，即企业内部指定的关于科技向善的相关规章制度。企业科技向善量表如表 4-1 所示。

表 4-1　企业科技向善量表

维　度	题　项
理念维度	（1）企业的使命愿景和企业文化中是否有关于科技向善的内容 （2）科技向善理念是由内而外还是由外而内形成的 （3）企业如何调和商业价值和社会价值 （4）企业如何区分短期价值和长期价值 （5）企业出于何种目的践行科技向善理念
行为维度	（6）科技向善行为在企业内部是由上到下逐步贯彻落实还是由下到上再向下铺开 （7）科技向善行为是企业主动作为还是用户需要引致 （8）企业间是否存在科技向善的合作、联盟等行为 （9）企业是否还履行慈善捐赠等其他企业社会责任行为 （10）企业如何与用户交流了解实际问题和产品使用效果
内容维度	（11）科技向善关注的具体社会问题 （12）所使用技术与关注社会问题的匹配情况
制度维度	（13）企业内部是否制定科技向善相关的规章制度 （14）企业是否因科技向善行为引起组织结构、发展战略的调整 （15）企业在实施科技向善行为时如何适应伦理和法律的双重约束

下一步，可根据以上量表设计企业科技向善行为的具体问卷题项，通过拜访经济学、管理学学科教授和新一代信息技术等相关领域专家、学者对设计出的问卷题项进行评议修订，将修订后的问卷发放给践行科技向善行为的企业，对企业中高层管理人员、关键科研人员和基层员工分别进行问卷调查并对企业进行实地调研，回收问卷后整理分析，得到企业科技向善的测量结果。对回收的量表测量结果进行信度检验、效度检验以及二阶验证性因子分析，以验证开发出的量表的信度和效度水平。

4.4　企业科技向善行为对企业绩效水平影响的研究

由于科技向善行为的实施要经历一个发展过程，短期内企业因为要投入较大的研发费用，其向善的产品和服务的稳定性不足，用户体验后的满意度可能也不高，可能导致企业的财务绩效和社会绩效水平较低；长期则因产品和服务不断迭代升级、其向善的性能和质量不断提高，企业也因此会获得一定的商业回报和市场声誉，抵消前期巨额的研发支出，从而使企业的财务绩效和社会绩效水平得以提高。因此，应分别从短期和长期两个方面研究企业科技向善行为对企业财务绩效和社会绩效的差异性影响。基于悖论思维，可进一步探究企业管理层采取何种措施调和商业利益和社会目标的冲突，如何通过科技向善以及企业社会责任等其他企业战略行为最大限度地促进商业价值与社会价值"共益"目标和双重价值的实现和获取。

科技向善行为可能是企业的主动选择，但利益相关者是否关注和如何感知到企业的科技向善行为，即企业科技向善的产品和服务的道德属性表达可能成为企业科技向善行为对企业绩效产生影响的中介变量；法律法规、社会舆论、道德规范、技术标准、技术创新质量、组织氛围、企业经营水平、成本收益水平等组织和环境因素可能会调节科技向善的技术产生对科技向善的行为形成的影响，对技术向行为转化提供助推（nudge）作用；企业自身的微观因素包括企业的年龄、规模、所有制结构、业绩、营业收入增长率等，这些指标可以设置为控制变量，考虑企业微观层面因素对企业科技向善行为形成的异质性影响。由此，可以基于多层线性模型对企业科技向善行为对企业绩效的影响开展跨层次研究，明确企业科技向善行为在组织间、组织内部的运行机制和影响因素。

4.4.1　企业科技向善行为的过程模型：质性研究

《动因：技术、商业与我们的未来》（科技向善·大哉问）、《科技向善：大科技时代的最优选》两本书中囊括了很多中国企业实践科技向善行为的典型案例，包括欢乐斗地主与天天象棋"健康系统"、微信"反洗稿"机制、微信辟谣助手与腾讯较真、美团青山计划、支付宝蚂蚁森林、AI 寻人（包括百度 AI 寻人、腾讯优图、头条寻人、阿里"团圆"系统等产品）等案例，对这些产品案例可以按照产品产生背景、企业基本情况、关键科研人员情况、所使用的技术情况、产品创新点、进一步发展的难处和可复制推广性进行资料整理。此外，还可以对金融科技、远程办公、远程教育、在线医疗等当前热门的新兴技术行业应用案例进行搜集整理，从行业角度观察科技向善在产业中的实践情况，关注包括社交媒体的隐私保护、消息推送的信息干扰、新一代信息技术引起的数字鸿沟、贫富差距进一步拉大等经济、社会问题的解决情况。

通过对案例资料的搜集整理可以发现，当前很多中国互联网企业基于人工智能技术开发推出 AI 寻人的产品，适合开展纵向跨案例研究，探究互联网企业基于人工智能技术提高搜索速度和保障个人隐私的技术实践规律。此外，腾讯公司率先提出科技向善理念，在其众多产品中均有所体现，适合开展纵向单案例研究，了解腾讯公司是如何提出科技向善理念的，又是采取何种措施促进科技向善理念在企业中逐步贯彻落实的，以及实际效果如何，是否带来一定的公共价值和社会福祉。从企业内部因素看，责任型领导、战略与创新导向、资源能力和管理者的社会责任认知理念等因素可能会对企业实施科技向善行为产生影响；从外部环境看，经济社会发展的宏观制度环境、产业产品特性与企业竞争环境以及社会认知情况可能会对企业实施科技向善行为产生影响。腾讯和阿里巴巴在组织层面的频繁互动行为可以成为研究科技向善的商业生态系统演化问题的典型案例。

在研究一定数量的企业案例后，可以基于程序性扎根理论构建企业科技向善行为的过程模型，探明企业科技向善行为的影响因素及其作用机制；运用定性比较分析（QCA）方法对企业科技向善行为的过程模型展开进一步的深入研究，归纳不同类型、规模、行业的企业科技向善行为的典型模式，探究不同典型模式对企业绩效产生的实际影响。

4.4.2 企业科技向善行为的过程模型：量化质性研究

基于战略-行为-绩效（strategy-conduct-performace）分析框架构建企业科技向善行为的过程模型是构建企业科技向善行为理论的基础，有助于了解企业科技向善行为的发展阶段和作用路径。企业的战略制定影响企业科技向善的行为选择，涉及企业科技向善的机会识别和资源配置问题，企业的科技向善行为影响企业绩效，涉及企业科技向善的效果评价问题。接下来，可以基于机会-资源-效果（opportunity-resource-effect）逻辑链条分析企业科技向善行为的发展变化过程。

科技向善的机会指企业主动识别目标性社会问题，包括搜寻社会问题的来源、优先解决的社会问题的评价标准、搜寻社会问题的方式；科技向善的资源（在一定程度上具有 VRIN 特征）主要指企业构思和实施解决社会问题的商业性技术方案，包括重构产品和市场、重新定义价值链上的生产力、赋能产业和社区发展、优化社会资源配置；科技向善的效果主要指跟踪科技向善行为的实施进展、测量科技向善行为影响下的绩效水平变化并在其中洞察新价值从而实现价值判断重塑。在对企业社会责任相关经典文献的研究基础上，初步构建了企业科技向善行为的过程模型，具体模型如图 4-2 所示。

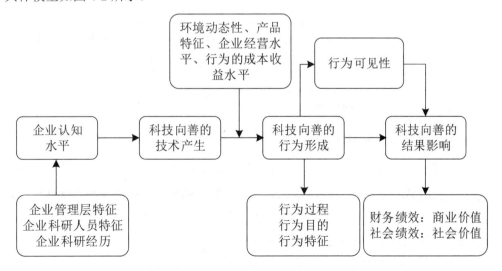

图 4-2　企业科技向善行为的过程模型示意图

1. 科技向善的技术产生

该阶段主要研究企业科技向善的技术是如何产生的（专属还是外购、自主研发还是合作研发、技术来源于国内还是国外、创新数量和质量如何），企业管理、科研人员结构（包括但不限于企业高管及关键科研人员的数量、学历、专业、行业背景、从业经历等）和企业的先前经验（与科技向善相关的或无关的）、组织惯性、组织印记对企业科技向善技术产生的影响。

2. 科技向善的行为形成

该阶段主要研究科技向善的行为在企业中是如何产生的（企业与外部环境：由内而外、由外而内还是两者兼有或其他方式；企业内部：自上而下、自下而上还是两者兼有或其他方式）、是出于何种目的产生的（机会识别、应对自身缺陷、转型发展或其他目的）、是如何在企业中贯彻落实的（是否在企业的规章制度、组织结构、战略规划、公司治理等方面有相应体现，是否存在相关的考核奖惩机制，即是否有科技责任治理机制）。

3. 科技向善的结果影响

该阶段主要研究科技向善的行为带来何种实际的公共价值和社会福祉（包括但不限于用户、企业职能部门员工以及其他利益相关者对企业科技向善的产品和服务的实际评价、科技向善的产品和服务的销售指标等），利益相关者如何感知企业的科技向善行为，不同类型、规模和行业企业的科技向善行为的结果影响是否具有一定的共同特征或异质性。

4. 前因变量：企业认知水平

参考 Trevino（1986）研究提出的影响企业道德决策的个人与情境交互作用模型，企业科技向善行为的认知水平是指企业对科技道德困境的认知水平，主要包括企业身份识别和企业责任定位两个方面，根据高阶理论和创业者伦理理论，具体可以通过企业管理层特征、企业关键科研人员特征、企业科研经历、企业家自身价值观以及成长文化背景等因素反映出来。

5. 调节变量：环境动态性等

本章所言的调节变量涉及环境动态性以及产品特征、企业经营水平、行为的成本收益水平比较等。向善的技术作用于企业行为体现为技术和环境的交互过程，即技术与环境匹配、企业主体与社会网络的互动机制（张利斌，2012）。其中环境动态性包括经济环境、社会环境、技术环境的动荡性；产品特征包括产品的功能特性、生产特性、物理特性；企业经营水平包括企业当前的财务水平、企业所处的生命周期发展阶段；行为的成本收益水平是指企业科技向善行为的实施成本和获得收益水平的比较。

6. 中介变量：行为可见性

企业科技向善行为的可见性（彭雪蓉，刘洋，2015）是指利益相关者对企业科技向善行为的感知，包括利益相关者的向善意识、利益相关者的向善要求、利益相关者的行动策略。根据利益相关者理论，利益相关者基于自身利益形成对企业的期望和要求，其对企业所采取的态度和行为取决于企业践行的科技向善行为与自身心理要求的匹配程度，利益相关者会奖励和回报匹配的行为，惩罚和抵制不匹配的行为。类似于Jones（1991）研究提出的道德问题权变模型中的道德强度（moral intensity）概念。企业要让利益相关者感知到科技向善行为的真实存在，可以采用：扫描二维码以"产品说明书"的方式明确告诉用户该产品的科学使用方法；不主动强制而是以循序渐进的方式引导用户接纳向善的产品或服务；将信任、认同科技向善行为的用户社群化；不断与用户交流，了解用户需求；线上、线下互动式体验，强化产品感知效果；等等。这些方式可以加强基于用户感知的产品道德属性表达（韩震，2018）。

企业科技向善行为的过程模型涉及个体（企业高管、关键研发人员、基层员工等）、团队（企业各职能部门、项目小组、业务部门等）、组织（企业整体）、组织间（企业间的合作、联盟等行为）等多层次，因此综合运用多层线性模型（hierarchical linear model，HLM）和中介效应、调节效应检验等方法，可以更好地还原企业科技向善行为的真实场景，保证研究结果的准确性和客观性。企业科技向善行为过程模型的构建对于了解企业科技向善行为的纵向动态演变规律、与案例研究结论的相互验证以及提高基于案例研究方法提出的理论模型的普适性具有重要的指导意义。

4.5 本 章 小 结

对于企业而言，数字技术的快速发展既是机遇也是挑战。企业应充分利用新一代信息技术的优势，通过科技向善行为避免技术作恶或技术滥用，创新管理模式，优化管理方法，提高管理水平，增强数字经济时代企业转型发展的竞争实力。对数字技术驱动背景下企业科技向善的创新行为展开研究，对于企业创新理论的补充完善、企业数字化转型的成功实践、新一代信息技术的合理运用、产业创新政策的调整变革等内容均具有重要的理论和现实指导意义。研究成果可以为有志于和正在践行科技向善行为的企业或其他各类组织提供可资借鉴的行动准则和参考方案，推动实业界和学术界对科技向善理念的进一步讨论，促使科技向善理念更加深入人心，成为数字经济时代所有企业默认设置的常规战略选择。基于理论研究和实践探索相结合得出的研究成果可以促进新兴技术和经济社会的良性互动和有序发展，为企业创新转型升级提供方向和依据，为政府制定相关法律、法规提供监督指引方面的政策建议，为科技向善的商业生态系统演化发展提供合意和有效的制度参考。

当前，企业科技向善行为还有很多值得深入研究的科学问题，这些问题有待学者进一步探索。具体如下。

4.5.1　科技向善的商业生态系统演化研究

随着营商环境的快速变化，基于技术的工作任务的复杂性和不确定性的增加，未来的市场竞争将不再是单独的企业之间的对抗，而是发生在生态系统间或系统内部业务领域间的竞争，企业的可持续发展取决于生态系统的整体发展状况（Fichman，2018）。科技向善的商业生态系统有哪些主体，主体间通过何种方式（契约治理或关系治理，资源信息共享、战略联盟等形式）有机联系；其他企业或组织在技术不确定环境下如何效仿先前实践科技向善行为的企业做出战略判断和行为选择，先前实践科技向善行为的企业如何在其他企业或组织采取科技向善行为后做出战略性回应（互补性学习、战略反馈等形式）；科技向善的商业生态系统的网络结构、网络密度、网络类型、关系强度、结构洞、中心性、节点属性等因素如何影响科技向善的商业生态系统演化发展；科技向善的商业生态系统如何有效治理（基于网络视角、技术协同、共生战略和创新创业平台等）；科技向善的商业生态系统中创新创业主体动态能力的提升途径有哪些……对于以上这些问题，亟须学者基于新理论、运用新方法进行深入研究。

4.5.2　科技向善行为与竞争优势、组织韧性的关系研究

企业实施科技向善行为是否可以给企业带来竞争优势、提高组织韧性是战略管理理论在科技向善领域的研究内容。一方面，企业科技向善行为应与企业的核心业务以及其在产业链、价值链上的位置相匹配，否则会受到资源和能力限制，更无法改变企业外部竞争环境的劣势；另一方面，企业科技向善行为具有一定的动态性，企业会根据外部环境变化结合企业自身资源能力变化情况选择适宜的科技向善行为，以达到企业资源、社会问题机会、科技向善能力三者的协调匹配。这使得企业科技向善行为发展成为企业竞争优势应是理论推演与经验研究相结合和长期导向的，不是孤立的和非情境化的强制直接关联。因此，需要整合制度理论、动态能力理论、资源基础观、利益相关者理论、3C战略三角模型等相关理论来构建企业科技向善行为与竞争优势以及组织韧性的理论研究框架，揭示企业科技向善行为对组织逻辑、商业模式、战略更新等组织层面的影响（Chadwick，2015）。

4.5.3 科技向善行为与资源管理的关系研究

根据资源编排理论，企业的资源编排流程包括构建资源组合、捆绑资源形成能力、利用能力创造价值三个阶段。构建资源组合聚焦于企业资源存量的增减，包括外部购买资源、内部开发资源和剥离无价值资源三个子流程；捆绑资源形成能力的目的是整合资源以构建或改变企业能力，可分为维持型、丰富型、开拓型三种捆绑形式；利用能力创造价值包括能力的动员、协调和部署三个步骤。三个阶段依次解决资源来源、资源转化和资源利用问题，描绘从资源到产出的完整发展路径。每个阶段都代表一种资源的行动方向，具有一般性指导意义（张青，华志兵，2020）。企业要想实践科技向善行为须有一定的资源积累，因此企业科技向善行为的资源来源、资源组合、资源利用的方式和途径，即实践科技向善行为的企业资源编排能力需要学者深入研究。

4.5.4 科技向善行为与企业战略选择和文化建设的适配性研究

科技向善行为既可以理解为企业的战略选择，也可以理解为企业的文化建设方式。企业科技向善的行为选择必然应与企业战略选择和企业文化建设相适应，构建三者间的协调匹配机制成为企业科技向善行为成功落地的支撑条件。因此，企业科技向善行为与企业战略选择和企业文化建设的适配性问题值得深入研究，具体可通过构建企业科技向善行为、企业战略选择和企业文化建设三者交互作用于企业绩效的层次回归分析模型，探究企业战略选择、文化建设和行为实施对企业绩效的共同影响机制。

4.5.5 科技向善行为与技术异质性的关系研究

新一代信息技术的特征不同，在国内的发展水平和所处生命周期的发展阶段也不一致，例如，人工智能技术有利于提高生产效率，降低搜索成本；区块链技术通过链上交叉验证，保证上链信息客观准确；物联网技术有利于实现人、机器、物品实时互联互通和信息交互等。因此，技术自身特质、生命周期发展阶段、创新质量与企业科技向善行为的选择和发展水平的关系，即企业科技向善行为与技术异质性的对应关系值得学者从技术层面深入研究。

4.5.6 科技向善行为的情境化研究

探究法律与法规、社会舆论、技术发展、道德规范等因素对企业科技向善行为形成的情境化影响，明确企业科技向善行为形成的边界和约束条件，特别是法律、法规和道德伦理因素对企业科技向善行为的影响是存在互补性还是替代性，法律、法规和道德伦理在规制企业技术应用行为时的影响过程和实际效果有何异同，值得学者结合数字化创新、数字化创业、颠覆式创新等具体实践场景开展针对性研究。

本章参考文献

[1] 张妍，魏江，朱子君. 中小型医药企业战略导向与产品创新绩效：一个多案例研究[J]. 中国科技论坛，2019（7）：138-144.

[2] 张卫. 道德物化：技术伦理的新思路[N]. 中国社会科学报，2016-01-19（5）.

[3] 曼纽尔·卡斯特. 网络社会的崛起[M]. 北京：社会科学文献出版社，2000.

[4] 曼纽尔·卡斯特. 认同的力量[M]. 北京：社会科学文献出版社，2006.

[5] 曼纽尔·卡斯特. 千年终结[M]. 北京：社会科学文献出版社，2006.

[6] 赵延东，廖苗. 负责任研究与创新在中国[J]. 中国软科学，2017（3）：37-46.

[7] 刘战雄. 负责任创新研究综述：背景、现状与趋势[J]. 科技进步与对策，2015，32（11）：155-160.

[8] 肖红军，阳镇. 平台企业社会责任：逻辑起点与实践范式[J]. 经济管理，2020，42（4）：37-53.

[9] 肖红军. 共享价值式企业社会责任范式的反思与超越[J]. 管理世界，2020，36（5）：87-115.

[10] 刘志阳，庄欣荷. 社会创业定量研究：文献述评与研究框架[J]. 研究与发展管理，2018，30（2）：123-135.

[11] 刘振，杨俊，张玉利. 社会创业研究：现状述评与未来趋势[J]. 科学学与科学技术管理，2015，36（6）：26-35.

[12] 刘志阳，李斌，陈和午. 企业家精神视角下的社会创业研究[J]. 管理世界，2018，34（11）：171-173.

[13] 许芳，李建华，吕红. 企业生态战略：和谐社会理念下的战略新思维[J]. 生态经济，2005（11）：66-70.

[14] 王站杰，买生. 企业社会责任、创新能力与国际化战略：高管薪酬激励的调节作用[J]. 管理评论，2019，31（3）：193-202.

[15] 秦绪忠，王宗水，赵红. 公司治理与企业社会责任披露：基于创业板的中小企业研究[J]. 管理评论，2018，30（3）：188-200.

[16] 买生，匡海波，张笑楠. 基于科学发展观的企业社会责任评价模型及实证[J]. 科研管理，2012，33（3）：148-154.

[17] 田虹，姜雨峰．网络媒体企业社会责任评价研究[J]．吉林大学社会科学学报，2014，54（1）：150-158．

[18] 齐丽云，李腾飞，尚可．企业社会责任的维度厘定与量表开发：基于中国企业的实证研究[J]．2017，29（5）：143-152．

[19] 腾讯研究院．动因：技术、商业与我们的未来（科技向善大哉问）[M]．杭州：浙江出版集团数字传媒有限公司，2020（4）．

[20] 司晓，马永武．科技向善：大科技时代的最优选[M]．杭州：浙江大学出版社，2020（7）．

[21] 李艳丽，高岚．企业社会责任管理模式的影响因素模型与提升政策[J]．管理评论，2018，30（9）：186-198．

[22] 张明，蓝海林，陈伟宏，等．殊途同归不同效：战略变革前因组态及其绩效研究[J]．管理世界，2020，36（9）：168-186．

[23] 张利斌，张鹏程，王豪．关系嵌入、结构嵌入与知识整合效能：人—环境匹配视角的分析框架[J]．科学学与科学技术管理，2012，33（5）：78-83．

[24] 彭雪蓉，刘洋．战略性企业社会责任与竞争优势：过程机制与权变条件[J]．管理评论，2015，27（7）：156-167．

[25] 韩震，匡海波，武成圆，等．基于消费者感知的产品道德属性表达研究：以网购农产品为例[J]．管理评论，2018，30（4）：83-93．

[26] 林芹，易凌峰．创业型领导对团队创造力的跨层次影响研究[J]．外国经济与管理，2020，42（9）：107-120．

[27] 张青，华志兵．资源编排理论及其研究进展述评[J]．经济管理，2020，42（9）：193-208．

[28] 苗争鸣，尹西明，许展玮，等．颠覆性技术异化及其治理研究：以"深度伪造"技术的典型化事实为例[J]．科学学与科学技术管理，2020，41（12）：83-98．

[29] 闫坤如．人工智能"合乎伦理设计"的理论探源[J]．自然辩证法通讯，2020，42（4）：14-18．

[30] 王佑镁，宛平，赵文竹，等．科技向善：国际"人工智能+教育"发展新路向：解读《教育中的人工智能：可持续发展的机遇和挑战》[J]．开放教育研究，2019，25（5）：23-32．

[31] 薛桂波，闫坤如．"负责任创新"视角下技术伦理的政策转向[J]．大连理工大学学报（社会科学版），2018，39（1）：9-14．

[32] 王飞．伦克的技术伦理思想评介[J]．自然辩证法研究．2008（3）：57-63．

[33] 刘志阳，李斌，陈和午．企业家精神视角下的社会创业研究[J]．管理世界，2018，34（11）：171-173．

[34] 张新樟，汪健达．技术伦理如何避开人类中心主义和生物中心主义：约纳斯

《责任的命令：寻求技术时代的伦理》解读[J]. 自然辩证法研究，2007（8）：6-10.

[35] 李文潮. 技术伦理与形而上学：试论尤纳斯《责任原理》[J]. 自然辩证法研究，2003（2）：41-47.

[36] 陶秋燕，高腾飞. 社会创新：源起、研究脉络与理论框架[J]. 外国经济与管理，2019，41（6）：85-104.

[37] BARNETT M L.An attention based view of real options reasoning[J]. Academy of Management Review, 2008, 33(3): 606-628.

[38] Zhou K Z, YIM C K, TSE D K.The effects of strategic orientations on technology and market based break through innovations[J]. Journal of Marketing, 2005, 69(2): 42-60.

[39] KURUCZ E C, COLBERT B A, WHEELER D.The Business Case for Corporate Social Responsibility [M]//CRANE A, MCWILLIAMS A, MATTEN D, et al. The Oxford Handbook of Corporate Social Responsibility. Oxford: Oxford University Press, 2008.

[40] PORTER M E, KRAMER M R, The Big Idea: Creating Shared Value[J]. Harvard Business Review, 2011, 41(1): 12-13.

[41] TURKER D. Measuring Corporate Social Responsibility: A Scale Development Study[J]. Journal Of Business Ethics, 2009, 85(4): 411-427.

[42] PEREZ A, RODRIGUEZ DEL BOSQUE I. Measuring CSR Image: Three Studies to Develop and to Validate Measurement Tool[J]. Journal of Business Ethics, 2013, 118(2): 265-286.

[43] ÖBERSEDER M, SCHLEGELMILCH B B, MURPHY P E, et al.Consumers' Perceptions of Corporate Social Responsibility: Scale Development and Validation[J]. Journal of Business Ethics, 2014, 124(1): 101-115.

[44] TREVINO L K. Ethical decision making in organizations: A person-situation interactionist model[J]. Academy of management review, 1986, 11(3): 601-617.

[45] JONES T M. Ethical decision making by individuals in organizations: An issue-contingent model[J]. Academy of management review, 1991(2): 366-395.

[46] ADNER R.Match your innovation strategy to your innovation ecosystem[J]. Harvard Business Review, 2006, 84(4): 98-107+148.

[47] FICHMAN R G, SANTOS B L D, ZHENG Z Q. Digital innovation as a fundamental and powerful concept in the information systems curriculum[J]. MIS Quarterly, 2014, 38(2): 329-353.

[48] CHADWICK C, SUPER J F, KWON K. Resource orchestration in practice: CEO emphasis on SHRM, commitment-based HR systems, and firm performance[J]. Strategic Management Journal, 2015, 36(3): 360-376.

第 5 章 政府引导下科技向善的创新机制

5.1 科技向善理念下创新机制的研究背景

习近平总书记曾指出：“我们正处在新一轮科技革命和产业变革蓄势待发的时期，以互联网、大数据、人工智能为代表的新一代信息技术日新月异。”但在享受技术进步带来的巨大红利时，我们也要兴利除弊，有效应对新技术带来的风险和挑战。这迫切要求我们秉承科技向善的理念，加强对新技术客观规律的深入研究和认真探讨，只有这样才能充分促进新技术正向价值的发挥，预防或减少新技术带来的负面影响，使技术发展成果更多、更公平地惠及全体人民。但目前有关“科技向善”的讨论更多的是一种理念，现有文献、资料中大多从抽象的角度和宏观层面探讨科技向善视角下新技术的应用和影响，如何具体有效促进企业在实践层面践行科技向善也十分重要，目前有关科技向善具体的内在行为机制仍然缺乏较为深入的探讨。

基于市场机制的创新过程常常面临如组织联合协调性差、价值取向差异导致技术供需脱节等问题，引发“市场失灵”的困境，政府“有形的手”能够快速及时地补缺补位。另外，虽然不少学者主张政府应当而且能够对企业的创新活动发挥直接或间接的引导作用，但就政府的引导效果，学术界仍然存在较大分歧。对于不同情境阶段的影响机制仍需要进一步深入探索。

在 2020 年新冠肺炎疫情的背景下，中国取得的抗疫成就令世界瞩目，为应对疫情、克服困难，涌现出了大量科技向善的创新，疫情期间的科技向善成为社会的共识，科技向善再次成为人们关注的焦点，而基于科技向善理念下的创新在应对这次疫情的过程中扮演了重要的角色。但是这种影响是否只在短期内有效，从长期来看，是否存在动力不足、持续性不够的问题，需要对影响机制进一步进行探讨和揭示。

综上所述，本研究从战略导向的角度就疫情期间病毒检测行业的科技向善行为进行深入剖析，一方面，由于战略导向作为一种从认知层面探讨企业行为内在逻辑的范畴，有助于揭示科技向善理念是否以及如何融入企业。另一方面，疫情期间，病毒检测行业是疫情中起到关键作用的行业，也是需要行业内企业发挥科技向善行为的典型行业。疫情期间，在中国政府的有效引导以及各个企业的积极配合下，疫情防控取得了较大的成绩，是科技向善的重要体现。本研究针对病毒检测行业的科技向善行为机制进行深入研究，探讨其推行过程的重要机制，为相关理论研究和实践提供参考。另外，近年来外部环境中各种突发事件不断，对疫情期间科技向善作用机制的深入揭示和探讨对于有效应对未来的挑战乃至普及和推广科技向善具有重要的作用。

5.2 科技向善对创新机制影响的理论基础

5.2.1 对科技向善的理解

当下有关科技向善的研究还比较少，近两年才受到学界和实践界的关注。最初有关科技向善概念的提出源于如何利用科技解决社会、环境和发展的问题。Bason（2010）提出科技要向善发展。随后很多学者阐述了科技创新与公共利益的关系，以及如何创造更多公共利益。现有研究从不同的角度对科技向善的概念、内涵等方面进行了阐释，总结起来主要包含两层含义：①新技术的应用，主要解决社会问题，避免滥用、杜绝恶用；②强调体系化的规范和反馈机制。也有学者就如何界定科技向善的行为进行了讨论，如吴晓波（2019）指出，企业在商业利益与科技向善发生冲突时，选择向善才是科技向善；还有很多企业在实践中对科技向善的内涵结合自身实践提出了自己的观点，如腾讯研究院指出，新技术的开发者应该在其产品与服务中开拓更多的社会视角；所有人都应该对新技术的演进拥有话语权与参与度，包括政府、企业界、学术界、媒体与公众等。

5.2.2 政府与企业创新

现有研究中，很多学者从不同的领域视角对政府影响企业创新行为进行了阐释。不少学者主张政府应当而且能够在企业和学研机构的互动关系之间发挥直接或间接的引导作用。我国政府已经通过财政资助、研发和税收补贴等多项措施鼓励企业和学研机构开展协同创新活动，但对于政府的引导效果，学术界仍然存在较大分歧。有学者认为，政府引导对产学研协同创新项目的成功实施具有重要影响，政府的资金投入、政策支持等有效地促进了产学研协同创新。还有学者指出政府引导产学研协同创新有时并不能达到理想效果，如政府的直接财政资助可能会对产学研的研发投入产生"挤出效应"，财政资助的促进作用在一定程度上也存在着"滞后性"。

也有学者从合法性的角度探讨了外部环境中正式法律、社会道德和准则对企业组织的约束和影响，并将合法性与社会权威、统治、政治制度等命题密切相连（Kim，Hwang，1992）。Suchman（1995）将合法性分为实用合法性、道德合法性和认知合法性三大类。

5.2.3　重大危机情境下的政府主导行为

社会嵌入理论中，社会嵌入的概念反映了个体经济行为受到其社会关系影响的程度。重大危机情境下，社会网络关系和结构发生不同程度的变化，导致资本市场动荡以及资源相对匮乏等不利因素的产生。此时，社会嵌入对企业自身行为的影响显得尤为显著，即企业通过自身业务或者结构调整，满足新的市场环境需求，主动"嵌入"相关网络中。

在突发重大公共卫生事件情境下，社会网络构建的一个独特之处就是政府主导性：如政府可以采取一系列政策措施，促进社会网络自身恢复，进而帮助企业复工复产，包括市场交易、资金支持、提供公共服务以及基础资源支撑等。在特殊情境下以政府主导来构建防控生态网络和产业协同网络，企业需要通过嵌入政府主导的社会网络来实现复工。在此背景下，企业需要思考、适应和决定如何通过结构和关系嵌入两类网络之中来实现复工。

5.2.4　非市场环境下的战略导向

战略导向（strategic orientation）从本质上来说，常常指的是从企业外部环境与内部资源的角度对企业的行为进行理解和认知。在企业进行战略管理的过程中，面临不断变化的外部环境，企业需要结合自身资源的优势禀赋进行整体考量，通过战略选择对企业行为进行指引。根据定义可以发现，战略导向是从认知层面对企业行为的内在根源进行了探讨，受到外部环境和内部资源禀赋的影响，最终影响企业的绩效。从战略导向视角对组织创新行为的阐释体现了组织在创新行为中的主观能动性。现有研究中，从不同的视角对战略导向进行阐述、界定和分类，包括市场导向、技术导向、创业导向、创新导向、学习导向等。企业在战略导向的指引下，通过对资源的获取以及持续不断的创新活动，将核心竞争优势真正转化为企业绩效，是竞争优势的核心来源。

现有研究中，有关战略导向的讨论大多针对市场环境，而企业所面临的环境除了市场环境还有非市场环境，由于其面对不同维度的环境，应针对性地实施不同类型的战略。面对不利于企业的非市场环境，企业应积极主动地对其进行响应，以获取预期的市场机会，并对其组织合法性进行有效的维护、修复。这正是企业与利益相关者以获取资源或化解危机为目的，形成利益关系，共同寻求合作共赢的战略行为。有学者整合了最常见的三类非市场战略的类型和形态：企业政治战略、企业社会责任战略及社会公众与媒体战略。

5.3　案例研究设计

5.3.1　分析框架

综上所述可以发现，科技向善作为科技创新中的一种理念，代表了特定的偏好，当主体陷入满足外部合法性与维持自身生存发展需求的矛盾中时，科技向善理念的践行意味着"选择"和"取舍"。因此，本研究将科技向善界定为在社会公众利益与自身商业利益、长期竞争优势与短期利益之间的取舍和选择。基于科技向善的创新，是在科技向善理念下对创新行为产生影响。另外，通过前文文献整理可以得出，政府引导方式、创新资源配置、创新绩效、竞争优势是战略导向视角下创新机制的核心要素，具体研究框架如图 5-1 所示。

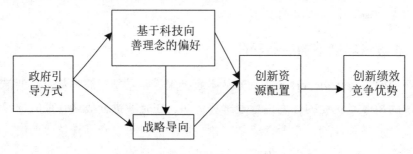

图 5-1　创新机制的分析框架

5.3.2　研究方法

本研究探讨政府引导下基于科技向善的创新机制，旨在发现疫情下中国特定国情下的具体逻辑。依据 Yin 的案例研究方法论，多案例研究法适合于过程和机理类问题的研究，也可以用于寻找对事物的新洞察或尝试用新的观点去评价现象，本研究要探究科技向善作用机制——属于怎么样（how）的研究问题的属性决定了本章适合采用案例研究，以较好地挖掘实践现象背后所隐藏的理论逻辑和规律。案例研究能够根据管理实践中涌现的新现象进行理论构建，而不依赖于以往的经验证据和现有的文献。本章立足于疫情的特殊情境，旨在探讨疫情下科技向善的作用路径，所涉及的研究现象新颖独特，相关研究较少，这一领域需要通过案例研究来提炼和补充现有理论。同时，本章提出的新的整合研究框架属于探索性研究的范畴，需要多个案例的重演与验证。根据 Pettigrew、Woodman 和 Cameron 的主张，本章选择多个典型的案例样本进行案例研究，并遵循多案例研究的程序，按照样本选择、数据收集、数据分析和结果解释的规范步骤依次呈现。

5.3.3 案例选择

根据"理论抽样"理论，本章作为案例研究对象，理由如下：①行业代表性。疫情下，病毒检测行业作为由政府引导的科技向善典型代表行业，为抗击疫情起到了关键作用。②案例全面性。本研究选择的案例样本来源于截至 2021 年 4 月前获批的由 21 家企业生产的 23 个病毒检测试剂产品，并将 21 个案例企业全部纳入研究，从样本选择范围的角度来说，具有一定完整性，可以全方位探究疫情下不同类型科技向善创新过程的路径和作用机制。

5.3.4 数据收集

本章资料的主要来源包括：①互联网资料；②公司主页；③中国知网、维普网等学术文献数据库；④有关行业、企业的书籍；等等。另外，由于疫情的特殊性，尤其是疫情期间病毒检测行业受到了各界的密切关注，因此有关病毒检测相关企业研发、生产等方面的新闻报道、访谈资料非常详尽和丰富，为本研究打下了坚实的基础。

5.4 案 例 分 析

本章从案例内分析到案例间分析两个层面进行分析。首先根据前文的分析框架，从组织过程、战略导向、利益获取、创新模式四个维度进行案例内的初步性分析，形成一级编码；其次根据分类进行案例间比较，构成二级编码；最后在一级编码和二级编码的基础上形成三级编码，形成疫情期间病毒检测行业科技向善作用路径的过程模型。

5.4.1 一级编码

本章案例内分析形成描述性的一级编码部分案例如表 5-1 所示。

表 5-1 案例内分析形成描述性的一级编码部分案例示意

案例	外部环境	资源禀赋	科技向善的偏好	组织过程	战略导向	资源的投入和分配	绩效与竞争优势
博奥晶芯	高校科研院所主导	技术资源、人才资源	社会利益	校企联合：院士团队领衔	社会责任导向、技术导向	研发投入	技术领先、短期业绩提升、校企间的战略合作、形成更完整的产业链

续表

案例	外部环境	资源禀赋	科技向善的偏好	组织过程	战略导向	资源的投入和分配	绩效与竞争优势
迪安医疗	政府启动应急审批流程、全民抗疫氛围浓厚	技术资源、人才资源	社会利益与自身利益兼具	产学研合作研发	社会责任导向、市场导向	抗疫活动投入、研发投入	业绩持平、校企间的战略合作
圣湘生物	政府启动应急审批流程、全民抗疫氛围浓厚	技术资源	社会利益与自身利益兼具	自主研发	社会责任导向、市场导向	研发投入	资格认证、海外声誉
华大基因	政府启动应急审批流程、全民抗疫氛围浓厚	技术资源、人才资源	社会利益与自身利益兼具、长期的竞争优势的积累	自主研发	社会责任导向、技术导向、市场导向	快速组织研发、重视国际资质注册	技术领先、疫情期间业绩提升42.59%、海外声誉、市场份额提升
万泰凯瑞	政府直接参与组织创新	技术资源、人才资源	社会利益	政产学研合作	社会责任导向、市场导向、技术导向	研发投入	短期业绩提升、科研院海外声誉大幅提升、与企业间的战略合作
之江生物	国家应急审批流程	技术资源、人才资源、渠道资源、实物资源	社会利益与自身利益兼具	企业间合作	社会责任导向、技术导向	研发投入	国际认证、短期业绩提升、海外声誉提升、市场份额扩大、技术积累
卓诚惠生	政府直接参与组织创新	技术资源、实物资源、人才资源	社会利益	自主研发	社会责任导向、市场导向	研发投入	技术领先、短期业绩提升

资料来源：作者整理

5.4.2 二级编码

通过一级编码中表 5-1 的案例整理可以发现，疫情发生后，国家药品监督管理局立即启动医疗器械应急审批程序，按照"统一指挥、早期介入、随到随审、科学审批"的原则和确保产品安全、有效、质量可控的要求，全力加快审评审批速度。如之江生物案例中，企业首先接到相关通知、询问，问是否愿意参加应急答辩，包括产品开发程度等，需要准备综述资料、相关说明、应急申请表等相关材料。进入应急审批通道后，地方局包括检测所等机构会给予配合。在此基础上，政府引导的方式主要包括三类：政府直接参与创新组织过程、高校科研院所主导、舆论氛围——道德合法性三种方式。接下来，本章二级编码将在一级编码的基础上进行案例间分析，从三个维度对不同分类下的创新机制进行共性总结和分析得出相应的理论命题（见表 5-2）。

表 5-2　案例间分析与理论命题

理论构念		事实依据	案例发现
分析维度	核心要素		
基于科技向善的偏好选择	社会利益与自身利益、短期收益与长期可持续性竞争优势	21 个案例	4 个理论命题
战略导向	技术导向、市场导向、创新导向、社会责任导向		
资源分配	资源分配类别、资源投入程度		
绩效	创新绩效、竞争优势		

1. 基于科技向善的偏好选择（见表 5-3）

表 5-3　基于科技向善的偏好选择

政府引导方式		基于科技向善的偏好选择		
		案　例	社会利益与自身利益	短期业绩改善、可持续性与竞争优势
应急审批流程	政府直接参与创新组织过程	万泰凯瑞、卓诚惠生	社会利益为主要目的	非盈利目的、解决当下困难为导向、没有考虑企业长期发展的问题
	高校科研院所主导	博奥晶芯、信和健康等	社会利益为主要目的	非盈利目的、通过技术创新解决当下的困难、没有考虑企业长远发展的问题
	舆论氛围——道德合法性	之江生物、达安基因、华大基因	维持企业生存发展的同时实现社会利益	希望短期绩效改善，部分企业会从长远发展的角度进行规划创新活动，进而形成可持续的竞争优势

　　通过案例分析可以发现，不同类型指引方式会影响对于科技向善的偏好选择，需要在社会利益与自身商业利益、长期利益和短期利益之间进行选择和取舍。有学者指出，企业在自身商业利益与社会利益冲突时，选择社会利益才是科技向善。疫情期间的创新行为会为企业带来短期的业绩改善或者从长远发展的角度看形成企业可持续的竞争优势。疫情期间，大多企业或组织都会主动承担社会责任，以社会利益为优先或者在维持自身生存发展的同时兼顾社会利益，但是，这种选择是否可持续、是否能产生长久的影响仍然具有争议性。下面分别进行讨论。

　　在政府直接参与创新组织过程的方式下，政府通过应急项目等方式支持企业创新，企业或组织在有资源支持的情况下，会将社会利益作为创新的首要目的，以解决当下困难为导向，鲜少考虑企业长远发展的问题。

　　如疫情发生后，卓诚惠生迅速成立新冠病毒研发项目，并获得市科委第一批应急项目支持。同时，市科委推动卓诚惠生解决临床试验、注册审批等问题，使其快速获得产品注册证。

在国家科技部应急攻关项目和省市科技、药监部门的支持下，厦门大学国家传染病诊断试剂与疫苗工程技术研究中心夏宁邵团队联合厦门万泰凯瑞生物技术有限公司研制的新型冠状病毒（2019-nCoV）抗体检测试剂盒（化学发光微粒子免疫检测法），通过国家药品监督管理局应急审批，正式获准上市。该团队研制的这种新冠系列检测试剂，已向武汉同济医院、武汉协和医院、火神山医院、雷神山医院、湖北省疾控中心、中南医院、仙桃市人民医院、深圳三院和浙大附一院等医院捐赠近 9 万人份，用于临床试用和临床评价。

在高校科研院所主导下，其通常具备领先的技术资源和人才资源，高校科研院所的非营利以及从属于政府的属性使其也会将社会利益作为创新的首要目的，以解决当下困难为导向，鲜少考虑组织长期发展的问题。

广东和信健康案例中，新冠肺炎疫情暴发后，全区 172 家企业、科研单位启动一级响应，以临床救治和药物、疫苗研发、检测技术和产品、病毒病原学和流行病学、动物模型构建为五大主攻方向，全方位构筑防、控、治一体化的疫情防治体系。在中科院院士、国家纳米科学中心主任赵宇亮看来："通过产学研的结合，把科技用于疫情防护，广东省、广州市、黄埔区的探索和实践已领先全国。"

在钟南山院士的指导下，该实验室联合中国科学院广州生物医药与健康研究院、广州再生医学与健康广东省实验室、广东和信健康科技有限公司、广州恩宝生物医药科技有限公司，最新研发出新型冠状病毒 IgM 抗体快速检测试剂盒，并在实验室和临床完成初步评价。

其他案例中，大多企业会在维持企业生存发展的同时实现社会利益，希望短期绩效改善，部分企业会从长远发展的角度进行规划创新，进而形成可持续的竞争优势。

如华大基因公布的 2020 年第一季度财报显示，华大基因第一季度实现营收共7.91 亿元，同比增长 35.78%，归属上市公司股东净利润 1.4 亿元，同比大幅增长42.59%。由此可以看出，受到疫情影响，市场对新冠病毒检测的需求量增大，使得率先研发出试剂盒的企业在抗疫中业绩获得较大的提升。从长期角度来看，也能够为企业长远的发展带来益处，如达安基因案例中，基于对风险的警醒，达安基因董事长何蕴韶等人于 1994 年在中山大学推动了病原体核酸检测试剂的探索性研发，并多年来积极对核心原材料进行创新，使得在疫情期间，即便在所有外国供应商都停止供货的情况下，也能够立即启动这两年的研发成果，进行核心原材料的生产，并在疫情防控过程中不断地扩大产能。通过在这次疫情期间的商业化运作，企业的长期竞争优势获得积极的影响。

综上所述，提出理论命题 1。

理论命题 1：不同类型的引导方式会影响科技向善偏好，并且与政府直接关联度越高，科技向善行为越具有短期的特征。

2. 基于科技向善的战略导向（见表5-4）

表5-4　基于科技向善的战略导向

	政府引导方式	案　　例	战　略　导　向
应急审批流程	政府直接参与创新组织过程	万泰凯瑞、卓诚惠生	社会责任导向具有短期性，主要受外部环境的影响
	高校科研院所主导	博奥晶芯、信和健康等	社会责任导向具有短期性，主要受外部环境的影响
	舆论氛围——道德合法性	之江生物、达安基因、华大基因	部分社会责任导向具有长期性，受外部环境和科技向善偏好的影响

通常情况下，组织的战略导向受外部环境和自身资源禀赋的影响，在疫情背景下，影响组织战略导向的因素包括外部环境、自身资源禀赋以及自身对科技向善的偏好选择。

通过样本案例分析可以发现，21 家案例企业原本的战略导向以市场导向、技术导向为主，如在之江生物的案例中，之江生物一直秉承技术导向，即持续性地对研发进行投入，不断促进技术水平提升，秉承探索性创新，不断实现技术突破。2014年年底，之江生物推出 Autrax 全自动核酸处理系统，彻底打破由凯杰、罗氏两家诊断巨头垄断国际医疗市场的局面，形成自身可持续的竞争优势。在这次疫情中，研发人员通过大量的实验，试图压缩核酸提取环节的时间，并最终将时间压缩到十几分钟。

疫情期间，在政府的引导下，案例企业积极参与到抗疫活动中，从应对反应的迅速程度、员工的积极性等方面，可以看出这 21 个案例企业的创新行为或多或少都呈现出科技向善的特征，但这些创新行为是否与企业的长期战略导向有效融合仍然需要进一步探讨。

政府直接参与创新组织过程和高校科研院所主导的方式的社会责任导向具有短期性，主要受外部环境的影响。其他企业的部分社会责任导向具有长期性，受外部环境和科技向善偏好的影响。如华大基因案例中，相比国内同行，华大基因不仅资质证书最多，而且"拿证"的效率颇高。其新冠病毒检测试剂不仅率先拿到美国EUA（欧洲大学协会）和日本 PMDA（日本独立行政法人医药品及医疗器械综合管理机构）资质，也是率先被列入 WHO（世界卫生组织）应急使用清单的中国抗疫产品。一般来说，比较严格的 CE 认证 List B、FDA（美国食品药品监督管理局）、WHO PQ（预认证）等资质，正常的申报周期为两年左右。而华大基因在短短几个月内快速拿下了这些严苛的市场准入资质。"这首先得益于管理层的重视，公司将国际注册的工作优先级放在了高优先级的状态。公司各部门积极配合，保证注册中各项工作顺利开展。"华大基因相关负责人表示，"我们有多年的海外注册经验，对法规标准的解读到位，能够迅速根据标准要求准备相应的资料，获得评审专家的认可。"另外，华大基因为解决各地区新冠病毒检测通量不足的问题，推出了"火眼"实验室一体化综合解决方案服务。"火眼"实验室与传统意义上的生物实验室最大的区别在于，前者是基于工程化范式的快速解决方案，不仅包含检测技术、设备、实验室人员培训和技术支持等，还包括实验室质量体系建设等，是一套标准化、自动化、信息化的快速解决方案。例如公司推出的气膜版"火眼"实验室可在 24 小时内实现搭建及运营，并且具备移动、可复制的优势。"火眼"实验室一体化综合解决方案服务可以协助各地快速建立检测屏障，已在国内多个主要城市落地，成为助力全球抗疫的重要科技支撑。医院引入"火眼"实验室后，可以为将来转入肿瘤基因研究服务。华大集团首席执行官指出，"火眼"实验室或是未来全球抗"疫"关键。

综上所述，提出理论命题 2。

理论命题 2：不同类型引导方式下，科技向善偏好对战略导向的影响不同，跟政府直接关联度高的创意过程，社会责任导向具有短期性，主要受外部环境的影响；其他企业中，部分社会责任导向具有长期性，受外部环境和科技向善偏好的影响。

3. 基于科技向善的偏好的战略导向与资源分配（见表 5-5）

表 5-5　基于科技向善的偏好的战略导向与资源分配

政府引导方式		案　例	资　源　分　配	
			资源分配类别	资源投入程度
应急审批流程	政府直接参与创新组织过程	万泰凯瑞、卓诚惠生	主要受科技向善偏好的影响	基于政府的支持，研发投入中不考虑成本，以研发成功为首要目标
	高校科研院所主导	博奥晶芯、信和健康等	主要受科技向善偏好的影响	高校科研院所具有领先技术，具有广泛的产业关系，研发投入中不考虑成本，以研发成功为首要目标
	舆论氛围	之江生物、达安基因、华大基因	同时受科技向善偏好和战略导向的影响	受科技向善偏好与战略导向融合程度的影响

战略导向除了受外部环境和资源禀赋的影响，还会受基于科技向善的偏好的影响，具体影响表现在资源分配方面。

通过案例可以发现，政府直接参与创新组织过程以及高校科研院所主导下的创新均为技术导向，在资源分配和投入方面。具体来说，政府主导下主要受科技向善偏好的影响，基于政府的支持，研发投入中不考虑成本，以研发成功为首要目标。高校科研院所主导下主要受科技向善偏好的影响，高校科研院所具有领先技术，具有广泛的产业关系，研发投入中不考虑成本，以研发成功为首要目标。其他案例中，同时受科技向善偏好和战略导向的影响，受科技向善偏好与战略导向融合程度的影响。在舆论氛围——道德合法性的类别下，科技向善偏好与战略导向的融合程度影响资源投入程度，融合程度越高资源投入越多，但在政府参与程度高的类别中，大多呈现出不计成本的现象，与自身战略导向关联较弱。

综上所述，提出理论命题 3、4。

理论命题 3：科技向善偏好通过影响资源配置对象、资源投入程度影响最终的创新绩效以及竞争优势。

理论命题 4：在舆论氛围——道德合法性的类别下，科技向善偏好与战略导向的融合程度影响资源投入程度，融合程度越高资源投入越多，但在政府参与程度高的类别中，大多呈现出不计成本的现象，与自身战略导向关联较弱。

5.4.3　三级编码

在一级编码和二级编码的基础上，为了更清晰地展示疫情下科技向善的作用路径，形成了政府引导下基于科技向善理念的创新机制模型，如图 5-2 所示。

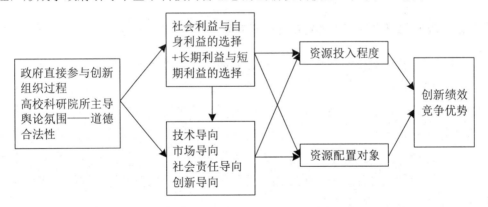

图 5-2　政府引导下基于科技向善理念的创新机制模型

5.5　本　章　小　结

5.5.1　政府部门对科技向善的引导方式

本研究通过对疫情期间病毒检测行业的科技向善创新行为进行分析发现，政府引导病毒检测行业创新过程的主要方式是：首先，国家药品监督管理局立即启动医疗器械应急审批程序，全力加快审评审批速度；在此基础上，政府引导的方式主要包括三类：政府直接参与创新组织过程、高校科研院所主导、舆论氛围——道德合法性。通过对应急审批通过的 21 个创新案例进行深入分析，得出以下结论：①不同类型的引导方式会影响科技向善偏好，政府直接参与程度越高，科技向善行为越具有短期性的特征。②不同类型引导方式下，科技向善偏好对战略导向影响不同，政府直接参与度高的案例中，大部分的社会责任导向短期性特征明显；在舆论氛围——道德合法性的类别下，部分案例企业的社会责任导向会呈现长期性。③科技向善偏好通过影响资源配置对象、资源投入程度影响最终的创新绩效以及竞争优势。④在舆论氛围——道德合法性的类别下，科技向善偏好与战略导向的融合程度影响资源投入程度，融合程度越高资源投入越多，但在政府参与程度高的类别中，大多呈现出不计成本的现象，与自身战略导向关联较弱。

基于研究结论可以发现，政府部门主导、高校科研院所牵头的方式对科技向善理念的践行影响主要体现在对科技向善偏好的选择上，而对战略导向影响不够，对企业长期竞争优势的培养关注不足，进而无法带来长期收益，最终导致企业持续践行科技向善理念的动力不足。舆论氛围——道德合法性类别下，部分企业通过政府引导的创新行为从长远规划层面提升企业科技向善的意识，科技向善偏好与战略导向的融合程度影响资源投入程度，进而影响创新绩效和竞争优势。

5.5.2　政府未来对科技向善的引导方向

现有有关基于科技向善理念的创新等方面的研究仍然处于早期阶段，从微观上说，对其内在作用机制的探索还远远不够；从宏观、产业层面的研究也十分不足。比如，通过整理本研究案例可以发现，疫情期间政府通过应急审批等流程引导更多大型、技术领先的企业创新，助力其加速商业化过程并实现显著的业绩改善，而这对于一般企业、中小企业来说，会拉大与领先、大型企业之间的差距。另外，未来应该如何引导科技向善行为向制度化、规范化发展以及如何构建反馈机制等，还有很大的研究空间。

本章参考文献

[1] 程聪慧，王斯亮. 创业投资政府引导基金能引导创业企业创新吗？[J]. 科学学研究，2018，36（8）：1466-1473.

[2] 左志刚，石方志，谭观钦. 国有创投发挥了引导作用吗？——基于鉴证机

理的实证检验[J]. 财经研究，2017，43（12）：17-29.

[3] 吴晓波. 善是一种体系[J]. 风流一代，2019（36）：12-12.

[4] 彭正龙，何培旭. 企业战略导向的权变选择及差别绩效效应：探索性/利用性学习的中介作用和产业类型的调节作用[J]. 管理评论，2015，27（5）：121-134+187.

[5] 李炎炎，高山行，高宇. 战略导向对技术创新影响的异质性讨论：竞争程度的调节作用[J]. 科学学研究，2016，34（8）：1255-1262.

[6] EPSTEIN E M, VOTAW D. Rationality, Legitimacy and Responsibility: Search for New Directions in Business and Society[M]. Santa Monica, CA: Good year, 1978.

[7] ZIMMERMAN M A, ZEITZ G J. Beyond Survival: Achieving New Venture Growth by Building Legitimacy[J]. Academy of Management Review, 2002, 27(3): 414.

[8] PARSONS T. The Structure of Social Action [M]. New York: Mcgraw-hill, 1937.

[9] JOUTSENVIRTA M, VAARA E. Legitimacy Struggles and Political Corporate Social Responsibility in International Settings: A Comparative Discursive Analysis of a Contested Investment in Latin America[J]. Organization Studies, 2015, 36(6): 741-777.

[10] TIAN X, WANG T Y. Tolerance for Failure and Corporate Innovation[J]. Review of Financial Studies, 2014, 27(1): 211-255.

[11] KIM W C, HWANG P. Global Strategy and Multinationals' Entry Mode Choice[J]. Journal of International Business Studies, 1992, 23(1): 29-53.

[12] SUCHMAN M C. Managing Legitimacy: Strategic and Institutional Approaches[J]. Academy of Management Review, 1995, 20(3): 571-610.

[13] KOLSTAD I, WIIG A. What determines Chinese outward FDI?[J]. Journal of World Business, 2010, 47(1): 26-34.

[14] HIRSHLEIFER D, HSU P H, LI D M. Innovative Originality, Profitability, and Stock Returns[J]. Review of Financial Studies 2018, 31(7): 2553-2605.

[15] STILGOE J, OWEN R, MACNAGHTEN P. Developing a framework for responsible innovation[J]. Research Policy, 2013, 42(9): 1568-1580.

[16] WU J, MA Z Z, LIU Z Y. The moderated mediating effect of international diversification, technological capability, and market orientation on emerging market firms' new product performance[J]. Journal of Business Research, 2019, 99: 524-533.

[17] SELMI N, CHANEY D. A measure of revenue management orientation and its mediating role in the relationship between market orientation and performance[J]. Journal of Business Research, 2018, 89: 99-109.

[18] KIM N, IM S, SLATER S F. Impact of knowledge type and strategic orientation on new product creativity and advantage in high-technology firms[J]. Journal of Product Innovation Management, 2013, 30(1): 136-153.

[19] SPANJOL J, MÜHLMEIER S, TOMCZAK T. Strategic orientation and product innovation: Exploring a decompositional approach[J]. Journal of Product Innovation Management, 2012, 29(6): 967-985.

[20] LADDAWAN L, SELVARAJAH C, HEWEGE C. Relationship between market orientation, entrepreneurial orientation, and firm performance in Thai SMEs: The mediating role of Marketing capabilities[J]. International Journal of Business & Economics, 2018, 17(3):213-237.

[21] NARVER J C, SLATER S F. The effect of a market orientation on business profitability [J]. National Marketing Review, 2018, 54(4): 20-35.

[22] DESHPANDÉ R, FARLEY J U, WEBSTER F E. Corporate culture customer orientation, and innovativeness in Japanese firms: A quadrad analysis[J]. Journal of Marketing, 1993, 57(1):23-37.

[23] NAKOS G, DIMITRATOS P, ELBANNA S. The mediating role of alliances in the international market orientation-performance relationship of SMEs[J]. International Business Review, 2019, 28(3): 603-612.

[24] LOMBERG C, URBIG D, STÖCKMANN C, et al. Entrepreneurial orientation: The dimensions' shared Effectsin explainin firm performance[J]. Entrepreneurship: Theory & Practice, 2017, 41(6):973-998.

[25] PETTIGREW A M, WOODMAN R W, CAMERON K S. Studying organizational change and development: challenges for future research[J]. Academy of Management Journal, 2001,44(4):697-713.

第6章 网络用户自杀预防系统的双案例研究

6.1 科技在自杀预防中的应用问题

自杀是影响社会秩序的重要因素。随着互联网的发展，社交媒体成了大量自杀倾向者的情感宣泄场所。如何及时发现自杀倾向者并进行干预是心理学界长期面临的难题。传统干预模式下，干预工作主要由知识密集型组织来承担，如医院、心理咨询中心、心理危机救助机构等，从业人员只有经过长期专业咨询和干预能力训练，才能有效实施救助。传统救援模式采用的是被动干预的模式，即只有自杀倾向者主动求助，才可介入干预。近年来，人工智能技术发展给精神干预领域带来转机。国务院印发的《"健康中国 2030"规划纲要》提出，要"加强心理健康服务体系建设和规范化管理。加大全民心理健康科普宣传力度，提升心理健康素养。加强对抑郁症、焦虑症等常见精神障碍和心理行为问题的干预，加大对重点人群心理问题早期发现和及时干预力度"。

在科技向善的背景下，知识型组织利用技术创新手段进行公共价值创造已在业界有一定实践，如互联网技术支持拐卖人口搜索，这种特殊场景通常有以下四个特征：①多主体参与；②具有较高科技含量；③由科学家和知识型组织作为主要推动主体进行技术嵌入；④涉及用户隐私、推荐算法杀熟等极为复杂的社会场景。然而，学界对知识型组织在如此场景的价值共创过程尚无能诠释的理论依据。本研究选取"心理地图"（PsyMap）和"树洞救援计划"网络用户在线预防项目作为案例分析对象，基于其价值创造的逻辑和实践，将研究问题聚焦于两个方面：第一，科学家向善决策如何影响知识型组织的社会价值创造路径？第二，科学家的向善决策如何影响知识型组织形态演化？本章的研究贡献在于：①打开公共价值创造新现象的黑匣子，对公共价值创造的渠道进行剖析，进一步挖掘了科技向善选择对于技术创新和组织形态的作用机制；②丰富了目前科技向善理论的内涵。

6.2 科技向善对自杀干预的理论研究

本章将从三个方面进行相关理论和文献回顾，包括科技向善选择、树洞类 UGC（用户生产内容）现象与技术创新和知识型组织。

6.2.1　科技向善选择相关理论

学界从不同视角剖析技术和伦理的关系，如技术伦理和负责任创新视角。针对数字技术应用的新场景，也有学者提出了更为基础的科技向善视角。

技术伦理视角分为技术工具视角和技术治理视角。传统技术伦理学者在过去的100年里从现代主义的"人和技术"的二元视角演化到"人–技术"的关联视角。前者将人与工具简单地进行主客体二分化，并未很好地解释人、工具和世界的关系。而后现代的关联视角则认为，人和技术的关系是一种双螺旋互动的结构，这种结构导致的结果是伦理界限无法在两者之间明确归因，创造出一种复杂的新悖论。海德格尔（1927）将"工具"定义为具有"链接"或"联结"人类与现实的性质，并且具有"在手上"（present-at-hand）的特征。"工具"被看作"技术中介"（technological mediation）。在该种框架下，技术的中介角色具有先天的伦理维度，人们通过技术对存在进行诠释（interpretation）（Heidegger，1927）。福柯（1975）认为人类世界由权力结构（power structure）建构，而技术是建构社会文化的一种规制权利（discipline power），会对世界有不同程度的影响。尽管两者对技术的定位有所不同，但都持有同一观点，即技术的意图与行动并不完全由人类活动决定，甚至凌驾于人类活动之上。唐·伊德（1990）总结出人—技术四种关系：①具身关系，表示为（人—技术）—>世界；②解释关系，表示为人—>（技术—世界）；③它异关系（alterity relations），表示为人—>技术（—世界）；④背景关系，表示为人（—技术—世界）。Verbeek（2011）提出一种结果导向的思路，即"我们想成为什么样的被技术中介的主体？"其答案是"关爱自身"（care for self）。为了尽量修正技术产生的负外部性，人类需要刻意练习技术的设计，以及掌握合理使用技术的技术（techniques of technology use）。疫情出现和技术失控事件在近期频繁发生，伦理思考的根本问题仍然围绕"人类行为（action）如何对现实（reality）世界产生影响"展开，这里的"行为"即主要关注点（Verbeek，2011）。如今，互联网技术作为数字时代的核心工具被创造，并随着大数据、人工智能等技术而发展，产生了"自演化"的特质。"在手上"的定义主体从"使用人"转向了更广泛的一切可以对技术进行创造和利用的主体。技术本身也成为使用者/创造者伦理道德的放大镜。

第二个视角是责任式创新的视角。Von Schomberg（2011）将负责任研究和创新定义为"一种由社会行动人与创新者互相响应，带着道德接受度、可持续性和社会意愿的创新流程及可市场化推广的产品的某种透明、互动的过程"，并进一步明确"负责任创新意味着对当前科学与创新的未来发展方向进行管理"。Stilgoe

（2013）从负责任创新的视角对企业技术创新活动重新进行审视，认为负责任创新兼具包容性、预测性、自省性和响应性，认为技术创新是一种潜在的需要限制的活动。Taebi 认为负责任创新包括三个方面：技术伦理、制度理论和利益相关者，其将负责任创新作为公共价值的背书，为价值在技术开发和应用方面的进化和传播提供一种新框架（2014）。负责任创新框架在医疗场景中有着广泛的应用（Pacifico Silva，Lehoux，Miller，et al.，2018）。然而，负责任创新仅仅强调了产品开发和流程过程中的多主体协同问题，其研究视角多聚焦在对技术在未来的管理和预测。

近年来人类社会出现的新挑战带来了新情景，前沿技术失控威胁人类生存，如核泄漏污染、Facebook 隐私事件、公共卫生危机等，对技术应用的道德层面提出了以人的生命为核心的更高一层要求（刘秀秀，2020）。针对中国特定情景，伦理道德具有东方集体主义的色彩，和西方所谓的技术伦理有一定差异（孟猛猛，雷家骕，2021），因此提出科技向善的分析视角。

6.2.2 树洞类 UGC 现象与技术创新

"树洞"的文学隐喻为存储倾诉秘密的主体或空间（蒋晓丽，杨珊，2017）。树洞类 UGC 即用户生成内容的互联网空间，其最早起源于人们在情感表达时对安全的需求，从现有的社会关系网络中脱离，更换到另一个暂时性的匿名空间，进行情感宣泄和诉求表达。类似树洞形式的实体从早期以纸质媒体为主的匿名信箱，发展到以电子媒介的匿名热线和邮箱，如今，随着互联网技术发展演化成了用户利用漂流瓶、微博、论坛、博客等平台进行文字、视频、音频、图片等多媒体形式的内容创作（蒋晓丽，杨珊，2017）。"树洞"UGC 类平台具备两个特点：一是匿名性，保障表达主体的社会和心理安全；二是传播性和影响力，微博等平台的扩散机制使得用户生成的内容可收到更高的关注度，也同时具有了更高的与其他用户的链接可能，使内容创作者有"被关注"的体验（耿绍宁，2013）。

学界对"树洞"社会现象的研究较少，部分为媒体学家关注的"树洞"的社会性功能，另一部分为以朱廷劭（2019）、王呈珊（2021）、黄智生（2019）、李献云、程绮瑾为代表的抑郁症领域专家对"树洞"里的个体情绪进行介入观察和研究，进行技术创新。蒋晓力和杨珊（2017）对树洞类 UGC 平台的宣泄功能进行研究，将"树洞"分为"面向社会的树洞 UGC 平台"和"基于群体建立的树洞 UGC 平台"。社会性"树洞"如微博"树洞"，无差别接纳各个群体，承担最大程度的表达需求。基于群体建议的"树洞"是基于共同的经历、事件、兴趣等高度相关背景构建的"树洞"，更易让用户产生共鸣和链接，例如抑郁症轻生博主"走饭"和"乔任梁"的微博评论区在他们去世后积累了近 200 万条评论。两种"树洞"承载了社会安全阀的作用，从宏观上缓和了社会转型期的复杂冲突，从个体角度为深度媒介化的生存态势提供了情绪出口（蒋晓丽，杨珊，2017）。耿绍宁（2013）通过高校微博"树洞"的案例，提出"树洞"具有舆论影响力和社会动员能力，建议完善"树洞"网络应用的内容管理，加强对"树洞"的管理。

6.2.3　知识型组织相关理论

知识型组织是以知识为基础的生产经营活动的组织，知识型组织的核心价值链环节为知识创造、知识存储、知识加工、知识传播与知识应用，最终达成价值创造的目的。传统的知识型组织包括高校和科研机构、企业研发机构等。新型的知识型组织由传统企业转变而来。知识型组织具有四个特点：①组织具有大量的高智商人才；②动态学习能力是知识型价值创造的根本能力；③通过知识型产品进行价值创造，颠覆传统的竞争模式；④知识型组织的创新来源为知识型资源的集聚（金福，2006）。

公共领域内复杂知识网络决定了知识流动是多向的，且很多此类知识既有显性知识（explicit knowledge），以专利、论文、合同等形式表现；又有隐性知识（tacit knowledge），通过研讨会等非正式方式进行传播和交换（Meyer，2002）。于旭和郑子龙（2017）将新创知识型组织按照可编码程度分为分析型知识、综合型知识和符号型知识，并将新创知识型组织的知识集聚演化过程分为三个阶段，指出不同阶段的知识集聚特征不同，且随着阶段跃升，对知识主体的依赖增强。从组织竞争力角度，Nobuka 针对企业的持续竞争力来源提出了"知识基础观"（李海双，2014），将知识看作一种组织持续竞争力的关键来源，强调组织的知识基础。随着1997 年 David Teece 对企业动态能力进行了"感知—捕捉—适配"的具体界定，知识基础能力被纳入企业动态能力框架下并进行讨论。然而，由于不可编码的隐性知识的存在，知识型员工和领域专家是知识型组织构建过程和生产经营过程中的主体，是知识型组织最基本的核心要素。

综上所述，过往学界对于科技向善选择的关注多遵循人—技术—世界的正向逻辑，针对中西方情境下技术设计与应用过程中的道德和伦理的论证已有一定关注，然而针对符合数字技术带来的新场景下的科技向善关注不足，尚需进一步挖掘（孟猛猛，雷家骕，2021）。

6.3　案例研究设计

6.3.1　方法选择

本研究从动态演化角度探讨科学家科技向善行为如何影响组织形态和公共价值创造路径，是一个"怎样"（how）的研究问题。本研究采用探索性、归纳性的案例研究方式（Yin，2009），遵循 Eisenhardt 的"复制拓展"逻辑（吕力，2014），从组织和个体两个层面开展双案例分析，原因在三方面：①线上自杀干预技术在国内外均有应用，技术嵌入东方应用场景的运营模式差异显著，通过双案例弥补场景差异导致的选择性偏差；②通过"树洞"进行自杀干预是随着互联网发展产生的新现象，采用探索式方法，同时，双案例分析可一定程度保障研究经验多样性；③通过两个资料丰富的案例互补验证，将同一现象从互补的角度进行呈现，形成准确性和普遍性兼备的结论。

6.3.2　案例选取

本研究选取"树洞救援计划"平台和"心理地图"（PsyMap）两个"在线干预系统+线下救援"组织作为研究对象。案例选择的标准包括典型性和可得性。

1.　典型性

双案例典型性包括以下几个方面。

（1）双案例创业科学家通过技术手段实施自杀救助，呈现出显著的、强烈的"科技向善"意识。

（2）双案例颠覆传统被动救援模式，构建新算法，驱动以"互联网搜救"主导的救援模式，呈现技术创新驱动的特征。

（3）双案例基于科技向善认知，在不同阶段呈现出差异的决策选择和救援模式，包括自杀干预等级划分、人员组织、网络规模、干预媒介等方面，随时间呈现不同阶段的组织动态性。

（4）从结果上看，两个组织会演化出不同形态的知识型组织。

基于此，本研究审慎地选择"心理地图"（PsyMap）和"树洞救援行动"两个案例展开对比分析，保证案例研究的可靠性和完善性。

2.　数据可得性

根据数据可得性标准，创始人有强烈呼吁救援意愿和干预意识及行动，在多个媒介完成知识传播。

6.3.3　数据收集

案例研究数据主要来源于双方创始人及团队成员的视频访谈，一部分是视频资料及学术论坛的细节和操作分享，另一部分是通过学术文献、新闻采访、官方网站、纸质操作手册等获取的较为完整的信息。以上来源都可确保案例资料翔实，遵循证据"三角验证"，保证效度和信度。

6.3.4 数据编码与分析

本研究采用 Eisenhardt（2007，1989）提出的三阶段编码建议展开编码分析与构念发现。一阶段和二阶段是对案例事实的编码，三阶段编码提取关键构念（construct）。二阶段着重考察构念间的因果联系，通过事实证据援引，构建理论模型。编码过程遵循循序地、渐进地验证和对比。人员配置如下：由一位研究人员初步编码，另一位具有医学背景的研究人员对编码比对分析，对理解不一致构念进行讨论，直到新添的援引证据消歧。若发现建构关系证据不充分，通过新证据完善和补充证据链。表 6-1 为 PsyMap 在线预防系统的编码样例。

表 6-1　编码样例：PsyMap 在线预防系统

理论维度	二阶主题	关键主体	一阶概念	典型证据援引
感知 1	向善动机	跨领域团队	对自杀领域给予实际关注	"走饭"走后，我们才真正关注到这件事
		领军科学家	对自杀行为情感上无法接受	不管是什么原因，这些本来应该对世界充满热情的人，变得很冰冷地去面对死亡，并且走向死亡，这使我觉得比较难以相信
		跨领域团队	提供力所能及和帮助的构想	我们不能确保针对所有的自杀人群提供帮助，只能在能力许可的范围内，能帮一个算一个
		领军科学家		很多时候抑郁情绪发酵只是因为没找到出口，我们帮助抑郁群体找到一个释放的出口。自杀干预的意义在于想听到这个信息的时候有这个信息
		跨领域团队	对生命的重视	关乎生死，每条生命都非常重要
		领军科学家	为自杀意念者提供援助的紧迫性	用户实验邀请的回复中，有人告诉我，自己的亲人，也就是微博账号的主人，已经自杀死亡
捕获 1	先验知识	领军科学家	明确与现有技术的联系	自杀属于心理危机的范畴，也许可以通过人工智能技术识别上网者的自杀意向
			有曾用技术手段辅助精神分析的经历	我做过无侵扰行为分析用于精神疾病的辅助诊断的研究，用人工智能算法通过对医生和病人访谈的录音对病人的精神状态和心理状态进行分析
	构建需求画像	志愿者团队	通过微博私信与自杀意念者沟通	我们在"走饭"的微博中看到了你的评论，你现在还好吗？情绪状态怎么样？……请你帮忙填写这个问卷，你的每一个认真答复都将极大地促进在线心理危机干预工作，帮助到更多像"走饭"的人

理论维度	二阶主题	关键主体	一阶概念	典型证据援引
捕获 1	构建需求画像	跨领域团队	了解自杀意念者不求助的原因	大概有 79% 的人,他们不想麻烦他人,或者对能否获得帮助没有信心。另外可能也顾及他人的看法。还有可能是不知道从哪里获得帮助。有的时候,还会担心费用问题
	构建情景认知		对现状和困难的认知	心理危机干预对自杀者而言帮助有限,因为太晚了 我就在想能不能提前一个步骤,在自杀这个想法刚有苗头的时候就给予关注
	技术构想验证	领军科学家	自杀意念者在表达上与普通人不同	相比普通用户,自杀死亡用户会在"序列"等修辞关系上使用更加频繁……说明他们在表达的时候,其实是非常清晰地对自杀意念者和一般人进行了对比研究,发现自杀死亡用户互动更少,负面表达更多,和死亡宗教相关
	邀请主体加入实验	跨领域团队 志愿者团队	主动邀请终端主体参与实验	邀请两批曾有过自杀意念的用户,做两次焦点小组访谈 分两次给 4222 名具有自杀意念的微博用户发私信,邀请他们参与用户干预实验,并进行访谈
适配 1	制定算法边界	跨领域团队	自杀分级的等级标准	有 12 种自杀讯号有助于标注微博中有自杀意念的人
	控制网络效应	志愿者团队	避免群体的相互影响	避免有自杀意念者互相影响,实验中不让他们聚集

6.3.5 核心构念识别与理论分析框架

1. 核心构念识别

核心构念来源于既有理论。结合案例对核心构念进行如下界定和描述。

科学家科技向善选择:从将技术看作权力的微观层面入手,考察行动、视角、结构的同时,深入考察这种技术权力如何规制、管理及归一化主体(Verbeek,2011)。本研究中科学家基于对生命的敬畏,主动利用技术手段,试图实施自杀救助的行为,及过程中产生的一系列关键决策。

知识型组织价值创造:知识型组织价值创造过程是将知识作为核心生产要素,以知识为核心开展长期战略规划和生产活动。按照可编码性,学者又将知识分为显性知识和隐性知识。本研究中知识型组织主要指以知识创造主体——"科学家"为核心,以知识图谱和语义分析技术为提高知识创造效率的"工具",将以往编码不完整或不可编码的知识编码拓展应用,通过隐性知识相互作用,最终完成知识型组织价值创造的过程。

2. 案例阶段划分

传统干预包括三个阶段：识别、评估和干预。结合传统干预和价值创造逻辑，本章将案例分为三个阶段：理念期、创新期、发展期。

（1）理念期。该阶段为组织动机构建阶段，从科学家感知到自杀救助需求，到首次试错总结经验教训。

（2）创新期。指科学家根据教训改进，组建团队开展技术创新，探索救援模式。

（3）发展期。指科学家进一步推进和拓展项目应用。

3. 理论分析框架

本研究以组织为分析单元，以价值创造过程中的选择过程为分析维度，采用"科技向善"理念视角和知识资源依赖的价值创造途径分析呈现。其主要分析框架如图 6-1 所示。

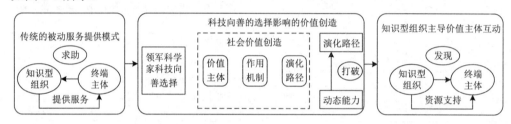

图 6-1　理论分析框架

6.4　案例分析与发现

本研究关注的是科学家向善决策对于知识型组织构建的形态演化和价值创造路径抉择的问题。基于以上三阶段的划分，本章将每个阶段的分析问题划分为两个方面，一方面是组织形态的变化，另一方面是价值创造过程中因决策不同而形成的关键路径。图 6-2 为"PsyMap"和"树洞行动"案例里程碑示意图。

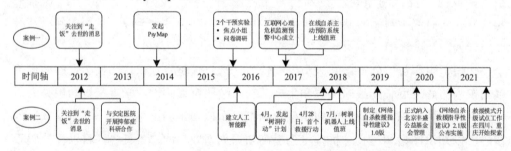

图 6-2　"PsyMap"和"树洞行动"案例里程碑示意图

6.4.1 PsyMap 项目："桥接"组织形态的公共价值独占路径

团队创始人朱廷劭曾于加拿大阿尔伯塔大学从事与语义分析技术相关的科研工作，2013年博士毕业入职中科院心理研究所。2014年，朱廷劭作为领军科学家创立了"PsyMap"开始对自杀倾向者进行研究；2016年开展了两次干预实验；2017年，他带领团队开发了"PsyMap 在线自杀预防系统"，成立了互联网心理危机监测预警中心。领军科学家向善决策采用的是"保护价值创造主体隐私，力所能及给每一位自杀倾向者提供救援资源"的策略，通过技术手段主动发现并对目标主体实施预防。组织以"领军科学家"为主导，为自杀倾向者提供专业的干预资源、救援和转介工作，以"桥梁"的方式促进公共价值的创造。"PsyMap"的领军科学家具备前瞻性，是国内首家在该领域进行尝试的知识型组织。

1. 理念期：向善认知激发猜想验证（2012—2016 年）

1）领军科学家向善认知

2012 年 3 月 17 日，领军科学家在新浪微博上目睹抑郁症博主"走饭"自杀，为之不解，因此，将自己的研究领域拓展到自杀干预，计划用大规模的实验提升场景认知。此处，科学家先后呈现出极强的情感感知、向善认知，最终导致"猜想验证"这一向善行为。

2）先验知识和猜想验证

（1）技术可行性确认。据过往研究，领军科学家猜想自杀倾向群体的语言表达与常人不同，通过语音识别研究，发现"在'序列'等修辞关系、负面表达更普遍，表达内容更多关于死亡与宗教，同时，互动表达少"。他的猜想得到验证。

（2）干预实验提升场景和群体认知。2014 年领军科学家发起项目，通过官微账号接触树洞里的自杀倾向群体。2016 年，先后通过焦点访谈和新浪微博进行大规模线上调查，"认识"群体及其所处环境。合作方包括香港赛马会防止自杀研究中心和北京回龙观医院（北京心理危机研究与干预中心）人员。

实验过程中，避免群体内部相互加强自杀倾向，领军科学家控制群体规模，尽可能避免目标相互沟通。

实验操作中，领军科学家面临双重困境：①微博号私信限制导致官微被新浪封号；②大规模实验产生负面舆论。对此，科学家进行适应性调整，将私信分两次发送。实验结果回复率为 20%，"超出预期"。实验结果普遍"积极正面"，坚定了科学家的向善动机。

实验得出四项重要结论：①第一求助对象不是家人，甚至家庭有时是自杀的原因；②自杀倾向群体对技术信任高于人，常用在线调查和在线资源开展自救；③被动情绪和现实考量是导致求助失败的重要因素，包括资金短缺、资源匮乏、隐私考量、同事压力等；④实验归纳了 12 种"轻生信号"，按照"有意念、有计划、有实施"三个标准奠定了算法的判定边界。

3）组织雏形

知识型组织处于松散运转阶段，科学家主要依靠科学合作网络开展向善活动，包括计算机背景的领军科学家及课题组团队、香港赛马会防止自杀研究中心和北京回龙观医院（北京心理危机研究与干预中心）人员，主要产出成果均为学术论文。

2. 探索期：人机搜救提供干预资源（2016—2018 年）

1）激发少数群体的向善行为

此阶段，领军科学家带领跨专业团队开展技术研发，同时在各大论坛招募自杀预防的志愿者。

志愿者的向善认知包括：①个人动机，如抑郁症患者去世或自杀亲历者；②职业动机，如心理学从业实践；③其他动机，如救援中获得的正反馈。向善认知是构成志愿者团体的主要动力。

2）人与技术的适配

"走饭"的微博树洞里沉淀了庞大的自杀倾向者的数据表达，用这样的典型样本进行模型训练会得到更精准的预测结果。

领军科学家尝试了两种技术路径：①人工标注。通过人工贴标签的方式来构建基础语料库和关键字词典，再进行算法建模，预测准确率为 47%。然而人工标注效率不高，"光数据标注就要一两周，自杀倾向者等不了这么久"。②机器学习建模。即由计算机算法学习数据表征，该模型的预测准确率为 58%。2016 年下半年，优化后的模型预测准确率达 80%（苏悦等，2021）。配合人工纠错，能精准爬取自杀倾向者的微博信息。

精准定位后就开展救援，爬虫会生成日报，发给人工纠错，也会通过微博私信给自杀倾向者发送措辞微调的 5 次信息。反复发送是为了让"自杀倾向者感受到被关注"。私信内容包括：①表达帮助意愿；②提供救援资源；③适当安抚。若自杀倾向者回复，会据实际情况配备救助渠道，包括热线转介、志愿者沟通与在线自助干预三种方式（见图 6-3）。

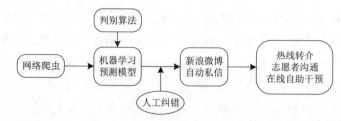

图 6-3 PsyMap 的在线自杀预防系统技术路径和搜救模式

3）模式成熟与机构建立

2017 年 4 月，互联网心理危机监测预警中心正式成立，在线自杀主动预防系统 PsyMap 上线，7 月开始在线巡视。

组织方面，针对各主体隐私保护，制定严格的沟通流程：①官方微博私信是志愿者唯一与自杀倾向者沟通的渠道；②定时接受督导；③需持有三级以上心理咨询证书。

内部沟通方面，领军科学家未建立微信群，主要沟通方式是直接沟通，避免过度负面信息交互。

此时，知识型组织成立正式官方机构，计算机背景的领军科学家及课题组团队形成内部网络，加上固定时间提供救助资源的志愿者团队，外部网络为北京回龙观医院，主要合作方式为志愿者提供督导资源。

3. 发展期：提升基础设施能力，形成"桥接团队"（2018—2020 年）

（1）场景复杂性认知。领军科学家积累了一定的救助案例和知识，发现个体救援场景是复杂的、非线性的，"技术远远不能达到人能够提供的干预的水平"。

（2）克制团队规模。明确了技术定位后，领军科学家决定避免大量不专业的志愿者进行自杀干预，从而将团队进行小规模扩张，达到了 20 人。这样的小团体结构围绕核心技术进行自杀倾向者的发现和转介，组织则承担桥梁的角色，通过与自杀倾向者接触，建立自杀倾向者与专业机构网络的联系。

（3）提升公众认知。科学家在"SELF 格致论道""一席"等公开场合进行科普宣传，接受《冰点周刊》等媒体采访，提升公众对自杀倾向者的认知。

（4）提升基础设施能力。在技术方面，PsyMap 团队准备与百度合作，运用更加强大的互联网基础设施进一步提升模型的预测准确度，意图达到全微博监控的目的。

由此可见，领军科学家的向善特质在该阶段表现为两个方面：①领军科学家具有极强的执行力，通过人工筛选、模型筛选和优化等方式，带领跨领域团队研发在线自杀预防系统，将海量数据中的自杀倾向者精准定位，并且提供不同类型的资源帮助有自杀倾向者；②领军科学家秉持专业审慎的实施态度，在隐私保护、门槛限制、沟通方式三个方面进行规制。

6.4.2 树洞救援项目："伞状"组织形态的公共价值共创路径

"树洞救援计划"是由领军科学家黄智生发起的自杀倾向者救援倡议，其组织名称为"树洞救援团"。领军科学家黄智生是荷兰阿姆斯特丹自由大学人工智能系终身教授，是首都医科大学大脑保护高精尖中心抑郁症人工智能创新团队的首席科学家，也是武汉科技大学客座教授。2018 年以来，树洞救援团不断成长，从 35 个跨领域专家的小团体成长为 600 人的"伞状"组织。2020 年 1 月，"树洞救援计划"获新浪微博授予的"2019 年度影响力事件奖"。2021 年，树洞救援团在北京丰盛公益基金会立项，纳入正式组织框架，接收 30 万元定向捐赠。截至 2019 年年

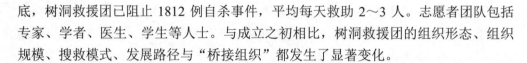

底，树洞救援团已阻止 1812 例自杀事件，平均每天救助 2～3 人。志愿者团队包括专家、学者、医生、学生等人士。与成立之初相比，树洞救援团的组织形态、组织规模、搜救模式、发展路径与"桥接组织"都发生了显著变化。

1. 理念期：向善认知激发行动验证（2012—2018 年）

1）领军科学家的向善认知

一是对人工智能技术的认知：①收益需先流向弱势群体；②技术嵌入应先考虑弱势群体；③使用者应有隐私保护。二是对自杀倾向者的持续关注。自 2016 年以来，持续关注"走饭"微博事件和"PsyMap"项目。

2）组织雏形与行动验证

项目的先验知识根植于黄智生近 8 年的抑郁症研究，曾与北京安定医院合作开发抑郁症语义分析技术。

初始团队起源于学术微信群的讨论。2018 年 4 月，领军科学家听闻"树洞"概念，于是组建了 30 多人的跨领域团队，共同构思"树洞机器人"的落地细节。

与案例一不同，该项目的教训源于在线搜救的失败实践。2018 年 4 月 28 日，"走饭"微博评论区出现自杀倾向者。领军科学家将消息转发到"人工智能群"，由志愿者进行数据分析和持续跟进，提供情感陪伴，但最终得到自杀倾向者去世的负向结果。

搜救失败使领军科学家从四个方面思考改进：①改变自杀倾向者"认知结构"是一项长期工作；②自杀倾向者内生的社会网络干预效果不理想；③"一对一"干预风险较高，需团队作战；④自杀倾向事件立案困难，缺乏专业资源的及时提供主体。

该阶段的组织规模较小，信息通过"人工智能群"的非正式网络传递，通过弱关系对自杀倾向者进行干预，组织尚未建起严格制度和程序，但在领军科学家倡议下，形成"生命至上，及时干预"的文化底色。

这一阶段，领军科学家的向善理念体现在三个方面：①领军科学家展现出对人工智能技术伦理的深刻理解和对弱势群体深切的关怀；②领军科学家出于"人命关天"的感知，呼吁用尽一切手段和办法去及时地阻止自杀行为；③领军科学家对生命救助进行反思，并形成了作为长期目标的初步计划和构想。

2. 探索期：探索人机协同的搜救生态（2018.7—2020.7）

1）激发群体向善行为

救援实施中，组织成员被自杀倾向者和家人质疑。领军科学家提出"拯救生命是最高伦理"的宗旨，对于面临的潜在法律风险，领军科学家体现出坚持"面临一两个法律官司，但可拯救一条人命"的信念。

跨领域专家团队是该理念的追随者。项目专家开展免费的公益培训、指导救援、引荐专业力量、提出发展建议，为该阶段技术落地、人才培养、模式探索和未来发展提供了强有力的支撑。

志愿者团队是该理念的践行者，他们中既有人认为救人"比跳广场舞有意义"，也有获救的倾向者对人机协作方式感兴趣而加入行动。

2）建立人机协同搜救生态

搜救模式分为两个步骤：①机器定位与评估；②人工救援。

跨领域团队在领军科学家带领下，用算法将自杀倾向程度数字化。对复杂场景的迫切性感知使团队加速了第一代爬虫机器人的研发。通过知识图谱识别自杀特征，通过判别算法甄别自杀倾向的严重程度，将新浪微博爬取到的信息进行比对，完成自杀倾向者微博 ID 的精确定位。2018 年 7 月 25 日自杀预防机器人初代上线，之后持续迭代，陆续加入了"时间""空间""性别""自杀方式"等多样化数据（龚竞秋等，2020），对自杀行为也从低到高进行了 1～10 级更细致的划分。只要监测等级超过 6级，机器人便会把 ID 信息发给"树洞救援团"（陈盼等，2020；杨芳等，2019）。在2020 年新冠肺炎疫情期间，针对疫情场景，团队还开发了"疫情机器人"。

搜救模式采用"机器人精准定位+志愿者自愿组团救援"。针对机器人输出的高自杀倾向群体，成立救援小组和关爱小组，进一步小范围研讨针对性救援方案，团员可自愿选择和加入个案救援。小组由骨干专家领军，与其他专家及志愿者共同组成，一共 5 人。关爱小组则由被救助对象作为群主，选择其愿意持续沟通的对象进入小组内进行长期陪伴和干预。这种模式一方面可以保证救助目标的个人隐私不大范围传播，另一方面也可以控制风险。

"树洞救援团"的首批种子志愿者全部来自"人工智能群"。吸引的志愿者来自于四个渠道：①专家引荐，第一批骨干专家志愿者均在此列；②口口相传；③科普渠道，如报道和微博；④公开招募，如在校园论坛发帖。为避免执行能力上的问题，树洞救援团也将志愿者分为两个群，即专业群和见习群，分别为 200 人和 400人。见习群成员经过培训等方式获得胜任能力后，才会获得转正资格。

3）适配新场景

此时期知识型组织场景适配主要面临三个主要问题。

第一个问题是志愿者的筛选标准。"树洞救援团"的志愿者标准是从一次次救援实践中探索来的：①有疾病、正在治疗中的人如心脏病患者不建议参加；②中学生不建议参加。在面试的时候，内部成员会认真地筛选志愿者动机是否单纯。

第二个问题是后续的志愿者救援经验参差不齐。针对此问题，一方面，领军科学家带领团队总结了《网络自杀救援指南》，要求志愿者严格依据指南救援。比如，对保护自杀倾向者隐私提出"救援过程就在六个人的小组里讨论，信息不允许外传"；如果对方自杀意向级别较低不对生活造成较大影响，应立即停止干预。另一方面，领军科学家邀请国内顶级专家定期在救援团群里进行为期 20 天的公益培训，以加强救援团志愿者的自杀干预能力。针对救援团的负面情绪，还成立了"树洞救援快乐营"群，由志愿者互相疏解情绪压力。

第三个问题是新危机场景的出现。2020 年，新冠肺炎疫情暴发，针对新出现的情景，"树洞救援计划"于 2020 年 10 月成立新冠肺炎康复者心理支援小组，并针对疫情场景研发了树洞机器人七号，也就是疫情机器人。

由上可见，这一阶段知识型组织的科学家的向善理念体现在三个方面：第一方面来自于领军科学家制订的"树洞救援计划"，宗旨为"拯救生命是最高伦理"，从人的生命高度奠定了知识型组织的文化基础和行动纲要；第二方面是志愿者对拯救生命理念的认同，有的志愿者在救援过程中体现了高度的"利他"特质，在没有任何物质激励的条件下，持续坚持一线救援工作；第三方面来自于跨领域科学家对于向善理念的认同，他们愿意进行投入和贡献。

此时期的知识型组织呈现出明显的"伞状"松散耦合的特质。从组织内部看，黄智生为救援团总团长，各个地区负责人由专家担任，协调地区救援工作的开展，志愿者力量和专家力量动态组合实施自杀干预。从组织外部看，组织跨组织的网络规模扩大，与北京回龙观医院、北京安定医院、北京大学第六医院、武汉人民医院、武汉协和医院、南京脑科医院、江苏省中医院等医院都建立了绿色通道，同时还链接了新浪微博网警，请其进行救援协助（见图 6-4）。

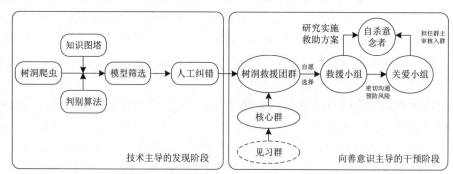

图 6-4 "树洞行动"计划的技术路径和救援模式

3. 发展期：多主体进行公共价值创造（2020.8—2021.1）

1）坚持向善选择

随着项目公众影响力的扩大，领军科学家面临更多的机会和选择。站在组织角度，领军科学家面前出现两条可选路径：①走商业化道路，利用技术吸引投资，扩大规模和影响力；②保持组织公益性质，但会持续面临资金短缺、人才流失和组织可持续发展的问题。领军科学家用行动表达了自己的决心：①"一家网络医院希望将 AI 技术用于给抑郁症患者推销药物和心理咨询服务"，被领军科学家坚决拒绝；②领军科学家反复提及"坚持公益，不与经济利益挂钩"。

2）建设支撑设施

领军科学家提出长期跟进的进一步计划：建立线下救援基地，包括武汉、上海、四川、重庆等地，在救下自杀倾向者后，送到救援基地进行后续的咨询和干预。目前武汉基地已建成。

3）搭建危机干预体系

组织规模扩张带来当前模式的三个问题：①可复制性不强，志愿者规模增加带来培训难度；②隐私保护方面还需探索；③有潜在法律风险。为了可持续地应对复杂的心理救援情景，分别在以下四个方面进行了重点投入。

第一，纳入正式组织进行制度规范，加强人才培训。2021 年 1 月，"树洞救援"作为公益项目在北京丰盛公益基金会立项，进一步对制度健全、志愿者培训、自杀干预研究方面进行探索，构建社会心理健康服务体系。

第二，将先进知识进行总结和编码，形成可执行的操作指南。《网络自杀救援指导性建议 2.1 版》正式公布。

第三，在现有模式基础上进行创新，探索高效、安全和科学的解决方案。树洞救援团在四川重庆团负责人带领下，由 20 位成员自愿组成新形势下的网络危机救援模式探索团队。

第四，通过公益渠道而非商业渠道募集资金，带动企业行动。"树洞救援计划"截至目前的主要资金来源为社会捐赠。2020 年 1 月获得 30 万元定向捐赠，以及佳德口腔集团 10 万元的捐赠，佳德口腔集团还把员工参与树洞救援团列入员工绩效考核。

由上可见，这一阶段知识型组织的科学家的向善理念体现在四个方面：第一方面来自于领军科学家敢于拒绝从技术上进行商业应用，对抑郁症患者给予尊重和爱护；第二方面为领军科学家拒绝与经济利益挂钩，坚持公益；第三方面为领军科学家和树洞救援团从空间上对线下救援体系进行进一步的完善，对救援模式孜孜不倦地进行探索；第四方面为由知识型组织带动的企业家进行捐赠，并倡导员工行动参与。

此时期的知识型组织呈现出明显的空间拓展性和创新性。从成果上总结经验，将隐性知识编码为显性知识，形成可操作的指南。从基础设施上来看，知识型组织从线上组织开始向线下尝试，构建了两家实体康复基地。从技术拓展上看，领军科学家计划与新浪共同构建实验室，对自杀干预应用进行创新研究。从救援模式上看，科学家积极推动新兴人机救援模式的前沿探索。

6.5　本章小结

6.5.1　讨论与结论

本研究运用探索性、归纳性案例研究，通过两个案例探究科学家科技向善作为一种价值选择如何激发知识型组织进行公共价值创造，以及两种向善选择形成的不同组织形态。研究识别了知识型组织公共价值创造链中的不同主体和关键要素，并得出作用机制、路径模型和价值创造逻辑的理论模型（见图 6-5）。由图可见，通过关键价值主体做出科技向善的选择，最终产生了异质性的价值创造路径，两条路径演化中差异的部分已用灰色进行标注。通过研究发现了以下三个重要结论。

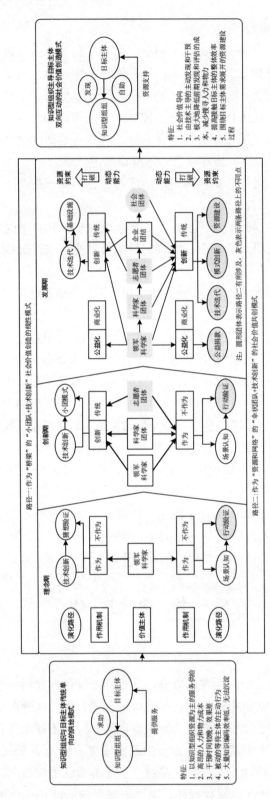

图6-5　科技向善选择主导公共价值创造的理论框架

1. 科技向善选择的作用机制

在互联网背景下，知识型组织面对着高不确定性、复杂性、高风险性和极低收效的外部环境，需要极大的资源投入和极强的能力建设，尤其是人力资源和基础设施的投入。即使如此，知识型组织在完全控制和提高成功率方面依然困难重重。本研究发现，"科技向善"的选择是知识型组织演化过程中各阶段核心能力的重要来源，其作用机制为由领军科学家激发多主体参与"是否进行'科技向善'的选择"中，以促进技术创新和知识型组织形成，通过把"生命"作为最高宗旨的理念，持续不断地创新解决、寻求方案，创造公共价值。"科技向善"选择对于公共价值创造过程的影响主要为设定上下边界，即通过感知、捕捉和适配驱动作用将这种选择具象化到每一个主体，打破资源限制，进行公共价值创造。

综合来看，各个主体的表现如下。

（1）在理念期，领军科学家的科技向善决策发生在对危机事件的场景认知中，科学家可选择"作为"和"不作为"，此时期的各方面落地构想较粗糙，资源约束最强，对场景认知较不成熟，因此选择"作为"需要克服多重障碍，要求个体具备极强的胆识和毅力。其作用机制为领军科学家通过对复杂场景的认知，选择"作为"后，路径一的领军科学家采取一种"用户逻辑"捕捉目标主体的需求来完成猜想验证，制作技术原型。路径二的领军科学家采取的是"实践逻辑"，即通过临时组建团队对目标主体实施救援，这是自上而下的行动验证，为未来合理的救援模式的调整进行经验总结。

（2）在创新期，领军科学家已非孤身一人，一阶段理念激发了科学家团体和志愿者团体，知识型组织里的"价值主体"都面临一个新的"科技向善"选择。对于领军科学家和科学家团体来说，即是否采用创新的技术手段来进行公共价值创造。对于志愿者采用传统干预模式，即不创新的模式对目标主体进行干预，或选择创新的干预模式等。对路径一的知识型组织来说，其核心作用主要是将专业资源主动提供给对方进行选择，对于严重者可能进行转介。领军科学家为了保护多方价值主体在不确定性环境中的隐私，仅允许志愿者通过官方微博与志愿者沟通，并且不设置长期追踪，同时也不建立微信群。因此，路径一的志愿者的选择为传统心理咨询的价值创造模式，而技术创新主体依然是科学家及科学家的跨领域团队。路径二的知识型组织则有所不同。对于大多数不需要专业转介的，路径二的组织提供长期陪伴和追踪，为不受地域限制，远程视频和电话咨询成为全新的心理咨询模式。路径二上的知识型组织在此时演化为伞状结构，规模增大，保证主要城市有线下支撑的专业网络对目标主体提供资源。

（3）在发展期，知识型组织已形成独有的公共价值创造模式，参与主体也从领军科学家个体、科学家团体、志愿者团体扩散到外部团体，此时的外部团体包括社会团体和企业团体。主要任务除了技术本身的迭代、可复制性更强的模式创新以及其他硬件设施资源的建设，此时期的每一个团体都面临不同的"科技向善"选择。对于领军科学家来说，是否将组织商业化成为一个亟待解决的问题。两位领军科学家均无进一步商业化的打算。路径一选择保持当前的商业规模和模式。路径二的科学家在选择公益化道路后，争取到了公益捐款作为创新的资金支持，并加入公益组织，进一步建设和扩张。科学家团体、志愿者团体和外部团体，包括几家企业团体和社会团体均选择"创新"，参与到技术迭代、救援模式、资源建设的探索和落地中。

横向来看，价值主体之间存在明显的"科技向善"理念和行动的传导链条，以领军科学家极强的号召力带动各界关注，形成一股救援力量，参与价值创造活动。特别是路径二的知识型组织，最终形成了"领军科学家—科学家—志愿者—企业—社会"的广泛传播链，完成了"科技向善"理念"个体—团体—群体"的价值链传导，最终达到公共价值创造的目的。

2. 知识型组织公共价值创造的组织形态与路径选择

知识型组织价值创造路径是迭代的、渐进的，基于资源限制和动态能力逐步演化而成。在数字经济背景下，知识型组织公共价值创造路径有两个因素扮演了重要角色，一个是"向善"，即科学家的向善选择；一个是"科技"，即技术创新。本研究发现，各个价值主体在知识型组织构建过程和技术创新应用的过程中，会根据发展阶段、资源约束和场景感知，调整公共价值创造的路径。通过案例研究发现，知识型组织在发展过程中分别形成了作为"桥梁"的"小团队+技术创新"的公共价值创造模式和作为"资源和网络"的"伞状团队+技术创新"的公共价值共创模式。因此，以下将从组织形态和具体路径阐明其演化过程。

第一种路径形成的组织形态为 20 人左右的小专业团队，其路径选择受资源约束较大。在理念期，由于早期团队受规模限制，领军科学家采用的技术验证方式为猜想验证，通过与外部机构合作完成大规模干预实验，从目标主体身上直接获得用户画像与实际需求。该阶段的科学家同时意识到避免产生群聚效应的重要性，因此对于聚集行为进行了明显的控制，并且制定沟通流程对过程进行管控。创新期的组织通过技术创新实现了一阶段需求中的技术应用，然而组织仍然继续维持小团队模式。因为团队较小，对于目标主体的主要资源支持方式为"桥梁"，作为资源第三方，暂时提供临时性缓解资源，同时加强目标主体与专业医疗机构之间的连接性，在安全可控的范围内，提供目标主体所需要的专业资源。进入发展期后，该组织选择与外部企业合作提升基础设施能力来迭代现有的技术应用。

第二种路径形成的组织形态为伞状组织。成员规模根据专业水平进行了明显的划分,并且构建了对应的内部资源,给予培训和晋升。对于目标主体的主要资源支持方式为"资源和网络",作为资源提供方,持续性地提供缓解资源,并且持续加强目标主体与专业医疗机构之间的连接性。

3. 数字技术颠覆知识型组织公共价值创造逻辑

本研究基于上述案例,进一步分析了技术创新颠覆知识型组织公共价值创造背后的理论逻辑。研究表明,与传统社会创造模式有所不同,人机协同的公共价值创造模式表现出一种通过领军科学家向善决策带动多主体持续向善行为的价值传递,通过科技应用促进知识型组织主动发现目标主体,高效供给资源的价值创造逻辑。为了明确两种模式的区别,本章将传统公共价值创造模式和人机协同的公共价值创造模式进行对比,如表 6-2 所示。

表 6-2　传统的自杀干预价值逻辑与人机协同的公共价值创造逻辑

内　　容	传统公共价值创造模式	人机协同公共价值创造模式
触发点	目标主体求助	数据和算法发现
互动模式	单向互动	双向互动
供给模式	被动服务供给	主动资源供给
表现特征	以知识型组织供给能力为核心	以目标主体需求为核心
时间维度	介入较晚	提前介入
空间维度	需在同一空间内	远程、多个空间、多种媒介
成本	发现难度高,干预成本高	发现难度低,干预成本下降
收效	失败率高	失败率降低

数据来源:作者整理

第一,触发点与互动模式。传统公共价值创造模式的触发点是以目标主体主动求助为主的单向互动模式,只能由目标主体发出,知识型组织被动等待单向的沟通。在人机协同的互联网场景下,触发点为数据和算法发现目标主体的双向互动,即可有传统的触发点,更多的由知识型组织通过数据和算法快速且准确地直接定位到处在自杀各个阶段的目标主体,并为其提供资源。相同情境下,数据和算法的准确度、精确率和召回率成为价值创造过程中的关键能力,也成为开启整个价值创造模式的基础。

第二,资源供给模式和表现特征。知识型组织在传统公共价值创造的资源供给模式为被动供给,其表现特征为以自身的资源供给能力为核心展开的价值创造。在这样的情境下,知识型组织需要尽可能扩大自己的资源供给和服务能力,比如传统的心理危机干预机构会在高楼处或其他经常出现自杀行为的场所张贴有自杀求助热线的海报,激发出现在各个场所的自杀倾向者的求助欲望。人机协同的公共价值创造的资源供给模式为主动资源供给，其特征为以目标主体需求为核心，主动提供其所需的资源。在互联网场景下，要求组织通过链接庞大的数字基础设施和提高数据挖掘、算法性能来支撑整个价值创造模式的同时，探索新型的以人为核心的救援模式，形成人机协同的支撑体系。

第三，时间维度与空间维度。对于传统公共价值创造模式的时间维度来说，知识型组织介入目标主体生命受到威胁的最后一刻，在自杀干预场景中即自杀行为发生过程中，且价值创造受到明显的空间限制，不得不在同一物理空间才可开展救援。在互联网场景中，知识型组织在危机行为尚未发生前就实施介入，并在多维空间、多种媒介协助下主动实施救援行动。案例中多次出现通过微信文字、手机短信、电话和远程心理诊疗等手段远程给自杀倾向者提供长期的情感陪伴的情况。

第四，成本与收效。传统公共价值创造模式的成本总体偏高，主要在于发现价值主体的难度极高，后续的干预成本较高，最终导致收效甚微。人机协同的公共价值创造模式在实施过程中降低了总体成本，一方面降低了发现目标主体的难度，另一方面同时干预的多种形式也降低了干预成本，大大地降低了价值创造过程中的失败率。

6.5.2　理论贡献与实践启示

首先，打开了知识型组织多主体公共价值创造的黑箱。本研究以组织形态和过程视角描述了公共价值创造过程的两条路径，通过识别公共价值链中的主体，剖析由"科技向善"选择行为传导引发的一系列组织形态演化，激活"领军科学家—科学家—志愿者—社会"的"个体—团体—群体"的传播链，实现以理念到行为的接力。

其次，对"科技向善"的内涵进行了丰富。从以人为核心的生命视角，对将"科技向善"理念作为主要驱动力纳入组织价值创造框架，作为公共价值创造模型中打破资源约束的主要作用机制，进行了深入的剖析。

6.5.3　研究局限与未来展望

数字时代背景下，"科技向善"选择是一个迫切需要解决的问题，然而，本研究仍然处于中国特定情境下的探索性阶段。案例研究虽然可对机制和路径进行建构，但对于其因果效应的验证仍需补充更多案例和数据进行实证分析。另外，由于两个案例都较为新颖，目前针对此类案例的全生命周期研究仍需要持续的追踪和观察，得出的结论也较为初步，期望待案例技术进一步应用时，能有深入研究。

本章参考文献

[1] 中华医学会健康管理分会，国家卫计委科学技术研究所，中国医师协会整合医学分会，等. 中国城镇居民心理健康白皮书[M]. 科技部国家人口与健康科学数据共享服务平台，2018.

[2] 米歇尔·福柯. 规训与惩罚：监狱的诞生[M]. 刘北成，杨远婴，译. 上海：三联书店出版社，2012.

[3] 孟猛猛，雷家骕. 基于集体主义的企业科技向善：逻辑框架与竞争优势[J]. 科技进步与对策，2021，38（7）：76-84.

[4] 蒋晓丽，杨珊. 虚拟社会安全阀：树洞类 UGC 平台的宣泄功能研究[J]. 新闻界，2017（6）：54-59.

[5] 耿绍宁. 试析网络"树洞"应用对高校和谐稳定的影响：以"树洞"微博为例[J]. 思想理论教育，2013（15）：76-78+82.

[6] 朱廷劭. 人工智能助力心理学研究的应用场景[J]. 人民论坛·学术前沿，2019（20）：48-53.

[7] 王呈珊，宋新明，朱廷劭，等. 一位自杀博主遗言评论留言的主题分析[J]. 中国心理卫生杂志，2021，35（2）：121-126.

[8] 黄智生. 人工智能与精神健康[J]. 软件和集成电路，2019（8）：22-23.

[9] 金福. 知识型组织智力资源管理研究[D]. 大连：大连理工大学，2006.

[10] 于旭，郑子龙. 新创知识型组织的知识集聚机理研究[J]. 情报理论与实践，2017，40（11）：62-66.

[11] 李海双. 知识型组织文献综述[J]. 现代商业，2014（27）：159-160.

[12] 吕力. 归纳逻辑在管理案例研究中的应用：以 AMJ 年度最佳论文为例[J]. 南开管理评论，2014，17（1）：151-160.

[13] 刘秀秀. 公共卫生危机治理中的技术向善[J]. 学习与实践，2020（11）：123-131.

[14] 苏悦，刘明明，赵楠，等. 基于社交媒体数据的心理指标识别建模：机器学习的方法[J]. 心理科学进展，2021，29（4）：571-585.

[15] 龚竞秋，林绍福，黄智生. 微博"树洞"的抑郁症患者数据空间特征研究[J]. 中国数字医学，2020，15（4）：70-74.

[16] 陈盼，钱宇星，黄智生，等. 微博"树洞"留言的负性情绪特征分析[J]. 中国心理卫生杂志，2020，34（5）：437-444.

[17] 杨芳，黄智生，杨冰香，等. 基于人工智能技术的微博"树洞"用户自杀意念分析[J]. 护理学杂志，2019，34（24）：42-45.

[18] HEIDEGGER M. Sein und Zeit[M]. Niemeyer: Tubinga, 1927.

[19] VERBEEK P. Moralizing technology: Understanding and designing the morality of things[M]. Chicago: University of Chicago Press, 2011.

[20] VON SCHOMBERG R, DUSSELDORP M, BEECROFT R. Prospects for technology assessment in a framework of responsible research and innovation[J]. In Technikfolgen abschätzen lehren, VS Verlag für Sozialwissenschaften, 2011: 39-61.

[21] STILGOE J, OWEN R, MACNAGHTEN P. Developing a framework for responsible innovation[J]. Research Policy, 2013, 42(9): 1568-1580.

[22] TAEBI B, CORRELJÉ A, CUPPEN E, et al. Responsible innovation as an endorsement of public values: the need for interdisciplinary research[J]. Journal of Responsible Innovation, 2014, 1(1): 118-124.

[23] PACIFICO SILVA H, LEHOUX P, MILLER F A, et al. Introducing responsible innovation in health: a policy-oriented framework[J]. Health Research Policy and Systems, 2018, 16(1): 90.

[24] MEYER M. Tracing Knowledge Flows in Innovation Systems—an Informetric Perspective on Future Research Science-based Innovation[J]. Economic Systems Research, 2020, 32(4): 585.

[25] TEECE D J, PISANO G, SHUEN A. Dynamic capabilities and strategic management[J]. Strategic Management Journal, 1997, 18(7): 509-533.

[26] YIN R K. Case study research: Design and methods (applied social research methods)[M].CA:Sage Publications,1984.

[27] EISENHARDT K M. Theory building from cases: Opportunities and challenges[J]. Academy of management journal, 2007, 50(1): 25-32.

[28] EISENHARDT K M. Building theories from case study research[J]. Academy of management review, 1989, 14(4): 532-550.

第7章 企业科技向善的典型企业案例

7.1 快手科技

7.1.1 发展历程

1. 开发工具（2011 年 3 月至 10 月）：GIF 快手 App 上线

2011 年，计算机端互联网视频领域的竞争异常火爆。一方面，优酷、土豆、爱奇艺等视频平台的内容争夺战白热化。另一方面，移动互联网开始兴起：2009 年，智能手机开始逐渐普及；2011 年 1 月，微信推出，并很快开始流行。由于当时网络带宽和移动互联网尚未完全普及，短视频还未成气候，朋友之间互相发送一些动图表情包与搞笑 GIF 动图就成为很时髦有"腔调"的事情。但是，要在手机里做一个 GIF 动图，难度很大，既要少占内存，又要简单易上手，这是当时的一个用户"痛点"。

2011 年 3 月，快手创始人程一笑与 3 位程序员在北京天通苑的一间民房里创办了这款致力于制作、分享 GIF 动图的工具——GIF 快手，使用这个工具能够将短视频和照片转成 GIF 动图。当时，GIF 快手就已经成为"明星产品"，一是技术比较好，在当时网速还比较慢的情况下，竞争对手需要两三个小时才能够制作出一段视频动图，使用快手只需要二三十分钟；二是用户数量多，2013 年日活跃用户数可达 100 万，在微博与 QQ 空间上使用较普遍，甚至包括一些明星都在使用。

2. 转型探索（2011 年 10 月至 2012 年 10 月）：发布 V2.4 版本，上线 Gifshow

GIF 快手这个火爆的产品很快就引来风投。2012 年 4 月，晨兴资本投了 200 万元的天使轮投资，占 20%的股份。GIF 快手只是一种工具，它所生产的内容都是在微博上传播的。晨兴投资认为做工具会很辛苦，变现上也会有很大的挑战，于是向程一笑建议做社区，以形成自己的流量并实现和用户的交互。他们也认识到这个转型推进会很艰难，因为要把微博这个巨大的流量源断掉，但如果等到工具做到一定体量时再转型会更痛苦，因为用户的认知很难扭转，所以越早转越容易。

为了转型，程一笑招了两个自己的同学负责前端和后端，但尝试了几次都不算成功，产品日活跃用户也涨不上去，这时晨兴第一笔投资也花得差不多了。

当时，程一笑不得不想办法去获取更多的资源，主要是人和钱，但这两点对他

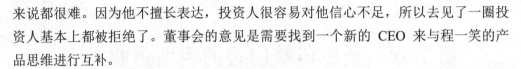

来说都很难。因为他不擅长表达，投资人很容易对他信心不足，所以去见了一圈投资人基本上都被拒绝了。董事会的意见是需要找到一个新的 CEO 来与程一笑的产品思维进行互补。

3. 短视频社区破局（2012 年 11 月至 2013 年 11 月）：发布 V3.4 版本

晨兴资本找到了宿华。宿华出生在湖南湘西的一个土家小山寨，风景秀丽但闭塞落后。当年的他凭借自己的努力考上了清华大学，毕业后去了 Google 中国公司，在那里研究机器学习。尽管年薪丰厚，但他还是在 30 岁的时候离开了 Google 去创业，但是干了一年多惨淡收场。第二年他加入百度，负责商务搜索引擎"凤巢"系统的架构搭建。在百度，他发现跟人工智能、并行计算、数据分析有关的能力是可以产生巨大能量的，可这种能力在百度并不能帮助很多人。他发现互联网的核心资源是注意力，这一资源分配不均的程度可能比其他企业更严重。中国有 14 亿人口，大多数人一生都得不到关注，他更想做一些有长期价值的事。

实际上，程一笑早已建立了"快手为什么存在"的理念，他认为快手的产品理念或者存在的理由首先是连接，就是希望可以连接社会上被忽略的大多数，快手不是为明星存在的，也不是为大 V 存在的，而是为最普通的用户存在。普惠最根本的逻辑是，不只是明星和大 V 的生活需要被记录，每个人都值得被记录。他不是洞察了一个需求，而是从使命中召唤了一个需求，他想为社会上被忽略的大多数人做些事情，首先关注这群人，然后从中找到一些需求。

智能手机越来越普及，Wi-Fi、4G 等传输技术逐渐成熟，视频表达将是未来的趋势。长视频对操作者的要求较高，并非人人都能拍、愿意拍；短视频上手快，可以成为很好的社交与表达工具。更令人惊喜的是，市场上并没有现成产品，属于市场空白点。程一笑与宿华见面后彼此都有种相见恨晚的感觉，决定合作继续创业，并敲定了对快手的重大转型。

于是，宿华带着 7 人团队加入了快手，程一笑和晨兴资本一同让出 50%的股份给了宿华的新团队。宿华做 CEO，统管公司；程一笑任首席产品官，负责产品。

当时，作为 GIF 工具的快手日活跃用户数已经达到百万。但是快手的转型没有铺垫，新版本突然上线，只支持上传短视频，还把原来的 GIF 工具功能给隐藏起来了，这使得老用户迅速流失了 90%，而在吸引新用户方面也很无力。

4. 快速增长（2013 年 10 月至 2014 年 11 月）：快手发布 V4.0 版本

2012 年 8 月，张一鸣创立了今日头条。今日头条基于数据挖掘技术，根据用户兴趣推荐内容，很快成为一款极富扩张能力的 App。其使用的算法技术开始迅速在各种互联网产品中普及推广。快手是在短视频领域引进算法技术的第一家。宿华本人就是做人工智能与大数据分析技术的，引进算法技术成为快手逐步步入正轨的最大推力，极大地提升了用户体验和分发效率。

2013 年 10 月，快手正式确定从工具性产品转型到短视频社交平台。2014 年 11 月，"快手 GIF"正式更名为"快手"。2014 年，快手开始低调高速发展。2014 年 6 月，快手迎来了胡博予、DCM、红杉资本的 B 轮融资，共达数千万美元。

快手意识到社区生态中两极分化和贫富差距的风险有可能使流量过于集中在头部，于是将经济学中的基尼系数引入社区生态的调控中，作为一个严格落地的量化指标。快手进行内容分发的每个策略都有基尼系数的约束性考核，避免生产者之间贫富差距过大。快手为了进行生产者之间的流量平衡，将经济学中的边际效用引入社区生态的调控中。快手进行流量分配的策略中，会考虑到流量带给不同内容生产者的边际效用，从而进行相应的平衡性流量分配。视频发布初期，每个作品都会被分配流量，随着其热度提高，曝光机会也会随之提高。此时，热度权重起到的作用大于择优去劣的作用，在视频热度达到一定阈值后，它的曝光机会将不断降低。此时，"热度权重"起到"择新去旧"的作用，确保新作品露出。

5. 走向成熟与持续发展（2014 年 11 月至今）

2015 年 1 月，快手的日活跃用户数达 1000 万，但公司员工还不足 20 人。2015 年 6 月，快手用户数达 1 亿，8 个月后，用户数已经增长至 3 亿。2016 年 2 月，快手用户数突破 3 亿。

2016 年 3 月，快手完成 C 轮 2.5 亿元融资，由百度领投，当时估值为 20 亿美元。此时，快手推出直播功能作为平台的自然延伸。

2017 年 4 月，快手注册用户数超过 5 亿，11 月攀升至 7 亿。快手的月活跃用户数和日活跃用户数也经历了高速增长，到 2017 年年底，快手 App 的日活跃用户数已经超过了 1 亿，迈入"日活亿级俱乐部"。2017 年第 4 季度，以虚拟打赏所得收入计，快手主站成为全球最大的单一直播平台。

2018 年 1 月，快手主站的平均日活跃用户数突破 1 亿，并开始发展电子商务业务。

2019 年 8 月，快手极速版正式推出。以商品交易额计，快手主站成为世界第二大直播电子商务平台。

2020 年上半年，快手的中国应用程序及小程序的平均日活跃用户数突破 3 亿；8 月，快手极速版平均日活跃用户数突破 1 亿。

2021 年 2 月 5 日，快手在香港联交所主板正式上市，成为"短视频第一股"。上市首日，快手以 300 港元/股收盘，当日市值超 1.38 万亿港元，超越百度、京东，一举成为仅次于腾讯、阿里、美团和拼多多的中国第五大互联网公司。

7.1.2 有效应对面临的挑战

1. 寻找商业模式

快手在发展中有两个重要命题需要解决。一个命题是如何更好地管理大规模团队，以及持续吸引人才加入；另一个命题则关乎商业化。目前快手平台有三种变现模式，按重要性程度排序分别为信息流、粉丝头条和直播。依据是，排在前面的更加普惠，可以与更多商业伙伴一同受益。信息流广告目前正在测试中，没有正式上线。粉丝头条通过付费帮助内容发布者增加推送，然而目前有多少人使用粉丝头条产品、如何定价以及如何评估效果，还不能确定。现在快手收入占比最高的是排位最后的直播，虚拟礼物的收入与直播用户五五分成，并且快手会负担直播用户收入所得的税收。目前只有少部分用户有直播权限，因为用户需要遵守国家相关法规，提供身份信息和实名认证，因此形成了一定的门槛。这跟快手内容审核团队的规模相关。

在宿华眼里，直播只是分享生活的形态之一，是对用户互动的补充。首先是用户产品，其次才是商业模式。所以，直播并没有单独的页面，入口也在二级页面，这大概是将信息流和粉丝头条的变现模式优先于直播的原因。

与中央广播电视总台 2020 年《春节联欢晚会》签订独家互动合作伙伴，开展春晚红包互动，帮助快手实现了 2 亿到 3 亿的跨越。不过，截至目前，快手做到了"快"，却没有实现"盈"。3 亿日活用户和万亿市值的快手，目前仍未走出亏损。据招股书数据显示，快手 2020 年前三季度经调整后的亏损净额为 72 亿元。不过整体来看，亏损程度逐步缓解。经计算，三季度平均月亏损已经低于 3 亿元，相比上半年的每月超 10 亿元的亏损实现了大幅收窄。

规模和流量的建立是商业变现的基础，但也仅是故事的开始，作为 10 年培养超过 3 亿日活用户的短视频平台，快手靠什么吸引和留住用户？投资者的投资热情与信心又从何而来？

快手目前的三个变现方式中的电商业务占比较低，几乎可忽略不计，但快手在招股书中透露"将不断探索多元化的变现模式及机会，以建立一个强大的综合电商平台，并在募集相关业务资金"，也提及 IPO 集资的 35% 将用于增强生态系统，其中就包括扩大电商平台。有专家表示："直播带货是否存在误导消费或者过度消费及产品质量问题的现象，则要看主播宣传、推荐的产品是否有名有实，产品各方面是否经过了甄别、筛选。在过度消费问题方面，建议消费信贷机构应该限制未成年人或者缺乏一定支付能力的年轻人的授信水平。"

与"抖音，记录美好生活"的精致、年轻用户集中在一、二线城市的情况不同，快手的用户群体较多是三四线城市的青年，定位下沉市场，走平民路线。这一类用户群体一般偏好物美价廉的商品，快手的电商平台是否如早期拼多多平台那样存在"山寨"泛滥现象？快手在这方面该如何保护消费者避免购买到"山寨"或劣质产品？是否有较为完善的审核机制？基于此类问题，如果主播带货缺乏严格审核，可能会出现消费者权益受损的情况。这是快手可能面临的潜在风险。

2. 承担社会责任

2016 年"多名网络主播被曝伪慈善"等系列报道让快手一夜之间面临千夫所指的局面。事件发生后快手一度将所有分享凉山公益活动的账号都进行封禁，公司内部也产生了巨大的争议：到底做公益活动是否允许记录、分享？不过几天后一个专业慈善公益团队拿着公益执照的相关资料找到了快手团队，这深深地触动了宿华，在他看来，未来快手可能需要主动去干预和公益相关的事情。

另一个事件的曝光又一次把快手推到了风口浪尖，让快手开始关注视频内容问题。2018 年 3 月，央视报道快手平台存在大量未成年妈妈相关低俗内容，快手被央视新闻点名批评。快手在被曝光内容低俗后，立即道歉，并承诺加大审核力度，整改完成前停止新增视频。CEO 宿华直接领导成立责任调查小组，打击违规内容，优化举报机制。

快手面向的用户大多是三四线城市和农村，虽然用户数量的基数大，但是用户的素质却有待提高。网络视频平台管理制度不完善导致网络视频监管难度大，这使得快手视频平台的视频质量主要靠用户自身的自觉来保证，内容良莠不齐。特别是青少年正处于三观的形成时期，不懂得取其精华去其糟粕，无法分辨低俗视频，极易受到影响。

对内容的审核成为快手的一大压力。据了解，新一轮融资到位后快手不断扩大内容审核团队，审核视频、审核评论，以机器为主，以人工为辅。对于未来的潜在用户——青少年群体，快手需要思考如何营造一个健康且良性的互联网生态环境。

3. 价值观与盈利

宿华给快手确立了公平普惠的原则。在宿华的逻辑中，每一个普通用户的内容都应该被外界看到。在这一价值观的指引下，快手很长一段时间内没有建设内容运营团队，更不去刻意引导爆款话题，也不扶持头部"大 V"，对所有用户一视同仁。

快手还希望尽量降低广告对用户的干扰，为此拒绝了 1000 万元的开屏广告费。打开快手 App，公司名字和 Logo 的痕迹很少，因为宿华想淡化公司的存在感，他认为用户来快手是想找到这个世界上某个角落里有意思的人、有意思的事，不是来看快手公司的。宿华还鼓励快手员工互相称呼"同学"，以对这个世界保持开放与谦虚的心态。

弱运营的方式让快手成为私域流量集中地，使用户的忠诚度更高、黏性更强，但也给了抖音可乘之机，导致逐渐被后者在影响力上反超。

在大规模的推广之下，抖音走出了一条优美的增长曲线。根据抖音对外公布的数据，在 2018 年 6 月，抖音国内的日活用户突破 1.5 亿人，月活用户超过 3 亿人，一举超越快手，占据短视频行业的头把交椅。反观当时的快手，并没有动用大量的资源进行推广，甚至直到 2018 年 7 月，快手才开始招募 MCN 机构入驻。虽然快手给机构配备专门的运营人员，加强日常沟通，提供帮助和咨询，但在普惠式价值观的指引下，快手并无太多运营上的介入。

如果把快手保持旺盛增长的原因归结为公平与普惠，那么随着短视频市场竞争日益加剧、政府监管强化与行业更加成熟，快手还会坚持公平普惠的原则吗？过于追求公平会不会损害效率？这对于它的商业运营与发展又有何影响？

7.1.3　科技向善的创新点

1. 让算法体现价值观

在创办快手时，程一笑与宿华两人制定了公司的基本原则：给普通人用，没有明星导向，不捧红人，做一只"隐形"的手。公平与普惠在公司成立之初即被作为核心价值观确立下来。

站在聚光灯下的快手面临着不少争议，不过，梳理快手 10 年来的发展历程，快手品牌的普惠价值观与社交基因定位让快手在众多同类平台中脱颖而出。与其他平台将流量与资源向头部 KOL 及"大 V"集中不同的是，快手一直坚持所谓的"普惠"价值观：让普通人的生活被看见。

如果编写算法的团队只有信息吞吐量、流量和赚钱多少这几个指标，那么他们所开发的产品必然会利用人性的弱点，将人的眼球经济发挥到极致。因此，技术和算法必须有正确的价值观，只有这样产品和企业才能真正服务人类。

快手创始人宿华对于"算法要不要有价值观"进行了长时间思考。宿华曾说："快手其实是一家人工智能公司，希望能让 AI 的力量被每一个不懂这种力量的人享受到。"观察快手公司的员工组成，研发人员占比达到 60%以上，智能技术贯穿于从视频生产、视频理解、用户理解到视频分发的每一个环节。在视频生产阶段，快手自研的深度学习引擎及 AR 算法通过人脸识别、姿态估计、肢体识别等技术提供视频特效；视频上传后，会通过 AI 识别和理解视频中的人物、场景、语言、音乐等各种内容；然后是让机器对用户以及用户兴趣有深度的认知；最后，基于视频、用户理解挖掘和匹配每个用户感兴趣的内容，通过算法实现对短视频的智能分发。对于控制流量分发与智能推荐的算法，宿华曾不止一次说："我一直认为算法是有价值观的。"因为宿华认为:"一套算法的形成需要经历发现用户诉求、分析问题、提出解决方案、编程、运行、测试等多个步骤,做这些的全都是公司内优秀的工程师,而这些人都是有价值观的。"

当一个平台拥有超过 7 亿用户、日活过亿时,对于用户的尊重、宽容、不干扰与平台不"失控"之间的平衡,就显得特别重要。为了避免风险,快手为用户上传视频设定了几个红线。宿华将平台的规则总结为:一是合法合规;二是有包容性;三是内容真实有趣,不鼓励哗众取宠的行为。

快手推出了一套衡量商业内容和用户体验的量化体系,并建立商业化中台进行支撑。这套体系主要包括两方面的内容。

第一,通过一套模型,综合播放量、点赞数、互动、负反馈、商业价值等指标,去量化同一个位置播放正常的作品和播放一个商业作品的差异,分析所得与损失。

第二,指导用户制作好的商业内容,让其能够达到给用户以自然作品,甚至超越自然作品的体验。这样做的原因是,快手算法是根据内容受欢迎程度进行流量分发,如果商业内容不够精彩,很可能会被系统限流。很明显,宿华仍然希望这些广告更自然,更加顺势而为,而不是变成一门流量生意。

即便成为资本追捧的对象,用户沉迷其中,公司掉进舆论风暴眼,宿华都没有太大的情绪波动。他和合伙人程一笑对做一个让用户分享生活的平台有共识,这个目标让他认定,不能受外界噪声的干扰。

庞大的用户数量、城市与乡村用户对彼此的陌生和认知需求、不匹配的公关能力以及不断恶化的外部环境,让这头蒙眼狂奔的"怪兽"不得不停下来思考自己应该承担的责任边界到底在哪里。

2. 在运营中承担社会责任

产品面向普通人,不会有人群和地域歧视;非常低的使用门槛,简单易用。这是两位创始人和快手一路坚持下来的产品原则。打开快手界面,依然是"发现""关注"和"同城"悬挂在首页,产品的形态没有太大变化。理论上,"发现"一栏中内容的排序原则是群体意志或个体喜好的推荐算法。但熟悉快手的人应该留意到:从 2017 年下半年开始,这款从创立起没有大改的产品,逐渐释放出"变"的信号,比如快手开始组建了内容运营团队。

这个工作在快手内部被称作"内容精选",展现在快手界面上就是在快手二级页面的"查找"里的"标签",这个功能在 2017 年下半年上线。最近点击量比较靠前的标签有"奔跑吧""二次元动漫社""学习时间""生活小妙招""快手音乐人""世界杯"等。"标签"的位置相对有些深,但是可以展开想象的空间很大。快手不给用户贴标签，但是用户为了让快手更快地了解自己，可以主动给自己打标签。

在"内容要不要人为去干预"的问题中，某媒体聚合平台曾宣称应该"完全让机器去判断"，而宿华的答案是"快手其实是有好几道人工的过程的，是一个技术辅助人工的过程，我们内部也有审核，有专门的内容评级"。

审核方面，快手采用机器与人工审核相结合。快手在图像、声音识别方面的技术积累非常多，有着对海量数据的机器学习，对于涉及色情、敏感词等内容可以直接机器识别。而涉及价值观、公序良俗等方面，人工审核会发挥更重要的作用。

快手与清华大学联合成立未来媒体数据联合研究院，以清华软件学院的技术难题攻关为基础，并开展人文领域相关课题的研究。宿华说："快手带给整个社会人群的幸福感总和是增加的，但是如果处理不好也会产生一些新的社会问题，这也是快手期望和清华大学等高校一起研究和解决的问题。"

通过与清华软件学院的合作，快手的算法更强大，可以实现更精准的连接和推送，更好地过滤不合规内容。而开展人文领域相关课题的研究，则让算法和技术能够更懂社会、人文和哲学，从而解决技术和算法的短板。

细心的用户可能会留意到，在快手界面首页顶部，点击"更多"进入二级页面，已经设置了"家长控制模式"，当该模式开启时，将只呈现适合未成年人观看的内容，无法进行打赏、充值，无法进行直播，使用超时 60 分钟增加了防沉迷提示。

同时，快手发布大规模招聘信息，面向全国新增招聘 3000 名内容审核编辑岗位，将目前的审核团队从 2000 人扩大至 5000 人。该招聘提出"有良好的政治觉悟与素养优先，有较强的政治敏感度与鉴别能力优先，共青团员和党员优先"，且向就职人员提供六险一金、就餐补贴等福利，并且相比于同行业水平，薪资较高。

快手参与了"中国网络视听节目服务协会"《网络短视频平台管理规范》《网络短视频内容审核标准细则》等标准起草、制定的调研工作，并严格执行"规范"和"细则"的要求。对于平台上内容的把控，有人工智能以及大数据技术辅助人工审核的完整流程，内部有 7×24 小时的内容评级团队，这个团队规模庞大，有 6000 多人；还借助外部力量，成立包括知名学术和媒体人士组成的专家委员会，用以指导内容生态的建设。

近三个月中，快手处置封禁了近 2000 个账号，清理了一批视频。目前，快手还针对文本、图片、音频、视频、直播等场景，订制了低俗、色情检测模型，这个违规视频模型库一直在升级扩展中，每次发现新样本，都会添加到模型库中，通过查重、相似等手段，增加对新增违规内容的覆盖。另外，快手还建立了低俗、色情惯犯用户库，对其新上传内容加强管控。对疑似但无法明确辨别的内容，会进行打压，严格限制公域流量曝光，禁止对"青少年"模式曝光。对于电商的生态安全，快手启动了"雷霆计划"，近期共处理关停 1038 个商家，处理主播 1500 余人，下架商品 30 000 多种，平台整体 DSR（卖家服务评级系统）评分大幅提升。

快手有很多来自贫困县区的用户生产内容，具有比较强大的扶贫内生动力。快手于 2017 年着力打造"快手行动"品牌，为各类公益短视频提供集中上线板块。2018 年，快手推出了"快手扶贫"品牌和频道，成立了扶贫办公室，并发布了"5 亿流量"计划，即投入价值 5 亿元的流量资源，专门助力国家级贫困县优质特产推广和销售。同时启动了"幸福乡村战略""福苗计划""快手大学"等战略项目，以赋能乡村为己任，从电商扶贫、教育扶贫、旅游扶贫、生态扶贫等方向，探索短视频、直播扶贫的新模式。

出于对企业社会责任、公益产品的重视，快手较重视公益能量传播，对很多公益短视频赠送流量，进行首页推送。借助互联网平台，特别是短视频平台对公益行为进行"包装与展示"，引导议题的发起与传递，联合各公益项目完成了从共意构建到共意扩散再到共意提升的"共意动员"过程，也完成了公益项目发起、公益情感送达、公益精神扩散、公益行动转换、公益资源筹集的目标。

这个以工程师为主的创始人团队正面临着强大的外部挑战，对于快手来说，每个月高额的费用支出，也让其不得不考虑商业化进程。不过宿华还是坚持认为，商业化并不是快手初创团队的初心，快手还是希望能够让每一个普通人都看到真实有趣的世界。

3. 创新营利模式

在发挥社会价值的同时创造商业价值，才是健康的发展路径。在这方面，快手的企业社会责任与业务其实是高度融合的。

快手利用"福苗计划""发现系列"地区合作、幸福乡村战略等项目系统性地赋能乡村。短视频介绍扶贫产品，直播进行扶贫带货，快手课堂向贫困地区居民传授致富经验，平台培训返乡创业的"乡村带头人"推动区域经济发展。通过快手平台，这些创新的扶贫案例生动地展现着"移动互联网+扶贫"的新模式，其重点就是"授人以渔"——以短视频、直播作为乡村扶贫的信息普惠工具，推动社交电商，赋能乡村农人，实现"造血式扶贫"。

快手平台上的媒体号数量超过 1.3 万家，快手给予入驻的媒体号以一定的流量扶持，从媒体新闻生产的角度看，快手平台上大量的用户原创内容正在成为主流媒体新闻选题的重要线索来源。2019 年，新华社等数百家主流媒体采用了超过 10 万条快手视频内容。比如央视报道的独臂篮球少年张家城，就是在快手上被人们关注到的。媒体也能够通过在快手上的入驻获得一定的广告收入与打赏收入。快手正与越来越多的各级政府部门和企事业单位展开直播和短视频征集等在线活动，比如：与武汉公安进行普法教育直播；在五一期间与各地交通部门进行多链路直播，宣传交通法规；与清华、北大等高校开展在线教育合作。

未来，快手还将把数据分析和人工智能应用在新闻的采集、生产、分发、接收和互动当中，提高媒体机构的传播力和舆论的引导力，一起倡导主流的价值导向，为媒体融合发展取得更多成果贡献力量。

在内容上，快手鼓励各类创作者以丰富直播内容类型，通过算法体系的建立，基于兴趣、位置、社交关系进行流量的去中心化分发，采用双列瀑布流的展示形式。同时，关注页作为私域流量拥有极大的入口流量，由此逐渐增强平台的社交属性，成为用户的生活圈与新的社交平台。

随着直播内容的逐渐丰富，直播业务增速显著。截至 2020 年前三季度，快手短视频及直播合计获 2.2 万亿次点赞、90 亿次分享。社交属性带来的互动性和粉丝黏性成为企业的重要竞争力，也给后来的商业化奠定了基础。2018 年，快手上线快手小店，10 月正式开启电商的商业化进程。

新冠肺炎疫情暴发以来，线下商企遭受巨大冲击。一方面出于疫情防控需要，不少门店选择暂时停业；另一方面，消费者大多足不出户，即便开门营业，同样面临客流稀少的窘境。危机之下，开拓新渠道加速转型成为很多线下商企的重要课题。快手就是一个全新的销售渠道，三一重工在开通直播 1 个小时之内就收到了 31 台压路机的订单。携程集团董事局主席梁建章、新东方教育科技集团董事长俞敏洪、新希望集团董事长刘永好、韩都衣舍创始人赵迎光、江小白创始人陶石泉等文旅、教育、农业、快消领域创始人、董事长、CEO，纷纷现身快手网络直播间。从 2020 年 3 月 3 日开始，来自河北、广西、山东、河南、新疆、陕西、辽宁等多个地区的 11 位副县长、县领导，在快手 6 天时间里直播近 30 场，推销因疫情而滞销的农产品，为农村脱贫找出路，吸引了超过 2100 万人观看，总计销售额突破 2000 万元。

快手董事长兼 CEO 宿华在上市致辞中称："无数的人和内容连接在一起之后，逐渐展现出多元而真实的社会，他们之间相互作用，构建起一个有很强生命力和演化能力的生态。在这个生态里，不断涌现出新的商业模式，重构商业系统和行业结构。我们的直播业务、视频电商业务就是这样一点点成长起来的。"

如今，快手正在积极探索更多元化的变现机会，即宿华提到的"新商业模式"，包括提供网络游戏、在线知识分享以及其他产品和服务。

具体来看，在线教育方面，疫情加速了整体线上教育市场。与网易、字节跳动等企业一样，快手也将其作为未来发展方向之一。据了解，快手用 3000 万美元注资火花思维，加码教育投资。预计未来，快手凭借相对低价的流量和已经积累的大量用户群体更容易进行在线教育的流量转化，并形成潜在的价格优势。

在另一个大热蓝海——网络游戏领域，快手也已一脚踏入。资料显示，快手在 2019 年就完成了包括王牌互娱、英雄体育的投资，游戏电竞有望成为快手的新增长极。

行业人士分析，在平台的用户和直播生态等前期搭建结束后，包括体育、美食、医疗、音乐等几乎所有可以被虚拟交付的产业都能在快手平台实现完全的数字化。进入 2021 年，短视频领域又迎来了新战场：移动端搜索正在逐渐成为行业追逐的新风口。

7.1.4 快手公司科技向善创新的启示

1. 为普通人记录生活搭建平台的企业价值观

快手两位创始人——宿华和程一笑都在中国落后山区或小城市出生长大，从小体会并看到了太多普通人的生活。他们认为，注意力资源是互联网的核心资源，它们应该像阳光一样洒在更多人身上，而不是仅仅像聚光灯一样聚到少数人身上。于是形成了快手这样的价值观——这款产品是为普通人设计的，让普通人记录生活和自我表达，让沉默的大多数被看到、被关注。

2. 着力践行科技普惠和去中心化的技术理念

快手的普惠和去中心化并不是停留在口号上，而是真正得到了落实和践行，主要体现在三个方面。第一，算法普惠和社交分发。快手没有人工运营的高赞流量池，算法上将大量低赞和普通人生产的长尾视频做社交化推荐。第二，基尼系数。快手在社区内有一个独特的基尼系数原则，这个系数是个刚性指标，目的就是调节头部内容和长尾内容的流量不均。第三，基础曝光。每个新用户发布作品都会至少给予数百个曝光，做到流量公平普惠，像阳光一样洒给更多人。

3. 积极推动用户和企业承担社会责任

在践行普惠和去中心化这一理念过程中，快手充分意识到承担社会责任的重要性。为了避免风险，快手为用户上传视频设定了几个红线：一是合法合规；二是有包容性；三是内容真实有趣，不鼓励哗众取宠的行为。为此，快手做了很多工作，包括招聘内容审核人员，与专业机构一起进行内容评审；制作各种公益视频，进行公益宣传；探索短视频、直播扶贫的新模式；保护未成年人；等等。

这些做法非但没有影响用户的增长，反而增加了视频的发布者和观看者之间非常频繁的互动，使社区的黏性更强，由此产生了大量的关系链。用户的互动和信任极大地增强了快手的变现能力，进而吸引更多的广告商、商家和其他业务合作伙伴加入进来。快手实现了社会价值与商业价值的共赢。

快手引导用户以普通人的视角，多角度、多方位、更细致地在末梢对这个世界进行记录，这是快手独特的价值。宿华说，他没有把做一家企业当作创业，而是把人生 3 万多天都当成创业。想做一件对社会有意义的事情，需要保持理念和路径不变形，投机取巧肯定不会持久。

4. 借助人工智能提高平台运行效率和精确度

为借助人工智能技术来提高平台运行效率和精确度，快手提出了一整套基于 AI 技术的解决方案，贯穿视频生产、内容理解、用户理解、系统分发等使用快手的每个环节。通过技术赋能，让人们可以公平、有趣地记录与分享生活。

技术只是一种工具，技术的背后一定是人文、社会和法制。技术是一种规则的体系，必须纳入法律和伦理所构建的社会体系中，只有这样才能真正发挥技术的正向价值，才能真正"科技向善"，否则，科技不仅不会推动人类社会的进步，反而会毁灭人类。谣言、假药广告、色情内容、诈骗信息、假冒伪劣商品、有毒食品、杀人机器人……这些都将彻底消解科技所带来的正面价值。

到底如何才能真正实现"科技向善"，这需要更多社会组织和企业共同探讨，寻求解决方案。相信最终会像汽车完美地替代马车一样，算法与人工智能也会健康发展，社会终将因科技变得越来越美好。

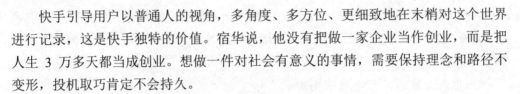

7.2 数坤科技

7.2.1 发展历程

近几年，AI 在医疗领域的应用在全球市场都表现活跃。相关数据显示，截至 2020 年 8 月 24 日，全球医疗人工智能领域共发生 130 次融资，影像 AI 相关的融资金额合计 15.6 亿元，而数坤科技的 4 亿元融资超过全球影像 AI 总融资金额的 1/4。

1. 公司成立

数坤科技 2017 年 6 月成立，7 月至 12 月通过积累上万例冠脉高质量标注数据，发布全球首推冠心病智能后处理产品 CoronaryGo，并进入合作医院进行临床测试。CoronaryGo 与 10 余家全国区域龙头医院开展联合科研，其中包括郑州大学第一附属医院、北京协和医院、首都医科大学附属北京安贞医院等。2018 年 3 月发布全球首推冠心病智能辅助诊断产品 CoronaryDoc，随后 CoronaryDoc 进入全国 100 家医院进行临床试用。

2. 推出系列产品

数坤科技的新产品推出前都会先找一家试点医院，与试点医院合作完成后将新产品推向市场。

首先，数坤科技推出"数字心"产品家族，包括冠脉 CTA（CT 血管造影）影像结构化报告，功能学评估产品 CT-FFR，冠周脂肪 FAI 评估系统，钙化积分智能化报告，主动脉夹层手术规划、虚拟支架、术后评估等，完成了心血管诊疗全路径的智能化。数坤科技透露，在复旦大学心血管医院排名榜前 30 名医院中，已有 29 家医院在心血管领域与数坤科技开展临床合作。在全国范围内，超过 300 家医院都在使用数坤科技的"数字心"产品。数坤科技还和医院携手，共同承担国家科技部、地方科委、国家自然基金等科研项目 20 余项。2019 年 11 月，数坤科技产品通过国家药监局创新医疗器械的批准，成为首个进入 AI 三类证绿色审批通道的心脏 AI 医疗影像辅助诊疗产品。

其次，2020 年 7 月，数坤科技又推出"数字脑"产品家族。卒中是中国居民的主要死亡原因之一，每 5 位死亡者中至少有 1 人死于脑卒中，中国已是卒中终生风险最高和疾病负担最重的国家。"数字脑"覆盖了卒中影像单元的所有场景，可以精确定位病灶，提供包括出血、缺血、动脉瘤、CTP 相关参数的完整影像辅助诊断，缩短急救时间。目前，"数字脑"产品已经在全国 100 多家医院进行临床验证。

在癌症发病率最高的肺癌领域，数坤科技推出肺结节人工智能产品，并走出差异化路径。结合心脏方面的优势，数坤科技的"数字胸"产品通过一次胸部 CT 扫描，不仅可以筛查肺结节，还能提供心脏功能的评估，在 LDCT 扫描图像上做非门控钙化积分和 COPD 肺功能的评估，实现"结构+功能"的胸部影像智能化辅助诊断。

7.2.2 有效应对所面临的挑战

对做 AI 医疗的企业而言，最大的挑战为一方面依赖高质量数据，另一方面医院付费意愿低。数坤科技自成立以来，通过开放数据平台，其中包括建立云版本标注工具、数据标注质控流程、医管平台等，首先积累上万例冠脉高质量标注数据，然后采取免费给医院装机的方式，让医院试用。依托自主原创的 AI 神经网络，医生的诊断效率提高了，医生下班更早了，医院使用意愿就变强了，随着公司系统在医院检查数量的飙升，科室效益也变好了，形成了良性循环。

1. 向难度系数大的心血管病治疗引入 AI

2016 年，人工智能在医疗领域全面爆发，如同大多数医疗 AI 创业公司一样，数坤科技选择在医疗影像方面发展。但不同于大多数公司的是，数坤科技切入了难度系数更大的心血管。数坤科技相关负责人认为，"第一，它的社会价值和商业价值都非常大，《中国心血管病报告 2018》显示，我国心血管病患病率仍处于上升阶段，目前患病人数约为 2.9 亿，心血管病导致的死亡占居民疾病死亡的 40% 以上，居各类疾病首位；第二，心血管 AI 辅助诊断是一个有很高难度和极具挑战的场景，做相关 AI 产品的技术门槛会更高"。

数坤科技独占心血管 AI 的差异化优势，让其在同质化竞争赛道中脱颖而出，推出全球首个也是目前唯一一个冠心病 AI 智能辅助诊断产品，该产品已进入全国 180 多家三甲医院，实现"秒级"后处理结果和狭窄诊断率双 90%，极大提升了影像科医生诊断效能。

2. 与行业、监管机构共同验证心脏 AI 效能

与其他器官不同，人体心脏持续搏动，且冠脉血管管径差异从厘米至毫米不等。目前，业内普遍采用的深度学习模型无法胜任心血管智能诊断任务。数坤科技原创研发了多维度卷积神经网络技术，它有 10 多亿个神经元，能准确理解医疗图像中每一个像素的含义，精准分割人体器官，重建出清晰精确的 3D 数字心、数字脑等，并能对相关部位做精准诊断。

在前述基础上，数坤科技通过严谨的多中心研究，与行业、监管机构共同验证心脏 AI 效能，共创行业标准。数坤科技与北京友谊医院合作，联合 42 家医院，按照国际标准流程及规范，推进全球首个心脏 AI 与金标准对照的多中心验证。其研究覆盖全国 25 个省份，拥有 1063 例样本，是迄今为止数据覆盖范围最广、样本量最大、首次严格遵循临床指南标准的 AI 多中心研究。这个研究在行业内具有标杆作用，极大地推动了监管机构的标准制定以及医疗 AI 规模化发展。

3. 以产品化思维支撑 AI 在医院落地

如果说强大的人才储备是算法开发的关键，那么产品化的思维则是落地医院的重要支撑。数坤科技成立之初，以建立联合实验室的方式，与北京友谊医院、北京安贞医院等数十家医院合作，共同打磨产品。"我们大部分研发员工驻扎在医院，这样不仅能第一时间了解医生最真实的使用反馈，更能学习医生思维，并将其应用于诊断平台，不断改进算法。"数坤科技相关负责人介绍，这也是他们的产品能与科室流程无缝对接的原因。

数坤科技在独占心血管 AI 后，又继续挖掘市场需求，借助强大的研发能力和丰富的医疗市场经验，开发包括心脏、神经、肿瘤在内的多种疾病 AI 辅助诊断平台——数坤智慧诊疗平台，聚焦心脏病、脑卒中、神经等危重大疾病。平台已经落地全国省三甲医院，极大地提高了医院的一致性水平和报告的同质化水平，提高诊断效能 5 倍以上。

数坤科技与首都医科大学宣武医院卢洁教授团队合作，开展人工智能在头颈 CTA 血管重建的应用价值研究，研究成果在全球顶刊——*Nature* 子刊 *Nature Communications* 在线发表了研究论文。该研究首次利用 3D 卷积神经网络设计开发

一个可实现头颈 CTA 血管分割的后处理系统，自动完成头颈 CTA 血管重建，通过人工智能 AI 自动去骨，在提高精准度的同时，避免二次扫描，降低患者辐射剂量。自 2019 年以来，AI 技术投入宣武医院使用，将图像的平均后处理缩短了 3 倍以上，使用 5 个月之后，医院投入相关工作的医生也从 3 人缩减至 1 人。患者接受头颈 CTA 检查时，有了 AI 技术的协助，只需完成一次扫描，身心压力得以减小。

近年来，随着人工智能技术的不断成熟，"人工智能+医学影像"为解决当前中国医学影像面临的难题提供了一种新思路。AI 的使用不仅能减轻医生的工作负荷，更能为患者带来更加优质的医疗服务。因此，其也被业内认为是最有可能率先实现商业化的人工智能医疗领域。"AI+医疗"正在成为一种全新的医疗领域，降低了成本，提高了效率，市场前景广阔，有待深入挖掘。

7.2.3 科技向善的创新点

数坤科技提出的公司使命是：建设疾病大数据，打造数字医生，让医疗更精准、更便捷、更普惠。相应地，数坤科技的 AI 系统在新冠肺炎疫情期间为抗疫做出了巨大贡献。

1. 精准地抓住时机和客户

在疫情暴发初期，确诊患者数量呈直线上升趋势，每天近千例的检查让武汉一线医院的影像科医生每天都处在超负荷工作状态中。这种状况下医生的工作压力大，患者排队时间长，也容易引起交叉感染。

短短 7 天，新一版新冠肺炎 AI 系统成功面世。它可以定量到各个肺叶的一个结果，疑似新冠肺炎也就提示了。按照原来的方式，每通过 CT 完成一次诊断，意味着医生要看 300～500 张分片，最少也要 2～3 分钟。如今有了新冠肺炎 AI 系统的辅助，这个过程可以缩短到 2～3 秒（a4），效率瞬间提高了几十倍。通过大量新冠肺炎的影像数据，AI 算法模型得以进行深度学习训练，精准识别病灶，快速诊断，成为打赢疫情防控阻击战的有力武器之一。

新冠肺炎 AI 系统的诞生，源自数坤科技创始人毛新生和武汉医生的一次交流。数坤科技一直与武汉市各医院有良好的合作。有一次，毛新生跟湖北的医生朋友交流得知，武汉中心医院、武汉人民医院都是疫区特别重要的一些收治医院，形势相当危急。他没想到疫情给武汉造成的压力那么大，于是决定公司应该做点什么。就像以往新产品研发一样，他们跟武汉的医生开了很多互动会议，看怎样用 AI 真正去帮助到医生，让他们少一点疲劳，让他们即便在面对大量病人的时候，也可以非常高效、准确、精准地去做判断。

2. 数据支撑、算法优化、医工结合并行

想使 AI 产品更精准，必须有强大的数据支撑，让 AI 算法经过上千次的演练，不断学习积累，从 0 到 N，这是公司的强项。公司有自建的测算中心，可以满足大量数据在短时间里做集中的训练。依靠完善的人工智能产品的研发基础设施，能在很短的时间内完成从数据采集到数据标注、数据质检，到数据最后能够被人工智能的算法、神经网络学习整个流程。

算法不是问题，问题是用于计算的数据从哪里来，要想让 AI 能识别，自己就得先是一个行家。因为数据科学家和算法科学家对临床的知识不是那么精深，所以要求公司对这个疾病、对临床本身的理解要达到医生的水平，于是他们把数据科学家、算法科学家和临床医生专家做结合，进行跨界融合的密切沟通。

医工结合的人才积累，加上已在医疗领域千锤百炼的人工智能算法，公司在短短 7 天时间里就研发出了能真正帮到一线医生的新冠肺炎 AI 系统。

公司第一时间就想到将系统送到雷神山医院落地应用。但因为疫情的原因，公司的工程师进不去医院，而医生又不懂 IT。于是公司想尽各种办法，为了一根电缆线，几乎找遍了半个武汉城。原来一个工程师两个小时就干完的事情，这次却花好几天竭尽所能想各种办法。

随后公司系统免费部署到武汉市中心医院、武汉大学人民医院、武汉大学中南医院、武汉市中医院等核心疫区医院。在武汉取得口碑后，公司又陆续在北京地坛医院、北京友谊医院、金华市中心医院、郑州大学第一附属医院、重庆医科大学第一附属医院等全国几十家区域一线医院部署上线。

3. 同时为中间用户（医生）和最终用户（患者）提供方便

在公司 AI 系统所展示的页面里，有个很大的图窗，就是胸部 CT 的一个原片，系统会把肺炎的所有病灶都用红色标记明显地标注出来，医生一看，就知道这个是肺炎。系统会给一个 3D VR 重建的图并给出病灶占全肺容积、占各个肺叶的容积的一个比例，以及炎症病灶的一个密度分析，可以帮助医生判断出病患的严重程度；同时提供一个随访的模块，帮助医生尽快判断病人的病情是好转了还是恶化了，在系统页面里，可以看到病人前面两次的对比情况。

快速检出，看得清；肺炎评估，看得准；复查随访，看得深。随着系统不断优化，已经能够实现病变区域的自动检测秒级完成精准定量分析，甚至对于病灶区域进行量化评估，在 2~3 秒之内完成定量分析。

铺设面越来越广，样本数据也越来越多，AI 智能运算也就越来越精准。面对疫情全球蔓延的形势，公司迅速行动，助力海外"战役"，为阻击新冠肺炎疫情贡献"中国力量"。公司组织了国际援助小分队，联系几个重点疫情国家，包括日本、

意大利、伊朗等，通过公益捐赠的方式，到各个国家做真正的落地实施。

7.2.4　科技向善创新的启示

1. 聚焦培育细分领域的创新能力

数坤科技的实践表明，心存善念的产品创新才能够创造性地解决某些社会难题，同时为企业赢得市场机会和发展空间。这相当程度上要求企业聚焦培育细分领域的创新能力，数坤科技正是这样做的。该公司在持续挖掘医疗市场需求的基础上，聚焦开发用于心脏、神经、肿瘤在内的多种疾病的 AI 辅助诊断平台即数坤智慧诊疗平台，聚焦心脏病、脑卒中、神经等危重大疾病的诊断。该平台已经落地全国多家省三甲医院，提高诊断效能 5 倍以上。

2. 基于场景意识的专业团队推广是创新产品落地的关键

基于场景意识由专业团队推广创新产品，是数坤科技的 AI 辅助诊断平台能够迅速推广落地的关键。这次新冠肺炎疫情初期，数坤科技公司即派出专业团队，将 AI 辅助诊断平台捐赠给武汉雷神山医院，由此找到了试点用户。这就为后续推广形成了示范效应。此后，数坤科技为 AI 辅助诊断平台寻找新的应用场景。在新的应用场景中，AI 辅助诊断平台所获得的用户数据进一步优化了产品。正如数坤科技一位高管所言："AI 辅助诊断平台铺设面越广，样本数据也就越多，AI 系统的自学习功能就爆发性地发挥出来了，后续使用中的智能运算也就越精准。"由此，数坤科技公司的 AI 辅助诊断平台在更多医院顺利落地。

7.3　旷视科技

7.3.1　发展历程

旷视科技成立于 2011 年 10 月，主要专注于基于深度学习的计算机视觉技术。旷视科技的创始人是三位 85 后：印奇、唐文斌和杨沐。他们均毕业于清华姚期智实验班。印奇曾在微软实习并工作了 4 年，研发了微软人脸识别系统；唐文斌曾担任国家信息学竞赛总教练 7 年时间；而杨沐也曾在国际信息编程奥林匹克竞赛中获得金牌。

公司刚成立的时候，"深度学习"只是一个刚被提出的概念。做人脸识别的公司很早就有，但它们主要基于传统的专家系统，通过特征向量和人定义规则来对人脸进行识别。其问题在于这种向量基因提取的规则是有限的，因而人脸识别在过去很长一段时间一直未能达到实际应用的程度。而印奇想做的事情是，应用最新的深度学习方法解决人脸识别的问题。

除了技术门槛外，数据门槛也是人工智能领域公司的核心竞争力所在。通过积累大量数据，使得通用的数据变得更加具有行业属性，从而使其具有分析和理解行业场景的能力，也就是变得更加智能，从而形成正向循环。

他们最先想到的积累数据的办法就是自己开发 App。其开发的第一款产品是基于应用视觉识别技术的移动体感游戏《乌鸦来了》，这款游戏的下载量一度在 App Store 中达到 40 万次。但他们认为公司团队基因并不适合做游戏，而更适合做技术。

当时，公司对于商业模式应该面向消费者还是面向企业并不确定，因此两者都有所尝试，甚至印奇更想做面向客户端的生意。2012 年 6 月，互联网领域的一起并购案让事情有所变化。当时 Facebook 以近 6000 万美元的价格收购了一家做人脸识别业务的以色列公司。如果旷视科技转型做技术平台，提供给用户应用程序编程接口调用服务，正好可以弥补当时这家以色列公司被收购后的市场空缺。2012 年 8 月，旷视科技获得来自联想之星数百万元的人民币天使投资，这意味着公司短时间内不必为生存发愁。

2012 年年底，公司进一步明确了面向企业的商业模式。对于新兴公司来说，如何教育市场和用户，是令它们头疼的事。当时市场对于人脸识别的印象很多是负面的，而更多人对此的认识是零。那时不管是投资人还是印奇无不感到紧张和忧虑，投资人担心是否投资时点过早，印奇则对商业模式和应用场景的探索感到焦虑。投资人说："对于人工智能公司来说，其战略和商业路径选择十分重要。"

于是，他们建立了 Face++人脸识别的技术平台，让用户帮他们一起测试，在此过程中，产品的商业化应用方向也渐渐明朗。印奇从中总结出两条市场推广经验：第一，最开始的时候选择做技术平台，而非聚焦一个具体的行业，做平台的好处在于可以跟合作伙伴尽可能地尝试更多行业；第二，实行免费模式，鼓励公司和用户使用公司的技术，帮助公司积累数据并探索战略方向。

在投资人的帮助下，2013 年旷视科技迎来了他们的第一批试用客户，包括美图秀秀、世纪佳缘等 App 应用。以美图秀秀为例，Face++一方面帮助美图秀秀用户定位面部轮廓，另一方面从中积累大量人脸数据。然而从免费到批量采购付费阶段异常艰难。

"当时做的都不是太好，场景不太明确。"唐文斌回忆说，"当时我们是拿着技术在找场景，一直在想哪些场景是'必要的'（must have）。就像手上有把锤子，看看哪个钉子比较松，哪个钉子能敲。"这种状态一直持续到 2014 年做支付宝项目。

2014 年下半年随着互联网交易业务的拓展，金融机构对于远程身份识别的需求变得较为迫切，并在积极寻求解决方案。2014 年的一次展会上，支付宝安全负责人对公司的技术很感兴趣，最后双方达成合作意向。

2014 年下半年到 2015 年，旷视科技几乎把主要资源都投入支付宝项目，团队内部也出现一些讨论：这样一个大项目做完后，技术和场景是不是真的有复制性？否则投入产出比将会成为一个棘手的问题。但印奇坚持认为，这一定是一个大市场，一定要坚持，也一定要全力以赴。

市场很快在 2015 年下半年出现变化。此时互联网金融出现爆发性增长，2016 年兴起的共享经济等业务也为在线身份验证的需求添了一把火。旷视科技的金融业务迎来了收获期。

在此之前，支付宝团队发现在网上身份验证环节有个明显的漏洞，即非法用户可能利用一张用户照片或者视频骗过系统。这是旷视科技之前在做远程人脸识别时没有想到的。印奇说："因为并没有从场景化的方向思考。"最后双方共同打磨出的成果是扫脸支付技术（smile to pay），用户可利用这项技术进行远程身份验证。支付宝这个标杆性案例的成功吸引了具有其他同样需求的机构，这样的示范效应也让公司在智能安防领域的拓展变得更为顺利。

2014 年年底旷视科技完成整体 B 轮融资，融资额 4700 万美元。这轮融资主要用于加速人脸识别技术的商业化。在印奇的二维坐标系中，在技术轴上，公司已经从人脸识别阶段走到了图像结构化阶段，下一个阶段目标是识别万物，即业界所说的"机器之眼"的概念。而在商业轴上，公司才刚刚走了 30% 的路。

据统计，2016 年采用旷视科技的人脸识别技术"刷脸"的用户已经达到了 1.12 亿人，这些用户主要来自泛金融领域。泛金融用户的快速增长，一方面来源于政策的推动，另一方面是"刷脸"技术实质性解决了用户的远程风控问题。

2017 年旷视科技开始向用户和合作伙伴输出自己的数据，比如园区出入管理信息、零售业及安防信息等，并进一步和一些大规模的企业或机构联手在一些重要方向上发力，为深度学习和机器视觉应用的成熟扩展起到推动作用。

2019 年 1 月，旷视科技发布了自主研发的深度学习架构 Brain++，它是整个旷视科技的底层架构，为算法训练和模型改进提供算法支持。

旷视科技开始伸向了硬件领域。据研究机构统计，随着物联网、智能硬件的发展，未来数年联网设备的规模可能是数百亿只的量级。今后所有的应用都可能会通过软件和硬件共同实现，对于关注物联网的企业来说，只关注软件是远远不够的，软硬融合是未来市场的发展方向。在此之前，旷视科技与凌云科技、NVIDIA、索尼等企业都进行了标准化合作，通过 1+1 的方式开发出了相关的视频硬件，今后将会进行更深度的合作，这也是感知领域融合化发展的重要案例。

7.3.2 发展中面临的挑战

1. 商业模式的探索

自"阿尔法狗"（AlphaGo）完胜人类围棋顶尖高手后，有关人工智能及人工智能应用的讨论就从未停歇。一时间，贴着人工智能标签的项目如雨后春笋般涌现。尽管估值一涨再涨，但人工智能企业始终躲不过营利难的困境。这主要是两方面的原因造成的：一是人工智能产业链条太长，二是消费者对人工智能认识不足。一方面，从理论研发、理论与技术结合、技术和工艺结合、调试工艺形成一个可用的模块、模块组装，到模块形成项目体系，再到项目体系商业化，人工智能是一个极长的产业链条。因此，人工智能企业很难在商业化上做到立竿见影。另一面，大众目前对人工智能没有形成清晰的认知，需要企业花费精力培育市场，这进一步拉长了变现的周期。

由于用户对人工智能认知较少，团队屡屡碰壁，事情进展得并不顺利。当时公司 B 轮融资也陷入困境。融资困难的原因是当时公司没有具体应用场景和商业模式，风险太高。2013—2014 年的那段时间，是印奇和他的团队最为难熬的时刻。"找到好的应用场景是我们每天都在思考、担心的问题。"印奇表示。

技术和商业化需求不是单独存在的，只有相互结合起来，才能进入快速发展阶段。成立 6 年间，旷视科技的发展路径也在发生改变，从最开始单纯希望做出一项技术，到之后发现公司的成长最终需要面临一个商业化的问题，将所有技术需求加以变现。旷视人发现，自己其实要面对并要解决的是客户的问题，而不是设计的问题，所以价值很重要。未来是数据大量爆发的年代，数据处理的过程不是人能够做的范畴，而需要机器去处理，作为一个单独的技术学科，未来 AI 或许会成为所有公司运营的一个基础，并赋予行业更大的价值。

对商业化的认识来自于公司的一些失败的项目。第一个失败的项目是智能门禁，这项业务始于 2013 年下半年。当时团队觉得自己是一家人脸识别的公司，不能接受刷卡式门禁，尝试研发刷脸门禁后发现体验非常好，慢慢形成一条产品线。但从好玩变成好用，团队走过不少弯路。一开始做门禁时，他们采用的是"看起来高端"的无线网络模块加蓝牙，测试时发现还不错，但一到了真实的应用场景，不仅无线网络传输会出现问题，蓝牙系统也会受到干扰，更要命的是电池寿命特别短，每半个月就得换一次电池。直到他们更换成"不那么高端"的有线网络继电器，这一问题才得到解决。

另一个称为教训的例子则是智能摄像机。2015 年刚开始做安防不久，唐文斌和团队就看到了一个问题，当时很多人脸识别系统识别的是从前端摄像头拍摄的视频流，存储和传输都比较困难，如果做一个智能摄像机，或许很有价值。唐文斌对这个点子感到很兴奋，他立即带着团队着手。"我们想做的显然是一个高端相机，所以就上了最好的传感器和特别贵的处理器，成本就 1 万多，甚至还做了 7 个颜色的外壳。"但到真正用时，唐文斌才发现这些"闭门造车"时关注的东西都不重要，真正重要的是成本、散热、稳定性以及能耗等，比如当时警方要求功耗在 3 瓦以内，这款自带 GPU 芯片的摄像头的功耗近 18 瓦。"我们尝试推了之后发现比较受挫，加上对行业缺乏判断和自信，我们就对自己的想法有点怀疑。"唐文斌说。在他看来，即便三年前自己就"蒙"对了方向，但时机不对，对行业理解不深，而且玩法也不对，"我们如果以现在的知识重来一遍，一定要形成一些高中低的搭配"。旷视科技团队所有的成长，都是伴随着一个个商业化落地遇到的坑起来的。

尽管旷视科技这几年来砸重金投入，但带来的经济效应并不明显，再加上旷视科技现阶段涉足的几个领域竞争激烈，如何提升竞争力、持续造血输出、保持变现能力成为旷视面临的现实问题。从收入构成来看，旷视科技的营收主要来自城市物联网领域。2019 年上半年，旷视科技来自个人物联网解决方案、城市物联网解决方案以及供应链解决方案的收入分别为 2.08 亿元、6.94 亿元、4696 万元。城市物联网解决方案贡献的收入占比达到 73%。

从市场规模来看，城市物联网也是最具增长潜力的市场之一。灼识报告显示，中国智慧城市及社区管理垂直领域市场规模预计将由 2018 年的 144 亿元增至 2023 年的 1334 亿元，复合年增长率达到 56.1%。在这样一个极具前景的领域，旷视科技未来的收入占比会不会继续增长呢？

目前，旷视科技的商业落地场景主要包括三个领域：安防、金融、移动，显然这些落地场景是不足以支撑旷视科技发展的。其中安防这条赛道最为拥挤，国内所有定位"人工智能+物联网"的公司几乎都有参与，它也是旷视科技营收的主要来源。公开资料显示，在这一领域，海康威视、大华股份等已经占据了主要的市场份额。与这些传统势力直接竞争，对于旷视科技来说，并不是一条容易走的路。未来，旷视科技需要找到更多的落地场景。

2．技术与社会价值

一项"人工智能课堂监控"技术再次将旷视科技推上风口浪尖，背后的隐私与伦理问题引人深思。该技术的应用可以帮助老师了解课堂授课反馈情况，但学生个人信息数据被大量获取和存储，也引发网友对隐私安全的担忧。即便所描述的场景只是概念演示，也引发了外界关于 AI 技术的探讨，与此同时另一则"AI 换脸"技术引发的风波还未平息，这背后共同透露出的是人们对人工智能技术落地的担忧，如何保证技术的正当性、数据安全与隐私，仍是亟须行业正视的议题。

"我们中国人一定要做一些创新，做一些不一样的东西，做一些让这个社会有所前进的东西，从而产生自己的价值。"这是旷视科技三位创始人一直秉承的创业理念。从 2019 年起，旷视科技先后发布《人工智能应用准则》，成立人工智能道德委员会和人工智能治理研究院。在该准则中公司承诺，依托旷视科技"用人工智能造福大众"的使命，以及人工智能应用引发的道德挑战，开展有清晰边界和方向性的人工智能商业应用。

旷视科技自发形成了一种工程师文化氛围，在技术信仰上推崇谷歌；在 2014 年进入商业化的过程中，旷视人开始看重客户的需求，在信仰上推崇一种务实的、以客户价值为核心导向的华为文化；随着技术的不断成熟和应用市场的拓展，如今的旷视科技更加推崇的是一种综合性的、偏向于微软的文化，是技术和价值的双向传递，准确来说应该是一种信仰技术、价值务实的文化底蕴。公司副总裁谢忆楠说："公司成立至今始终有两种性格融合于其中，第一种是极客性格，第二种是逗比文化，我们不会用条条框框去限制自己，鼓励的是创造性思维。"《麻省理工科技评论》的考察显示"全球 50 大最聪明公司有两个必要条件"，需做到"高精尖科技创新"与"保证公司利益最大化的商业模式"的完美融合，而这正与旷视科技的战略相吻合。

旷视科技的市场总监张鑫在接受记者采访时，提到一个"用户价值增量"的概念。技术用在场景中后，给用户带来的价值和用其原来的方式相比的增量有多大？如果很大，那么这就是一个非常好的场景，如果增量只有一点，说明这要么不重要，要么没有看清本质。以人脸识别为例，在安防领域，公安就是用户，人脸识别给安防带来的用户价值增量就是指在用了人脸识别技术之后的警务效率相比之前有了多大的提升。用户价值增量与市场价值增量、社会价值增量是直接相关的，因为有了用户价值的增量，才能证明产品触及了市场的痛点和需求，用户越认可产品，产品也就越有市场价值和社会价值。

在安防领域，旷视科技目前只是提供了算法和解决方案，今后需要通过资本及不断扩大再生产，把上下游的资源全部整合进来，让整个行业产生的附加值更高。如果用一个标签来看中国的人工智能，那就是一场应用型的技术或革命，与欧美的人工智能注重研究不同，中国人工智能的发展方向一定是进入行业，去赋能实体经济，与实体经济结合，产生大量数据。

7.3.3 科技向善的创新点

旷视科技的创始人印奇阐述了旷视的技术路线，那就是"4+X"的技术路径，更完整一点叫"4+2+X"。"4"的含义就是四个垂直门类：人脸识别、行人识别、车辆识别以及文字识别。这四个大的识别品类是四个最重要的、最有商业价值的识别内容，因为都是跟人的身份、行为息息相关的。而"2"是与视觉和广义机器人的两个核心相关联的手和脚。"X"就是人工智能定制化，深度学习这项技术最有吸引力的地方就是它能够产生相对通用的万金油的算法，所以在很多细分领域，比如工业界对材料的识别，都非常容易在深度学习的框架里在短时间内、通过大量的数据和训练去实现。然后通过和各个商业场景的合作，将人工智能实现垂直落地。

1. 安防领域

人脸识别和安防行业有着天然的结合点。首先，每个人的面部特征都是独一无二的，因此人脸能够作为一种重要的身份识别标识，在公安机关各警种业务中起举足轻重的作用。其次，安防行业中的海量视频监控数据也为人脸识别算法训练提供了温床。

区别于传统的安防企业，旷视科技在安防行业中的实质角色是为公共安防网络和终端赋能，利用自身在视频结构化、图像语义分割方便的技术优势，帮助公安在视频及图像内容检索中提升效率。基于这些行业诉求，旷视研究院利用核心的算法优势结合视频智能分析和安防中的大数据，推出了一系列的智能安防硬件产品和解决方案，以解决现代安防中的复杂多变的现实问题。比如在杭州和无锡的项目上，警察可以远程了解地铁上的人哪些是在逃犯，并马上通知现场的同事实施抓捕。从发现到实施抓捕，整个过程只需要 25 分钟。

经过对行业需求的深刻分析，2017 年 9 月旷视科技（Face++）组织开发了新一代智能人像抓拍机——MegEye-C3S。基于最先进的 FPGA 技术，旷视科技将核心的人脸检测、视频结构化技术嵌入摄像头内，使 MegEye-C3S 自身就具备人像捕捉和智能分析能力，同时大量节省计算资源。作为一款高清智能摄像头，MegEye-C3S 具备丰富的接口，可以很容易地与其他子系统进行整合，从而大大提升系统集成效率。在应用场景定位上，MegEye-C3S 可以服务于所有安防人像卡口业务，特别适用于人流密集的通道、出入口等场景。

重复抓拍是目前智能人像抓拍机在实际应用过程中不可避免的现象，这主要是由于实际场景中人群的相互遮挡、人员长时间逗留、移动规律不定等原因而致。对此，MegEye-C3S 实现了在运动预测的基础上结合特征识别的智能分析，能有效过滤掉重复人脸数据，在复杂场景中将人脸重复抓拍率控制在 10%以内，从而大大节省后端计算资源。它还支持对识别人员的属性标注，输出年龄段、性别、出现时间等信息，输出人脸以外的更丰富的人员特征信息。而相较于市面上其他同类型产品，MegEye-C3S 最大的优势则在于对少数民族和不同种族人群的识别能力有了较大的提升。当 MegBox 承担了大部分人脸计算后，每台服务器便有了更充足的计算空间可以解析 200 路实时视频，尤其适用于通道、社区、街道卡口等场景中，可大幅提升区域监控系统整体效能。

就算法而言，对于复杂环境影响的鲁棒性很重要，其实动态人脸识别技术运用在公共安全领域起步很早，之所以没有大范围应用，除了算法精度对误报率的影响，还取决于适应环境变化的能力，这就需要克服复杂的光线条件影响以及不断提升工程化水平。人脸、人、车和文字是旷视科技的四大核心内容，也是安防领域最为关键的数据基础。为了对这些大数据进行精准挖掘和处理，旷视科技推出了自研的视频结构化引擎，可对来自监控摄像机和网络大数据的视频画面进行实时标签化处理，将原本复杂冗余的海量视频进行清洗转换，处理为可搜索和分析的结构化数据。通过算法分析系统，可对视频中出现的人员、车辆进行监控、检测和分析，实时将画面中的人员性别、年龄、民族、衣着、背包、雨伞，以及车辆车牌号码、颜色、车型、品牌等进行标签化、结构化处理；利用视频结构化技术，同时支持对区域内出入人员的衣着、行为等特征进行结构化语义检索和对车辆的车型、颜色等信息进行有效监测；分析、研判目标人群、车辆的实时行为轨迹，将海量视频数据转化为可分析、研判的结构化信息，节省大量警力和视频数据存储空间，大大提高警务工作效率。

通过将视频数据进行结构化识别存储和实时的识别分析，旷视科技的解决方案大幅提升了公安的实战效率。截至 2019 年 9 月，旷视科技的人脸识别系统已在公安部及全国几十个省市落地，累计协助各地公安机关抓获犯罪嫌疑人超过 3000人，在帮助地方公安干警查案、办案和精准投放警力上起到了积极的作用，促进了公安业务飞跃式的发展。

2. 疫情检测

在疫情暴发期间，旷视科技技术团队在春节期间用 10 余天的时间上线了一套自主研发的"明骥疑似发热人员智能筛查系统"。这套 AI 测温系统能够利用旷视科技的 AI 技术，快速找到被测者的额头，再将可见光与红外光结合，精准测量被测试者体温。"明骥"系统很好地解决了人流量大的公共场所远距离体温检测的问题。

"明骥"系统基于地铁站等人流量较大的应用场景需求，提出了"人体识别+人像识别+红外/可见光双传感"的创新解决方案。通过前端红外相机，鉴别人流中的高温人员，再根据疑似发烧者的人体、人脸信息，利用人工智能技术辅助工作人员快速定位体温异常者。"明骥"系统对人脸口罩佩戴进行了专项优化。过去采用的人脸识别技术，主要依靠面部 36 个关键点来锁定一个人。但是，现阶段人们在公共场合需要佩戴口罩，遮挡住了大量脸部信息。针对此次疫情，旷视科技对人脸识别技术进行迭代升级，做到了在佩戴口罩的情况下，也能精准锁定。同时，通过人脸、人体、衣着特征的综合识别，减轻了由于公众戴口罩出行给"纯人脸识别"

带来的不便。"明骥"系统每分钟可测试 300 人，实现非接触远距离测温，精度达到±0.3℃。"我们在牡丹园地铁站设置的温度值是 37℃，一旦识别出疑似发热者，系统便会自动报警，同时把抓取的人脸信息显示在大屏幕上。现场工作人员可'按图索骥'，准确追踪发热人员，用手持设备开展二次筛查。"旷视科技相关负责人表示，测温过程中乘客无须停留，保证了通行效率，可减少对公众的干扰；同时依托人工智能技术，实现疑似高热人员的精准锁定，满足了疫情防控需求。目前，这套系统已在北京市政务大厅、地铁站、医院等场所上线使用。

3. 构建生态

伴随业务版图不断扩张，旷视科技也发现了一些问题：世界上不存在通用的算法。很多细分场景和诉求都需要创新算法来解决，然而算法研发的门槛过高，传统企业和中小企业没有深度学习和算法开发的能力，旷视科技天元的开放，便是希望更多行业和企业可以分享人工智能技术，而不是被挡在技术门外。

2020 年 3 月 25 日，旷视科技按计划正式开源其自研、自用了 6 年的工业级深度学习框架"天元"（MegEngine）。在开源框架的同时，旷视科技还将开放Brain++的算力和数据平台，其目的是降低 AI 算法的研发门槛，降低开发者的门槛，释放 AI 生产力。Brain++可以为企业用户提供 AI 生产全流程的服务，从专业咨询到数据生产、模型优化，再到私有化 AI 平台的建设运维，满足各行业在"AI+"的过程中降本增效、自主安全和商业创新的诉求。旷视科技也成为唯一一家走上开源框架之路的中国企业。

7.3.4 旷视公司科技向善创新的启示

践行"科技向善"，首先需要企业投入巨额资金，利用科技去做很多有利于提升社会福祉，但不会带来直接商业回报的事情。很多互联网企业都对"向善"一词避之不及，因为一旦以"向善"为标准，其商业模式将有可能出现坍塌。

1. 科技向善要求在向善的同时创造商业价值

科技向善会不会和企业商业模式相冲突？首先要研究企业商业模式中商业价值是如何创造的，然后探究科技向善在价值创造过程中的作用机理。董洁林（2020）认为，"科技向善"不是为了"善"而"善"，在"向善"的同时，还要创造商业价值。只有这样，"科技向善"才具有可持续的生命力。

孟猛猛和雷家骕（2020）认为实施科技向善的企业主要从核心资源和核心能力两个方面获得竞争优势。核心资源就是用户能以最佳和最大可能的方式影响大量人群，这样"科技向善"的那个"善"才可以转化为"以最大可能的方式影响最大数量的人的产品或服务"。核心能力则是一种有意图的设计，不是设计产品与服务，而是设计用户体验。用户体验就是在特定的时间、地点、场合，通过提供产品或服务满足用户的需求并增强体验。赵振（2015）将其称为场景，即企业、用户及其他相关主体间的关系、行为所构成的具体画面或特定过程。

2. 发掘应用场景时首先要分析用户需求

在发掘应用场景时，首先需要对用户现状及其需求进行分析，产生客观场景。目标场景是建立在客观场景之上，所期望达成的能解决用户客观场景中相关问题与需求的用户场景。目标场景需要针对用户在客观场景中反映的需求提出针对性的解决方案。为了验证和评估目标场景的优劣，就需要引入实际场景。实际场景是指在不干预的情况下，提供目标场景中设计好的相关产品或模型给用户，由用户在实际的参与式体验过程中测试目标场景，进行产品的测试及适用性评价。

对于实施科技向善的企业，在识别价值中需要具备科技向善的洞察力，将科技向善理念用于产品设计中，通过产品或服务向客户传递科技向善的价值。所以，分析客观场景的过程是科技向善理念的融入过程，是目标场景的基础。实际场景对目标场景进行验证和评估的过程，也是场景价值实现的过程。同时，被验证的实际场景又是下一次交互的设计对象，上一次的实际场景会转化为下一次的客观场景，这是一个持续优化和快速迭代的过程。

3. 倡导科技向善的企业文化和技术积累

旷视科技在疫情期间就是利用以往的技术积累，在社会需要科技向善的创新产品时，能快速研发成功。另外，科技向善的企业文化是凝聚人工智能行业从业人员的关键要素，它不仅可以让员工更紧密地联系在一起（人才总会被那些有意思的事情吸引），还可以帮助员工看到大画面，从而提供前进的更大动力。当这种愿景和使命与场景意识相结合时，科技向善的理念就被转化为产品或服务。

本章参考文献

[1] 刘蕾，史钰莹，马亮. "公益"与"共意"：依托移动短视频平台的公益动员策略研究：以"快手行动"为例[J]. 电子政务，2021（3）：112-124.

[2] 翟文婷. 快手的敌人[J]. 中国企业家，2017（12）：47-49.

[3] 柴乔杉. 92 天上市 快手快人一步[J]. 中国品牌，2021（3）：76-79.

[4] 贺文. 快手的变与不变[J]. 人民周刊，2018（20）：40-41.

[5] 陈莹莹. 快手"慢功夫"[J]. 南方企业家，2017（8）：52-55.

[6] 陈国权. 快手"主流化"之路[J]. 中国记者，2020（8）：84-89.

[7] 张斐. 还原被神秘化的快手[J]. 21 世纪商业评论，2020（Z1）：98-103.

[8] 李晓光，石丹. 快手大战抖音，流量池里的"恶斗"[J]. 商学院，2019（9）：50-53.

[9] 邢小强，张竹，周平录，等. 快手科技：追求公平普惠的"隐形"之手[J]. 清华管理评论，2020（Z1）：136-144.

[10] 孙宏超. 不打广告、拒绝明星，快手如何做到 4 亿用户[J]. 商业文化，2017（1）：57-61+56.

[11] 国家广电智库. 快手：助力公益传播，探索精准扶贫新模式[J]. 卫星电视与宽带多媒体，2019（19）：3-4.

[12] 王珏，李佳咪. 短视频平台发展的"快手"路径[J]. 新闻与写作，2019（10）：84-88.

[13] 为你喝彩：科技抗"疫"中的最美逆行者[EB/OL].（2020-03-25）. https://www.iqiyi.com/v_19rx08a238.html.

[14] 专访数坤科技 CTO：医生的同行者，医疗 AI 的产业拐点或已到来[EB/OL].（2020-12-28）. https://www.sohu.com/a/441037012_100150.

[15] 独占"心"智，全面领跑医疗影像 AI[EB/OL].（2019-07-31）. https://www.sohu.com/a/330577887_100156482.

[16] 尹磊. 心脑血管首例，人工智能的医疗新拓荒｜专访数坤科技马春娥[EB/OL].（2018-08-23）. https://www.sohu.com/a/249577268_673742.

[17] 李碧雯，史小兵. 旷视科技"看"到曙光[J]. 中国企业家，2016（12）：44-46.

[18] 白玉杰. 旷视科技：人工智能改变社会生活[J]. 中关村，2020（6）：78-79.

[19] 李晓光，石丹. 旷视抢跑，IPO 可否破解盈利难题[J]. 商学院，2019（10）：105-107.

[20] 佚名. 旷视科技：看见未来[J]. 互联网经济，2018（8）：96-99.

[21] 王雷生，史小兵. 旷视科技踩坑记[J]. 中国企业家，2018（6）：66-69.

[22] 周也. 赋能机器之眼 构建城市大脑：访北京旷视科技有限公司副总裁谢忆楠[J]. 中国商界，2018（Z1）：100-103.

[23] 李国庆. 赋能者旷视：专访北京旷视科技有限公司（Face++）市场总监张鑫[J]. 智能建筑，2017（12）：8-9.

[24] 佚名. 用"AI 技术"说话的旷视科技[J]. 科技创新与品牌，2020（12）：60-61.

第 8 章 应急管理中的企业科技向善实践

智能科技在疫情和救援等应急管理中具有广泛的应用场景。近年来，国内出现了一些公共卫生事件，如新冠肺炎疫情暴发，各地洪涝、地震、爆炸等各类灾害也时有发生，随着我国通信事业、应急管理事业的持续发展，以救援机器人、医疗机器人等为主要代表的应急智能装备也在各类救援工作中发挥越来越重要的作用。

肆虐全球的新冠肺炎疫情激发了医疗领域的"无接触服务"需求，医疗机器人成为企业竞相研发和优化的目标。机器人企业将目光聚焦于医疗领域，医疗科技企业瞄准了具备自动化、智能化能力的机器人。医疗机器人在这种特殊时期里发挥了重要作用。这是机会，更是企业对科技向善理念的践行，体现着企业的社会责任感。医疗机器人在技术和应用层面得到了长足的发展。在后疫情时代日常的医疗场景中，机器人应当以可负担的成本，为有医疗需求的社会各群体提供适当、有效的医疗服务。

在应对新冠肺炎疫情中的各类社会问题和突发状况时，中国企业深度参与，通过创新产品和服务与政府一起降低疫情带来的损失。比如大疆企业的测温和消毒无人机、华为和北京天坛医院联合研制的人工智能辅助诊断系统等。

8.1 救援机器人与科技向善

8.1.1 救援机器人应用背景

人工智能的迅速发展与应用对社会发展产生深远影响。在应急管理领域，全国政协委员、佳都科技集团董事长刘伟指出，自 2018 年我国应急管理部组建以来，应急管理信息化水平有了很大提高，但仍存在较大发展空间，其中，促使 AI 人工智能技术与应急管理事前、事发、事后等过程业务相融合是目前主要的发展方向。值得注意的是，救援机器人在应急救援中已经逐步承担部分人类难以完成或无法直接完成的任务。

救援机器人的独特优势在灾难现场救援中起着重要作用。一方面，救援机器人行进速度快、携带多种传感器以便高效精准锁定救援位置、搬运能力强、靠电池补给可持续工作。另一方面，救援机器人能够辅助或代替救援人员，减少或避免灾难现场对救援人员生命安全的威胁。因此，国内外越发重视对救援机器人的研发工作。

救援机器人的研究开发在全球范围内都有相当大的市场潜力，在日本和美国的发展最为成熟。我国救援机器人研究起步时间晚，相较西方发达国家在灾害应急抢险救援的技术装备水平，还存在较大差距，不少装备都需要进口。近年来国家积极与国外科研机构展开合作和交流，以期掌握关键核心技术，形成独立自主的研发能力。

8.1.2　救援机器人的研究现状

为探究我国在救援机器人领域的研究状况与研究趋势，本文使用 Citespace 软件对 CNKI 平台刊载的有关救援机器人（包含救灾机器人）的中文文献进行可视化分析，绘制国内救援机器人研究的知识图谱，探寻救援机器人的研究热点与研究趋势，力求为我国救援机器人的进一步发展提供参考与借鉴。本文采用的数据源于中国学术期刊网络出版总库（CNKI）文献全文数据库，通过在 CNKI 中检索发表于 1980 年 1 月至 2021 年 7 月、主题为救援机器人或含救灾机器人的中文文献，共获得 543 篇符合上述要求的文献，经过规范处理后共保留 496 篇作为分析样本，并给予 Citespace 图谱进行分析。选择每两年内（Slice Length=2）频次排名前 50 的关键词构建关系词共现网络，以时间为横轴构建时区视图，得到 326 个节点、516 条连线，将关键词按照时间序列进行分析，找出每个时区对的突现词，即分析该段时间内频次快速增长的关键词，预测有关救援机器人行业的发展趋势，结果如图 8-1 所示。

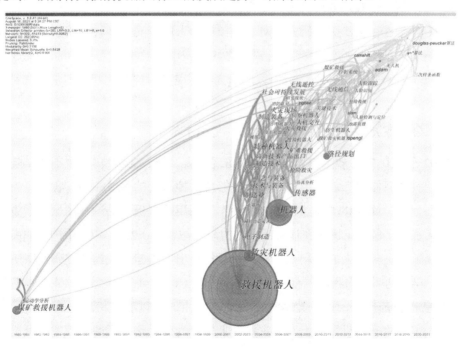

图 8-1　救援机器人或含救灾机器人文献关键词的时区视图

从文献分析中可以看出，有关救援机器人的研究可以明显地分为三个阶段。

1. 初步探索期（1980—2002 年）

1980—2002 年，我国开始出现一定数量的与救援机器人相关的节点，如煤矿救援机器人、运动学分析。这一时期是救援机器人在我国的起步探索阶段，说明救援机器人作为人工智能的一种应用型研究，已经开始受到学者的关注，值得注意的是，该阶段的研究对象主要是针对煤矿救援机器人，这与我国一直是煤炭大国有一定关系。煤矿在进行煤炭资源开采时，往往会伴随多种灾害事故发生，如瓦斯爆炸、煤尘爆炸、中毒、窒息等。在新中国成立后，为追求高产量，许多矿山的实际开采量远远超出设计能力，导致矿难频发。尤其是在大同老白洞煤矿瓦斯爆炸事故发生后，相关部门对此类事故高度重视，相关领域的学者也开始注意到煤矿救援机器人对于矿灾救援的重要意义。1998 年，我国上海消防所和上海交通大学、上海市消防局成功研制出我国第一台 ZXPJ01 型消防机器人，具有移动、消防、救护、冷却等功能。

这一阶段也是国外救援机器人相关研究的关键时期之一。日本神户—大阪的大地震造成的救援难题，加上美国俄克拉荷马州的阿尔弗德联邦大楼爆炸，为救援机器人的研究提供了社会背景。在这一时期，突现词主要有 robotics、urban search and rescue 等，频率较低。救援机器人并没有形成严格的研究领域，只是作为机器人的一个新型分支进行初步探索研究，对于救援机器人的定义处于较笼统阶段，国际许多救援机器人研究机构结合其应用领域称其为城市搜救机器人（urban search and rescue robot，USAR Robot）。此阶段的研究特点是初步探索，相关理论研究和成果较少。

2. 研究深度与广度发展期（2002—2010 年）

2002—2010 年，救援机器人的研究出现很大发展。2002 年，中国科学院沈阳自动化研究所研制出一款蛇形机器人，能够在监控系统的无线控制下实现较为灵活地前行与后退、侧向移动与翻转等多种动作，利用微型摄像头进行图像的采集与传输，大大加快了救援机器人在该时间段内的研究与发展；2004 年，中国矿业大学开始探索煤矿救灾机器人的研制，由葛世荣教授提出并组建了我国首支研发队伍，并在 2006 年成功研制出我国首台用于煤矿救援的 CUMT-1 型矿井机器人，具备探测环境信息、语音传输、携带救援物质等功能，由此可以看到机器人真正有了"救援"的功能。"救援机器人""救灾机器人"成为研究热点，同时"特种机器人""火灾现场""侦察机器人""无线遥控""社会可持续发展"等关键词体现出该阶段对于救援机器人的研究从煤矿救援的单一领域逐渐扩展到地震救援、火灾消防救援、军队救援等多种救援场景。"机器人""电子制造""工艺与装备"等救援装备从最初的理论研究阶段发展到技术与制造阶段。

在国外研究中，2001 年美国"9·11"事件是救援机器人得以实践的契机，在这次救援行动中，救援机器人发挥了其不可代替的作用，但同时也暴露出许多问题，这就为接下来学者和科研工作者们的研究起到催化剂作用，掀起研究救援机器人的热潮。可以看到，2002—2012 年，有关 rescue robot 的文献关键词突现程度高，rescue robot、jumping robot、search and rescue robot、mobile robot 等类型的机器人体现出相关科研人员对救援机器人更多功能的探索。在这一时期，救援机器人不再是局限于笼统的搜索与救援功能，而是纵向扩展到传感器的升级改进，稳定性图像分析、远程操作等功能的提升等；另外，对于救援机器人的研究不再局限于城市地区，同样横向扩展到航海、煤矿等多场景中。该阶段的特点是救援机器人的研究深度与广度在快速增加。

3. 向智能化方向发展（2013 年至今）

从 2010 年开始，"无线通信""控制系统""人脸识别"等关键词成为研究热点，说明救援机器人在研制发展过程中，不断吸收 5G、大数据、人脸识别等高新技术，进行不断地优化与改善。

从 2018 年开始，煤炭智能化开采迎来大发展。在 2017 年科技部发布的《"十三五"公共安全科技创新专项规划》中，也对我国救援机器人给予了一定的支持。除此之外，很多有关救援机器人方面的竞赛也不断出现，例如，全国机器人大赛中就有排爆救援机器人、全地形机器人、水中机器人模拟管道漏油点检测等比赛项目。随着大数据、人工智能等技术的深度发展与应用，救援机器人也在不断进行优化。2019 年，通信信息中心与百度公司签约"人工智能应用联合创新战略合作协议"，携手推动以人工智能为代表的高新技术在应急管理领域的应用与发展，加强双方在应急装备与信息化技术攻关、科学研究、标准研制与生态培育等方面的合作，推动国内应急管理工作的智能化升级。从图 8-1 可以看到，2018 年后，救援机器人在算法、函数方面的研究开始出现，说明对于救援机器人的智能化、协同化逐渐深入。

同样从 2013 年开始，国外研究文献中对于救援机器人的研究逐渐向深度智能化方向发展，尽管这一阶段救援机器人还主要是辅助救援人员救援或与救援人员进行协作救援，但是在人工智能、大数据、区块链、5G 等新兴技术快速发展的背景下，救援机器人的确有着得天独厚的优势。从图 8-2 可以看到，这一时期相关文献数量快速增长。deep neural network、machine learning paradigm、deep learning for robotics 等关键词的突显表现出救援机器人在关键技术上的智能化改进，physical dancing、tourism and hospitality、noise reducing、COVID-19 等关键词的突显表明救援机器人将在更多应用场景实现其救援功能。

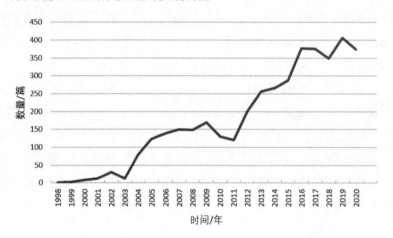

图 8-2　1998—2020 年救援机器人研究文献来源时间分布

8.1.3　救援机器人的分类和"向善实践"

1.　救援机器人的分类

目前根据功能和形状特点分类，常见的救援机器人有废墟搜救机器人、空中搜索探测旋翼机器人、呼吸探测机器人、火灾救援机器人和履带机器人等。中国地震应急搜救中心、中国科学院沈阳自动化研究所、上海大学、中国科学院合肥物质科学研究院、中国科学院自动化研究所、北京航空航天大学 6 家单位合作完成的废墟搜索与辅助救援机器人研制课题，是"十一五"863 计划重点项目"救灾救援危险作业机器人技术"中的一项重要研究课题，该课题面向地震灾害救援，研发了一套涵盖空中搜索、废墟表面搜索与废墟内部搜索的适用于不同空间的搜救机器人系统。常见的救援机器人类别如表 8-1 所示。

表 8-1　常见的救援机器人类别

类　　别	功　　能
废墟搜救机器人（表面、洞穴和缝隙）	在废墟表面复合移动，动态组网、无死角通信，可变形，采集并识别废墟内部图像、声音、体动、呼吸等信息，自动推进，避障越障，生命探测与定位，提供特殊生存必需品，废墟内部探测
空中搜索探测旋翼机器人	自主起降、航迹点跟踪、定点悬停、视频信息实时传输
呼吸探测机器人	红外感应器携带了二氧化碳探测器，能够探测人体呼吸和体温状况，将被救者身体状况及时反映给救援人员或传递食物等

类　　别	功　　能
火灾救援机器人	精准识别并进入高温、有毒有害气体浓度大等恶劣环境
履带机器人	武器观测、侦察、目标捕获、小型随机爆炸物处理、跨越障碍等

2. 救援机器人在应急救援中的"向善实践"

（1）提高搜救效率和搜救范围。废墟搜救机器人可以在废墟表面复合移动、动态组网和无死角通信，采集并识别废墟内部图像，完成传递搜救任务。废墟搜救机器人主要应用的创新技术有模块化配置技术、标准化接口技术、旋翼飞行机器控制技术、废墟搜索集成技术等。废墟搜救机器人应用在 2013 年四川芦山地震救援行动中，废墟可变形搜救机器人和另外一款机器人生命探测仪在震区实现了多种典型环境的搜索与排查，徒步 10 千米，实现了 20 余处废墟环境排查，圆满完成了芦山地震救援任务。

（2）减少搜救人员损伤。中国科学院沈阳自动化研究所研发的旋翼无人机充分发挥小巧、轻便、低空等特点，克服了地形、气候、气流等大型飞机较难应付的困难，多次起飞执行任务，获取灾区路况、灾后被毁建筑物分布情况，通过悬停方式对震后危楼进行生命迹象搜索，实时传回高分辨率影像和图片为救援队进行有针对性的调度和部署提供决策信息。拍摄到的画面被实时回传到地面控制台后，救援队指挥官会根据传回来的影像及位置数据，有针对性地安排救援人员开展细致排查，可有效加快救援进程，减少了人员消耗。

（3）突破高温、有毒等复杂救援环境障碍。我国火灾事故频发，火灾事故现场往往是高温、有毒有害气体浓度大等恶劣环境，导致消防救援人员在营救被困人员的同时也面临巨大的生命安全威胁，机器人的研制为消防救援带来降低人员伤亡的可能性。消防机器人在事故现场，尤其在爆炸现场，能够定位并安全救出被困人员，同时，它也可以被应用于自然灾害的救援。消防机器人具备多种单元模块，如火焰传感装置单元模块、超声波传感装置模块、移动通信系统单元模块等，保证消防机器人能够在危险、复杂的救援现场精准识别并传输现场信息，有些消防救援机器人能够将伤员轻轻地拖到救护车上并转移到安全地带，携带氧气瓶，可以随时为伤员输氧。

8.2　医疗机器人与科技向善

8.2.1　医疗机器人的应用和分类

肆虐全球的新冠肺炎疫情激发了医疗领域的无接触服务需求，医疗机器人具备自动化、智能化快速处理病人的能力，在疫情、救援等应急管理的情境下发挥着重要的作用。医疗机器人能够辅助医生，扩展医生的能力，具有医用性、临床适应性以及良好交互性三大特点。新冠肺炎疫情加速了医疗资源紧张，使医生和护士处于超负荷工作状态，而机器人可以进行远距离视频通信、监视病人、递送医疗物资，这促使医院采购更多的医疗机器人。新冠肺炎疫情暴发对医疗行业的自动化程度需求迫切，特别是基于人工智能、互联网、物联网等技术的高端医疗器械，以提升效率并减少人员接触，使医疗服务需要更具弹性和拓展性。

布科思和坎德拉等中国企业向机场、医院捐赠智能消毒机器人，体现了企业对"科技向善"理念的践行，利用科技产品承担企业的社会责任。另外，科大讯飞、优必选和清华大学团队研发了消毒、巡检等医用机器人，体现了中国抗疫情境下企业科技应用的价值导向。此外，医疗智能化、5G 远程医疗既可以均衡分配疫情城市的医疗资源，同时也提升了疫情防控效率和精准度。

根据国际机器人联合会（IFR）对医疗机器人所作的分类，医疗机器人可以分为手术机器人、康复机器人、辅助机器人和服务机器人四大类。目前国际上产业化较为完善的是手术机器人与康复机器人中的外骨骼机器人。医疗机器人的主要用途和代表性产品如表 8-2 所示。

表 8-2　医疗机器人的分类产品

类　　型	主　要　用　途	代表性产品
手术机器人	辅助医生进行精确的微创远程手术，改善了医生进行微创外科手术的环境和工具，具有操作精细、患者伤口小、出血少、用时短的优点，提高了外科手术的质量	临床医学应用：腔镜手术机器人、骨科手术机器人、泛血管手术机器人、经自然腔道手术机器人、神经外科手术机器人、支撑手术机器人、协同操作手术机器人、主动驱动手术机器人
康复机器人	通过理疗、运动等疗法减轻人的功能障碍，弥补和重建机体的功能，辅助老年人和残疾人群康复治疗	辅助型康复机器人：工作站型康复机器人、移动护理类康复机器人、基于轮椅的康复机器人和增强肢体功能的康复机器人 治疗型康复机器人：康复机械手、智能轮椅和康复治疗机器人
辅助机器人	提升医护质量，与患者互动，缓解孤独情绪，辅助老年人的生活	辅助检查机器人、看护机器人、陪护机器人
服务机器人	用于患者的救援、医疗、康复或健康信息服务	医用运输机器人以及消毒和杀菌机器人

1. 手术机器人

手术机器人是集医学、机械学、生物力学及计算机科学等多学科于一体的医疗器械产品，借助微创手术和相关底层技术发展，能从视觉、听觉和触觉上为医生进行手术操作提供支持，被用于高于人类能力的微创手术领域，实现对手术器械的精准控制。手术机器人通过使用微创的方法，实施复杂的外科手术，医生可进行精确的微创远程手术，改善了医生进行微创外科手术的环境和工具，具有操作精细、患者伤口小、出血少、用时短的优点，提高了外科手术的质量。此外，手术机器人还具有操作精度、稳定性和可重复性高的特点，主要应用于骨科、脑神经外科、泌尿外科、妇科和普通外科。目前，我国手术机器人主要依赖于进口，达·芬奇手术机器人全球市场占有率超过 60%，处于垄断地位。国内领先的手术机器人企业精锋医疗联合中国人民解放军总医院、郑州大学第一附属医院等单位研发出国产的手术机器人，这是融合了机械、电子、人工智能、材料、医学影像、工业设计等多学科的高科技成果。中国以精锋手术机器人 MP 系统为代表的国产手术机器人将实现国产手术机器人从设计到制造技术的完全自主知识产权，手术机器人是中国医疗市场的"蓝海"。

2. 康复机器人

康复机器人是康复辅具范畴，主要用来辅助和治疗残疾、年老、行动不便的人群，辅助人体完成肢体动作，用于神经运动康复训练，对脑瘫、脑卒中等患者进行神经康复治疗。康复机器人可以通过理疗、运动等疗法减轻人的功能障碍，弥补和重建机体的功能，主要包括外骨骼机器人和康复训练机器人。

康复机器人可分为辅助型和治疗型两种。辅助型康复机器人主要用来帮助老年人和残疾人更好地适应日常的工作和生活，部分补偿了他们弱化的机体功能，可以满足患者行动不便或老年群体对医护的需求；辅助型康复机器人按工作方式主要分为四种类型：工作站型康复机器人、移动护理类康复机器人、基于轮椅的康复机器人和增强肢体功能的康复机器人。我们可以通过量化正常人肢体动作，对机器运动做相应的运动规划，再根据残疾人对象的个体差别进行不同的规划移植。文中所涉及的可穿戴型助力机器（下肢康复机器人系统）相当于一个搭载器，是根据人体运动信息来提供动力援助的，即以人为中心，而不是人背着机器走，因此不会感到沉重。通过驱动器帮助人体完成走路、上楼梯等连贯动作。运用这套设备在不久的将来不仅可以实现残疾人或年老体弱者像健康者那样快速行走，还可以让穿戴者在上楼梯或者在没有座椅的情况下蹲下休息。辅助性康复机器人的推广将会减轻老龄化问题和伤残问题对社会和家庭造成的压力。

治疗型康复机器人用来帮助患者恢复机体功能。目前，康复机器人的研究主要集中在康复机械手、智能轮椅和康复治疗机器人等几个方面。例如 Handy1 辅助型康复机器人是目前世界上最成功的一种低价康复机器人系统，已在大量严重致残人员的康复过程中得到应用。这种机器人有 3 种功能，由 3 种可拆动托盘分别实现，辅助用户吃饭、喝水、洗脸、刮脸、刷牙以及化妆，还可以顾及用户的不同需求。可更换的组件式托盘是装在 Handy1 的滑车上，通过一个 16 脚插座从内部连接到机器人底座。目前该系统可以识别 15 种不同的托盘，通过机器人关节中电位计的反馈，可以自动进行比较。它还装有简单的查错程序。康复机器人可以有效促进神经系统的功能重组、代偿和再生，有效缓解肌肉萎缩和关节萎缩。该系统解放了康复治疗师的部分体力，优化了医护资源。

3. 辅助机器人

辅助机器人是基于机器人技术开发的辅助治疗过程或患者生活过程的产品和系统，是一种可以获取和处理感官信息并且给予用户反馈操作的设备。它可以辅助医疗过程，提升医护质量，或与患者互动，缓解孤独情绪，辅助老年人的生活。辅助检查机器人包括安翰医疗 Navicam 胶囊内镜机器人、卫邦科技 Weinas 系列静脉药物调配机器人；辅助生活机器人包括日本专为老年人开发的看护机器人 Baby Lloyd、法国的 Kompa，Kompa 承担着"家庭成员"的角色，可以在老人活动不便的情况下帮助运送重物、整理家务，因其具有类人型设计、柔软的皮肤和对话功能，在治疗老年人孤独症和抑郁症方面有很大疗效。韩国为老年人推出的 Silbot 机器人伴侣不仅可为老年人提供游戏设置的认知训练，预防老年痴呆等并发症，还具有生活事项的提醒功能。老人陪护机器人的发展极大地满足了老年原居安老、老年陪护和老年患者医疗服务的需求。另外，针对自闭症儿童设计的情感机器人，在与自闭患儿交互陪伴中使患儿产生亲切愉悦的情绪，以此改善和恢复他们的社交能力。如法国研发的 Nao、国内哈工大研制的 H&FROBOT-1 都能实现语音和面部识别，具有情感表达和面部表情模仿能力，通过类人型的动作、语音与自闭症儿童产生互动，消解孤独感，起到情感治疗、缓解不良情绪等辅助治疗的作用。

4. 服务机器人

医疗服务机器人是指用于医院、诊所的医疗或辅助医疗以及健康服务等方面的机器人，主要用于患者的救援、医疗、康复或健康信息服务，是一种智能型服务机器人。一方面，随着我国老龄化问题的加剧，医疗、护理和康复的需求将不断增加，医疗服务机器人的应用将会填补部分医护人员的缺口。另一方面，随着人们对生活品质需求的提升，智能化服务机器人的市场发展潜能将能得到进一步发展。

常见的医疗服务机器人有医用运输机器人以及消毒和杀菌机器人。用于减轻医护人员重复性劳动，提高其工作效率的医疗机器装置包括消毒机器人和药品运送机器人等。服务机器人可以帮助医护人员分担一些沉重、烦琐的运输工作，提高医护人员的工作效率。在 2020 年抗击疫情中，服务机器人也起到了中流砥柱的作用，负责疫区的日常消杀、向感染者送餐等工作，减少了医护人员和患者的高危接触，有效降低了院内感染的发生率。服务机器人还能够代替人工采集患者咽、鼻拭子，采集咽拭子是把拭子（白色长条棉签）伸入咽部深处，擦拭后取出放入密闭试管内。此过程对于采集者来说非常危险，由于疑似患者需要张嘴，携带病毒的气溶胶很有可能给采集者带来感染风险，机器装备的替代使用可以有效避免传染，保障医护人员安全。机器人完成咽拭子自主采集需要考虑三个方面的问题：①准确识别定位咽拭子采集部位；②实现安全有效的接触力控制；③做好机器人消毒防护以避免交叉感染。钟南山团队和中科院沈阳自动化研究所联合研制的新型智能化咽拭子采样机器人系统由蛇形机械臂、双目内窥镜、无线传输设备和人机交互终端构成。蛇形机械臂具备灵巧精确的作业能力，并具备与咽部组织接触力感知能力，双目内窥镜提供高清的 3D 解剖场景，工业无线网络保障控制指令的实时可靠传输，利用力反馈的人机交互终端提供操作沉浸感。机器人以远程人机协作的方式，可以轻柔、快速地完成咽部组织采样任务。

8.2.2 医疗机器人的"向善实践"和伦理问题

1. 我国手术机器人的应用及实践

外科手术机器人的应用对传统手术进行了革新，应用越来越广泛。虽然进口外科手术机器人的昂贵购置价格、国家配置许可、耗材费用较高等限制了其在国内的广泛开展，但从手术效果等角度来看，外科手术机器人的微创和术后恢复较快，能够让患者早日出院，降低患者术后的复发风险。同时国内诸多研发团队和公司也在积极地对外科手术机器人进行研发，并有成熟产品投入使用，会让更多患者享受到先进的医疗技术。外科手术机器人是对传统外科手术的进一步发展和挑战，它标志着外科医疗将进入一个崭新的时代。随着医疗科技的进一步发展，外科手术机器人必将为医疗事业带来更多便利。基于虚拟现实和机器人结合的远程外科手术技术也得到重视和研究。我国在外科手术机器人研发领域也取得一定突破，北京航空航天大学、清华大学和海军总医院共同研制开发的脑外科机器人辅助系统 CRAS，首次为患者实施了机器人微创手术。2013 年，哈尔滨工业大学机器人研究所研发的微创腹腔外科手术机器人系统实现自主知识产权，打破了达·芬奇手术机器人的技术垄断。思哲睿智能医疗设备有限公司是该研发成果落地时成立的企业。北京天智航医疗科技股份有限公司在北京航空航天大学和北京积水潭医院合作完成的 863 项目成果的基础上完成了骨科机器人的产业化开发。

提高我国手术和康复机器人系统的性能，需要重点突破一批核心关键技术，特别是在机器人结构学、动力学、环境适应技术等方面的研究，开发一批新型传感器、电机、减速器等关键核心部件；在脑/肌电信号运动意图识别、多自由度灵巧/柔性操作、基于多模态信息的人机交互系统、感知觉神经反馈、非结构环境认知与导航规划、故障自诊断与自修复等关键技术方面实现突破，为智能医疗康复机器人系统的人机自然、精准交互提供共性支撑技术。

根据患者进行康复运动时的身体姿态，下肢康复机器人可分为以下四类：坐卧式机器人、直立式机器人、辅助起立式机器人和多体位式机器人。坐卧式机器人又细分为末端式机器人和外骨骼式机器人；直立式机器人进一步划分为悬吊减重式步态训练机器人和独立可穿戴式机器人。由于下肢康复机器人是与运动功能受损的患肢相互作用，为了给患者创造一个安全、舒适、自然的训练环境，机器人和患者之间的交互控制不可或缺。根据获取运动意图时所使用的传感器信号，交互控制可以基本分为两类：①基于力信号的交互控制；②基于生物医学信号的交互控制。在基于力信号的交互控制中，力位混合控制和阻抗控制是最为常用的两种方法；而在基于生物医学信号的交互控制中，表面肌电（surface electromyogram，SEMG）和脑电（electroencephalogram，EEG）最常被用于运动意图的推断。

此外，中奕智创在南京的落地获得了南京浦口高新区的大力支持，与南京大学合作成立"吴培亨院士工作站"，建立了产学研一体化的智慧医疗产业基地。目前推出前列腺微创手术机器人、微波消融机器人、智能分娩镇痛机器人三款机器人。其主要解决医疗中的三个主要问题：第一，无法精准多点定位治疗，准确判断治疗效果；第二，无法确定病灶的边界，确保治疗全部完成，存在术后癌细胞扩散的风险；第三，局部微创治疗过程未数字化，无法在手术完成后动态监控以确保治疗效果。医疗机器人利用人工智能三维影像病灶识别技术定位病灶边界，配合精准的机器人操作，可以降低术后癌细胞扩散的风险，解决了无法确保治疗效果的痛点。中奕智创的微波消融机器人将以上诊断和治疗过程全程数字化，医生可以随时调取诊断和微创治疗的完整过程，与当前病患状况和医疗信息进行对比，判断治疗和恢复效果，进行动态监控，取得良好的治疗效果。

2. 医疗机器人面临的问题

（1）AI 应用的安全性问题。目前的机器人自动化程度不高，基本用于烦琐、低级别的手术，如何结合 AI 技术识别来解决手术过程中的不可预测问题决定了手术机器人的未来发展高度。这种新型的人工智能涉及的手术的伦理问题是"机器人"能否独立为人类手术，是否同自动驾驶一样可以为人类服务，术者的技术是否可以复制，等等，其安全性还有很长的路要走。随着 5G 时代的来临，远程操控机器人进行手术已经成为可能，其中涉及的网络延迟、网络稳定性、黑客攻击等问题有待解决。

（2）患者接受问题。人类对人工智能和机器人手术存在的潜在安全威胁心存恐惧，赢取公众对机器人手术的信任是一个巨大的挑战，同时也需要健全医疗责任归属体系建设。

（3）过度诊疗。由于目前使用机器人费用较高，绝大多数情况下超过人工的费用，部分患者开始怀疑医疗机器人的应用是否是过度诊疗的体现，医疗机器人能够承担的任务往往在医保报销的范围之外或超过年最高报销额，因此患者心中总是存在着医生强于机器人，机器人的使用只是为了让医院增加收入、节约成本的陈旧观念。如何让患者接受医疗机器人、信任医疗机器人并接受治疗，如何划分医生和医疗机器人在数字时代的治疗中所扮演的角色已经成为医疗机器人在推广过程中无法避免的问题。

（4）伦理问题。科技的发展历来都是一把双刃剑，为人类社会提供方便和快捷服务的同时也时常带来麻烦甚至灾难。早在 1940 年，科幻作家阿西莫夫就提出了"机器人三原则"：①机器人不得伤害人类；②机器人必须服从人类的命令，除非这条命令与第一条相矛盾；③机器人必须保护自己，除非这种保护与以上两条相矛盾。如果不法分子制造或者利用医疗机器人实施不法行为，或通过黑客手段侵入医疗机器人控制系统，将对医疗行业乃至整个人类社会造成灾难性后果。通过制定和完善相关法律，对医疗机器人的研究、开发和应用进行规范是保证此行业有序发展的重要措施。

（5）维护和使用成本高。比如我国医院进口的达·芬奇机器人，成本约为 100 万美元，而国内此类机器人的价格甚至是达·芬奇机器人价格的 3 倍之多。除去机器本身的购置费用，其维护成本也居高不下。目前，该机器人大多装配在各地区最佳的大型综合医院，且数量有限。由于较高的手术费用，使得一部分适合行机器人手术的患者望而却步；同时由于购置费用昂贵，大多数医院只具备购置一台该系统的能力，造成很多适合机器人手术，同时经济承受能力又满足的患者亦不能尽快地接受手术。

（6）个性化程度较低，不能根据患者的情况量身定制。机器对个体患者情况的适应能力仍然不能满足需求，其自身部件和操作方式很难根据患者体腔内径、性别、器官形状完成一对一的改变，对于部分身材较小或者儿童患者可能造成的手术创伤较大，并且对于个体反应的突发情况也很难做出快速应变。尤其是骨骼外科机器人，每个人的骨骼形状和结构都存在差异，站立姿态也千差万别，我们在进行传统手术时，很难考虑所有的骨骼结构"细节"，而只有通过参考个体运动学和力学参数的手术机器人做完手术之后，假体位置的设计才会特别符合每位患者的个性化需要。这样才能保证患者术后可以自由完成下蹲、跑步、坐起等动作，效果远超传统手术。

（7）转化路径过长，难以满足市场需求。医疗机器人既是机器人产品，更是医疗设备产品，面临着非常严格的医疗产品准入机制。手术机器人由于人体使用安全性等硬性指标，必须经过 NMPA（National Medical Products Administration，国家药品监督管理局，原 CFDA）的三类医疗器械认证和检测后才能上市销售和推广。另外，目前的研发合作模式大多是企业与医疗机构合作或者有着机器人、人工智能研发背景的高校进行相关医疗人工智能和医疗机器人的科研，但科研成果转化为成熟产品路径过长，且审批较为严格。首先，目前各国政府医疗监管部门都非常重视验证医疗机器人的安全性；其次，其中涉及的知识产权、利益分配、品牌所有权等诸多不确定因素都会影响医疗机器人的落地。

8.2.3　医疗机器人：科技向善普惠更多群众

1. 下沉基层，科技向善普惠更多群众

医疗机器人的普惠价值在于医疗设备能够让基层医疗机构买得起、患者用得好，这也是医疗机器人科技向善最大的意义，对于每一台医疗机器人而言，安全性、精确性都是必需的特质。而对于医疗机器人这个大类而言，因为医疗是涉及全社会民生的领域，并且机器人的应用是为医疗自动化赋能的手段，所以普惠性成了一个重要的价值评判标准。很多患者不仅承受着病痛的折磨，还承受着来自医疗资源短缺以及金钱的压力，并且目前我国机器人手术费用多数尚未纳入医保范畴，无法报销，个人支付比重大。医疗机器人应从改进材料耐久度、寻求耗材平价替代品方向努力，力争降低患者的使用成本，让更多的人参与到普惠医疗。同时也能为医疗机器人的使用增加更多案例，提高训练精度，从而产生正向循环。

2. 提高自动化水平，实现术前、术中与术后的闭环手术系统控制和解决方案

未来医疗机器人应增强视觉、感知及控制能力，提高自动化等级，实现人机协同控制乃至全自动化控制；机器人与人工智能和大数据高度结合，实现自动诊断与规划。随着云计算和大数据的运用越来越广泛，结合了相关技术的机器人在语义理解、意图判断等人工智能方面功能逐渐强大，医疗陪护、个人助理类机器人的人工智能性得到了极大的提升。把基于云计算和大数据的智能技术与传统的机器人控制技术相结合，将是未来机器人技术发展的一个趋势，让设备向着更大和更小两个方向发展，实现微创或非侵入性以及细胞水平的干预治疗。

3. 以分类算法批量生产"全科医生"

以目前的人工智能技术水平来说，发展脱离医生全自动工作的手术机器人成本较高，并且难以实现，但完全可以支持发展全科的诊疗机器人，并可以通过云计算、分布式存储、区块链等技术的赋能大幅降低成本，而且全科诊疗机器人还具有效率高、知识面广、可以共享和方便查询各类疑难杂症等特点，大大提高了尤其是一线城市重点医院的诊疗效率，让患者不再排队，同时减轻医生工作负担。发展手术普惠医学在医疗人工智能领域经过 20 年的积累沉淀而推出的"超级医生"医疗机器人，是目前全球唯一能够应用于临床的全科医学辅助诊疗系统，在医疗人工智能领域树立了一个典范。普惠"超级医生"机器人具有强大的医学干预能力，覆盖 63 科种的 130 万个知识节点，囊括超过 1000 部权威医学文献的诊断和治疗经验、超过 8000 万字的诊断过程辅助解释，可对 5000 多种疾病进行全科视角询证诊断，包括 7000 多种疾病处置方法，用药方案覆盖 3200 多种西药、1500 多种中药方剂、800 多种中药、3000 多种中成药，超过百万条中西药物、食物配伍禁忌，拥有 600 多种食疗方案和 900 多种保健方法，成为目前真正意义上能够批量复制高质量"全科医生"的医疗人工智能平台。

8.3 大疆公司在防疫中的产品创新和科技向善实践

2020 年年初，新冠肺炎疫情在国内暴发，并以极快的速度蔓延到全国各地，举国进入抗疫状态。在疫情期间，无人机出现在楼宇、村庄、城市街道、高速路口。无人机化身防控利器，凝聚自身科技力量，在无接触测温、喊话宣导、消杀作业、物流配送、交通管控、抗灾救援等各方面发挥了重要作用，在医院以外的第二战场高效战"疫"。

自 2020 年起，大疆农业正式发布疆军战疫行动，设立 1000 万基金支持各地战疫先锋，助力安全防疫；先后启动"疆军战疫"和"疆军战疫 2.0"行动，携手全国渠道的合作伙伴为各地提供无人机疫情防控公益服务。大疆创新发布的"无人机疫情防控解决方案"面向巡逻疏导、防疫宣传、物资投递、喷洒消毒四大场景，为一线防控作业人员提供了高效、专业的科技力量，帮助防疫前线人员轻松部署工作。面向各地疫情防控工作的渠道合作商，大疆还提供防疫物资、作业补贴、技术支持、技能培训和绿色服务通道五大支持措施。这是大疆应用在新冠肺炎疫情期间继"疆军战疫2.0"发布四大场景、五大支持以来，再一次用创新为抗疫前线解决问题。大疆利用现有无人机技术，通过科技创新和产品创新增加新功能来解决疫情中的社会问题，通过"科技向善"创造社会价值。

8.3.1 大疆无人机新功能的开发和战疫应用

1．测温无人机的设计思路

随着单位陆续复工返岗，疫情防控进入关键期，采用无人机进行无接触、可移动的测温使得公共场所快速部署体温初筛，有效减轻一线岗位工作人员的压力和风险。此前，基于无人机的红外测温已广泛运用于电力巡检、消防火情监控、农业灾害预防巡检等领域，多用于对环境温度的测量，而在此次疫情防控工作中，远距离无接触测体温对测量精度提出了更高的要求。

大疆无人机利用一根棉花棒的简单改装将御 2 行业双光版无人机在规范条件下的体温测量精度提升到±0.5℃。在此次新冠肺炎疫情中，无人机技术发挥了重要的作用，其长途无接触、智能可计划、机能可靠不乱等特点满足了前线不同场景的需求。

大疆的 CN108700468A 专利申请公开了一种人体体温检测方法。其通过红外摄像头和可见光摄像头对同一场景同时进行拍摄，根据红外图像和可见光图像来识别图像中的人体并获得体温值，快速检测出温度异常的对象。这一方法能够大幅度提升疫情期间测温工作的效率，节省人力、物力。而大疆御 2 行业双光版由于便携、航行稳定性高且自带热成像镜头以及喊话器配件，被不少社区、道路检查点用于长途体温检测。

但大疆御 2 行业双光版本来是为工业场景设计的，对测量目标与环境温度的差别更为敏感。在测量体温这样精密的绝对温度时，容易出现准确性不足的问题，有时误差能高达4～5℃，无法满足室外的体温筛查需求。

而通过引入简易黑体（黑体主要应用于测温领域，用于对辐射温度计的校准、检定，通常采用比较法。通过高稳定度的辐射源和其他配套设备，将标准器所复现的温度与被检辐射温度计所复现的温度进行比较，以判断其是否合格或给出校准结果），基本解决了室外无风、无阳光直射环境下，无人机无接触测体温的精度要求。前线执勤人员可以根据初筛结果有针对性地进行体温复核，对于临时设置的检查点和社区体温调查来说，大大提高了效率。

大疆是如何想到这一解决方案的？大疆方面介绍，2020 年 2 月 10 日复工以来，网上陆续出现的"无人机测体温"新闻也成了工程师热议的话题。从无人机热成像镜头本身的设计而言，原始大疆无人机难以满足准确测量体温的需求，但也并非不能通过技术创新，利用抗疫前线现有资源来满足这一需求。经过几番讨论后，大疆的工程师团队迅速确定了"热成像传感器+黑体"这一研发方向。黑体必须很轻，重了容易影响飞行安全性；必须要有良好的热力学特性，自身温度不易变化；还必须容易获得和制造，最好是抗疫前线随手可得的简单物品。最终，有一位工程师想到了"棉花棒"这个小物件。虽然大部分工程师还处于远程办公的状态，但为了给前线抗疫争取更多时间，该项目获得了较高的优先级，并得到了快速推进。针对飞行中的测量偏差、棉花棒温度变化、交互操作流程等问题，工程师不断验证。为进一步验证方案的可行性，2 月 16 日，工程师还兵分多路，在深圳一高速路口和上海多个社区进行测试。测试结果证明，在无风、无阳光直射的情况下，这一突击攻关出来的解决方案将御 2 行业双光版在体温检测中的精度提升到了 ±0.5℃。

2. 测温无人机的产品应用

大疆推出的《御 2 行业双光版体温测量指导书》介绍，御 2 行业双光版无人机的热成像镜头上增加测温标定支架后，棉花棒作为温度参考固定在红外热成像相机视野之内，再利用额温枪对无人机的测温进行校准，随后即可使用无人机进行体温测量。该方案大幅度提高了无人机进行人体测温的精度，把测温误差减少到 ±0.5℃。

大疆行业应用相关负责人表示，御 2 行业双光版无人机经过软硬件调试和不同场景试验验证，可满足 2～3 米距离下，对高速路口外地人员、小区高层隔离人员等各类人员的无接触筛查需求，一旦发现温度异常个体，就会通过无人机遥控器屏幕显示体温异常，提醒现场工作人员进一步核查，安全又高效。这是工程师团队在有限条件下，根据疫情需要，在 3 天内完成的应急解决方案。

3. 大疆测温无人机的防疫成效

疫情期间，防控效率直接关系到管控科学性和治理有效性。大疆御 2 行业双光版无人机配备了红外线热成像双光吊舱，适用于面向室外环境疫情防控日常摸排与登记工作，能够在很大程度上提高疫情防控效率和指挥效率，降低接触风险，在实现安全防控的同时缓解劳动力不足，提升管控的科学性和治理的有效性。

经过大疆改装后的御 2 行业双光版无人机能够于空中高效测量行人与社区居民体温，避免因近距离登门测量登记所引发的病毒交叉感染，从而消除居民对测温的抵制情绪。经与家中所用额温枪与耳温枪对比测试，在有效测距 3 米之内，无人机的误差在 5% 左右，若测量的距离能够控制在 1 米之内，测量误差可缩小至 1%。测算速度远超过人员一层层上楼登门测量，可以满足摸排需求，使得空中巡查与地面防控相结合，提高群防群控、群防群治效率，节省人力成本。

不仅如此，大疆的无人机测温还可以将测量数据快速传输到后端分析系统中，帮助检测人员快速完成筛查、分析等工作，以实现大规模人群远距离测温初筛，对发热个体进行预警。无人机快速机动的特点恰好能够精准适应疫情的突发性、不可预测性、不确定性，快速操控无人机能够为防控工作的顺利开展做好准备。快速起降的能力使得无人机能在数分钟之内完成起飞反馈，迅速执行任务，节省时间，提高防控效率。

同时，大疆无人机还能够发挥其全天候、全局性的优势，强化社会面整体防控，对重点地区重点进行温度监测，提高执勤率。一方面，无人机能代替医护人员进行易传染、烦琐、危险、枯燥的工作，为防疫任务的高效完成和防控服务奠定基础。另一方面，无人机团队可以全天候投入测温工作，给予医护人员充足的时间调整、休息，对提高医生工作效率起到关键作用。

4. 消毒功能无人机的设计思路

大疆智能农业服务平台在 2020 年 2 月 4 日发布"疆军战役"型号无人机，该型号的农业植保无人机可以喷洒农药和消毒液。随后，大疆创新派出无人机对深圳市龙岗区宝龙工业园的公共领域进行消毒作业，为该园区营造更加安全的环境，保障园区的顺利复工。此次消毒作业由 2 台测绘无人机（P4R 型号）和 5 台植保无人机（T20 型号）配合完成，其中，P4R 负责进行多角度现场环境实时测绘，然后建立园区高清地图，规划出具体航线；T20 可根据设定好的航线自动进行喷洒作业。

无人系统设备内部装置消毒系统产生消毒气体，利用机器内部的气动系统将消毒气体快速喷出，增加消毒的覆盖面和均匀性，能有效、无死角地杀灭空气中的新型冠状病毒、致病细菌等传染源，而且无人系统能够根据设定的路线自动、高效、精准地进行消毒防疫，操作简单高效，并能有效减少人工作业可能产生的交叉感染。

5. 消毒功能无人机的产品方案

大疆无人机的消毒功能无人机是基于植保无人机和测绘无人机技术，增加消毒系统进行的产品创新。改造后的消毒无人机能够进行全自主喷洒，消杀防疫工作形成完整工作流，助力工业园区高效消杀。此外，在消毒作业前，大疆工作人员还将喊话器搭载到御 2 行业双光版无人机上进行广播，通知附近行人做好暂避工作。

消毒无人机配备了可靠的全向数字雷达，在多种作业场景下实现全自主作业，拥有高载重与宽喷幅的特点。其强大的硬件协同 AI 智能引擎技术及三维作业规划功能，可有效提升消毒作业效率。

6. 消毒功能无人机的防疫效果

相比传统的人工消毒，消毒功能无人机消毒不仅可以降低人力成本，而且在飞行过程中可以进行全覆盖立体化灭杀，作业效率更高。此外，大疆创新还帮助深圳各区的厨余垃圾处理厂、垃圾焚烧厂、医院等场所进行消毒，总作业面积超过 300

万平方米。

此外，大疆设立 1000 万基金支持各地飞手使用大疆农业植保无人机在全国开展安全防疫工作。空中战"疫"可以有效解决防疫人员不足、传统消杀效率低下等问题，为社区消杀防疫工作"减负"，远程操作更可避免交叉感染。大疆农业服务平台的后台数据显示，全国通过植保无人机累计消杀作业面积已超 4 亿平方米，服务超过千座村落。

7. 喊话功能无人机和巡检功能无人机的产品创新

喊话功能无人机替代人工进入社区、公共场所进行防控宣传。对于新冠肺炎疫情防控最新动态、政府决策行为部署以及日常防护要点等疫情防控重要信息，内置程序控制播放、警音以及驱散音播放、实时喊话功能模块的高空喊话器加配专用手持智能控制器的组合设备可实现信息快速、精准传达。

大疆的复合翼无人机凭借其显著的续航和图传距离优势被应用于防疫宣传中，喊话作业的无人机为改装后挂载扬声器的 M600Pro 型号无人机和御 2 行业双光版无人机。目前，其喊话任务主要有两个，一是循环播放专门录制的疫情防控提示喊话内容；二是对热成像原理呈现出的人员聚集行为进行即时喊话，及时引导、疏散人群。

相比传统的喊话联络方式，借助无人机配备喊话器具有音质清晰洪亮、传输稳定、穿透性强的优势。特别是在返程高峰期间，无人机还可以在喊话的同时，在区域广、数量大的车流中开展高效、安全的疫情检查与科普宣传，并对重点拥堵路段实施监控，发现车流密集区域和交通拥堵的原因并提供高效疏导服务。

大疆研发的巡检功能无人机帮助交通管理局高效开展交通疏导与疫情防治工作，在重点路段部署无人机执勤管控，对于追尾、刮蹭等交通事故，由无人机搭载的超高清摄像机进行抓拍，实现现场取证。

巡检无人机具备轻质、灵活等特点。该无人机可作为各地监控排查的有力帮手，助力实现 7×24 小时被监测区域范围内全自主无人化实时监测。只要周围无突出障碍物，无人机便可垂直起飞，根据工作需求快速调转飞行方向，从不同高度、不同角度进行区域性实时航拍，结合地面防控力量实现疫情防控的"天罗地网"。

巡检无人机在有效提高防控工作效率的同时，也缓解了一线工作人员的工作压力。智能无人化巡检信息还可以同时发送至消防、医疗、公安等其他参与疫情防控工作的单位，构建多部门信息共享协调联动机制，如遇不听劝阻人员闹事或其他突发紧急情况，便于立即采取强制措施。

8.3.2　大疆的科技向善和社会价值创造

大疆在无人机领域实现了行业领先，企业专利申请以 2.11%的占比排名全国第一。截至 2021 年，大疆累计专利申请量超过 4600 件，在国际专利申请上，大疆全球排名第 29。企业科技向善既能驱动企业商业价值的提升，也能促进社会价值的创造。大疆在全国防疫方面的资金投入为企业带来了良好的企业声誉，也刺激了科技创新。在此次疫情防控中，大疆也在专利技术和效率上有新的突破（见表 8-3）。

表 8-3　大疆无人机涉及防疫功能的专利技术

大疆无人机防疫应用	专 利 技 术
测温	大疆的 CN108700468A 专利申请公开了一种人体体温检测方法，通过红外摄像头和可见光摄像头对同一场景同时进行拍摄，根据红外图像和可见光图像识别图像中的人体并获得体温值，快速检测出温度异常的对象
消杀	大疆的 CN110637340A 专利申请中，用户通过操作控制终端即可在无人机飞行过程中实时控制无人机机载的扬声器播放音频，可适应不同的播放音频应用场景
巡检	大疆的 CN107861426A、CN110785721A 专利申请分别提出了精确的无人机电量计算方式以及无人车配合无人机续航的方式，以保证无人机续航的高效性

大疆无人机的科技应用产生了良好的社会影响和社会价值，集中体现在提高防疫工作的效率、节省防控成本、避免工作人员交叉感染、全天候工作四个方面。比如，测温无人机适用于面向室外环境疫情防控日常摸排与登记工作，能够在很大程度上提高疫情防控效率和指挥效率，降低接触风险，在实现安全防控的同时缓解劳动力不足的情况，提升管控的科学性和治理的有效性。测温速度远超过人员一层层上楼登门测量，可以满足摸排需求，使得空中巡查与地面防控相结合，提高群防群控、群防群治效率，节省人力成本。无人机将测量数据快速传输到后端分析系统中，帮助检测人员快速完成筛查、分析等工作，可实现大规模人群远距离测温初筛，对发热个体进行预警。

消毒功能无人机可以实现全方位消杀病毒，根据设定的路线自动、高效、精准地进行消毒防疫，操作简单、效率高，并能有效减少人工作业可能产生的交叉感染。相比传统的人工消杀，无人机防疫显著减少了人力，并可进行全覆盖式、立体式的工作，作业效率更高。

喊话宣传无人机内置程序控制播放、警音以及驱散音播放、实时喊话功能模块的高空喊话器加配专用手持智能控制器的组合设备，可实现信息快速、精准传达。在返程高峰期间，无人机还可以在喊话的同时，在区域广、数量大的车流中开展高效、安全的疫情检查与科普宣传，并对重点拥堵路段实施监控，发现车流密集区域和交通拥堵的原因，开展高效疏导服务。

巡逻督察无人机能够更快应对突发任务，精准适应疫情的突发性、不可预测性、不确定性，为防控工作的顺利开展做好准备。快速起降的能力使得无人机能在数分钟之内完成起飞反馈，迅速执行任务，节省时间，提高防控效率，而且实现全天候执勤，发挥其全天候、全局性的优势，强化社会面整体防控，对重点地区进行重点监测，提高执勤率（见表 8-4）。

表 8-4　大疆四款防疫无人机的防疫效果

大疆防疫无人机	社会价值/影响
红外测温无人机	提高工作效率、节省防疫成本、更快完成预警
喷洒功能无人机	全方位消杀病毒、避免交叉感染、作业效率更高
喊话宣传无人机	传达更加精准、实时作业
巡逻督察无人机	更快应对突发任务、全天候执勤

8.3.3　大疆无人机科技向善实践启示

1．以解决社会应急管理问题为使命，实现现有产品创新升级

大疆无人机在新冠肺炎疫情中防疫应用与应急作业的实践，能够为企业自身带来价值提升，同时解决了疫情中的社会问题和难点。因此，要激励其他无人机或人工智能等相关企业实施科技向善，鼓励技术型公司在更多方面发挥科技的积极作用，贯彻科技造福人类的核心理念，共筑企业科技向善的市场蓝图。案例通过对大疆的四款防疫无人机的详细介绍与其功能、响应机制的分析，为我国未来无人机发展的技术创新提供借鉴思路与方法。无人机作为智能无人化工作的代表，具有高效无休的工作能力、零接触的工作特点，在安防巡检、消杀作业、物流配送、宣传喊话、照明测温、农业植保等方面发挥了重要的作用。这为其他无人机科技的创新和应用方向提供了借鉴和思考。

2．企业科技向善反哺企业创新发展

大疆的无人机在疫情期间的战疫应用对大疆的企业价值产生了积极影响，这为其他无人机企业、人工智能企业等科技导向型企业的长远发展提供了参考，鼓励企业管理者要注重企业的科技向善，积极树立企业的良好形象，提高企业声誉，让企业的科技应用真正造福民众，倡导企业为社会做出积极贡献。对于政府而言，要积极为科技型企业创造一个良好的发展创新氛围，鼓励企业科技的多方面应用，拓宽

未来企业技术的应用范围，鼓励科技型企业申请专利技术，制定有利于企业科技向善的一系列政策。

8.4 人工智能辅助诊断系统在新冠肺炎疫情中的应用和价值

8.4.1 人工智能辅助系统的发展状况

自 2020 年以来，新冠肺炎疫情大规模流行，至今仍在全球较大范围内不断蔓延。其中，X 短波射线和现代计算机影像断层扫描智能影像检测技术在我国抗击当前全球大规模的新冠肺炎疫情的斗争中一直起着不可或缺的主导作用，而人工智能影像技术更是能够高效率地辅助当前大规模的新冠肺炎疫情的提前筛查与早期诊断。

在临床实践中，胸部成像 X 线和胸部 CT 等在线成像医疗设备仍然能为众多临床外科医师提供极大的医疗帮助。只要在定期扫描的肺部影像中准确观察并看到患者具有新型冠状病毒肺炎的病理特征临床表现（例如双侧性肺黏膜斑片或肺部节段性黏膜磨损和玻璃体的密度影、浸润影，甚至可能出现隐性实变影和白肺），就有可能被鉴定确诊为新冠肺炎，所以即使患者没有出现发烧或轻微咳嗽等常见肺炎临床症状，可疑肺炎患者也可能需要被隔离或者接受住院治疗以待进一步的医学实验室临床检查。因此，影像学的临床检测结果在有效限制新冠肺炎病毒传播领域有着至关重要的临床筛查指导作用。

每诊断一位新冠肺炎患者，医生都必须用肉眼仔细阅读数百幅 CT 立体影像，一个外科病人的一张 CT 立体影像又可能包含数百张立体切面，即使一些经验丰富的外科医生也常常需要花费大量的时间、精力去阅读这些 CT 立体影像，才能尽可能地得到较为准确的疾病诊断。在新冠肺炎疫情迅速暴发期间，疑似肺炎患者的典型 CT 病例影像被视为一种广泛筛查新冠肺炎的高效检测手段，这就几乎代表每个外科医生每天都可能需要同时进行大批量疑似 CT 病例影像的在线读片分析判断。同时由于依靠外科医生的肉眼不能识别病灶微小的角度变化时也会造成大量的时间成本，因此目前的医疗领域存在极大的提高诊断效率的需求。

传统的医疗现象诊断只能单纯依靠医学人眼去观看影像 X 光、CT、超声、Mr 等医学影像，才能较为准确地给出诊断的结论。而人类的感知和认识相当复杂，医生诊断的依据并没有可描述性很强的规则。从原因推导到结论并不如由结论寻求原因可靠，机器学习和基于数据得到模型是从大量的统计数据中得到事物发展的规律，也就是在规则"不可描述"的情况下机器学习、深度学习这类算法能取得较好结果的原因。

全球的医学影像技术设备生产市场被少数巨头企业占据，老牌高端医学影像医疗设备生产公司占据了已经超过 90%的全球市场份额，在国内的高端数字电视医疗医学影像设备市场，跨国企业已经占据了 75%以上的全球市场份额，前三大跨国厂商在中端和高端医疗市场的市占份额甚至已经超过 80%。在我国基层医疗市场，国产医疗设备仍具有较为明显的市场价格优势，市场占有率相对较高，分级基层诊疗即将迎来巨大基层医疗需求的快速释放，第三方医疗影像中心的快速推进也将对以满足基层医疗市场需求为主的国产医疗设备企业带来一个新的发展空间。另外，随着研发经验积累和多媒体领域的可持续的移动技术创新进步，国产移动设备制造厂商的核心竞争力也已经有了较大幅度的提升，在中端和高端国产设备方面厂商开始积极发力，有望逐步实现国产设备替代。

8.4.2　中国人工智能辅助诊断系统在疫情中崛起

肆虐全球的新冠肺炎疫情严重激发了高端医疗信息领域的"无接触服务"研发需求，AI 辅助医疗系统已经成为许多企业竞相投入研发和产品优化的重要目标——许多企业将发展目光重新聚焦于高端医疗信息领域，医疗信息科技龙头企业率先瞄准了具备高度自动化、智能化研发能力的新型 AI 无人辅助医疗系统。AI 级的辅助疾病诊断系统在这个特殊时期里发挥了重要指导作用。这不仅是一个商机，更是一家企业对"科技向善"经营理念的深入践行，体现着一家企业的高度社会主义责任感。我国在政府的倡导下，各个企业和科研机构积极研发新冠肺炎 AI 辅助诊断系统（见表 8-5）。

表 8-5　中国在疫情期间出现的 AI 辅助诊断系统

诊断系统	团队	诊断系统成果
新冠肺炎 CT 影像综合分析 AI 辅助系统	天津医科大学肿瘤医院、国家超级计算天津中心	鉴别新冠肺炎的总准确率可达 83%，特异性为 80.5%，灵敏度为 84%
基于胸部 CT 和 X 射线影像学的新冠肺炎 AI 辅助诊断系统	澳门科技大学医学院、中国科学院、国家生物信息中心、清华大学、中山大学孙逸仙纪念医院、广州再生医学与健康广东省实验室、四川大学华西医院等团队	影像科医生阅读 CT 影像缩短至 20 秒内，且平均准确率高达 90%
新冠肺炎 CT 影像 AI 定性辅助诊断系统	安德医智、华为、中国移动、解放军总医院（301 医院）、天坛医院、北京大学第一医院、同仁医院、北京大学肿瘤医院、郑州大学第一附属医院、中国食品药品检定研究院	系统诊断仅需十几秒，新冠肺炎的鉴别诊断准确率（与核酸检测阳性结果符合率）能够达到 95.5%以上

1. 新冠肺炎 CT 影像综合分析 AI 辅助系统

天津医科大学肿瘤医院客座副院长徐波、客座教授张伟作为中国抗癌协会肿瘤人工智能专业委员会学术主任委员，牵头开始组建学术研究开发团队，联合省内国家超级量子计算天津研究中心和国内多家顶级医疗机构共同设计并搭建新冠肺炎CT 影像综合分析 AI 辅助系统，该系统 10 秒之内即可快速完成一例新冠肺炎病例CT 图的影像同步分析。

人工智能专委会为了充分发挥团队儿科综合技术作战人力资源优势，联合了西安交通大学第一附属医院、南昌大学第一附属医院、陕西省传染病医院等国内 20多家大型儿科医疗机构，通过各种渠道，最终成功整理并收集了 453 张新冠肺炎确诊病例检查患者的乙型肝脏图、CT 结构图和肝脏影像诊断检查数据资料。研发了近 20 天，经过一个模型分析数据集的模型分析操作训练和组内及院外两个组间工作组的分析验证，模型数据分析成为鉴别新冠肺炎的总结果模型，分析准确率最高平均可达 83%，特异性为 80.5%，灵敏度最高可达 84%。在平时，搭建这样一个庞大数据系统，从进行海量的大数据分析采集、建模等再到海量数据分析验证，至少需要一年的时间。

新冠肺炎 CT 影像综合分析 AI 辅助系统依托天河人工智能创新一体化平台，该处理系统基于一个 CT 图的影像分析图片，包含一个影像学图片分析处理子系统和一个 AI 影像分析处理子系统。影像学临床分析结论子系统通过影像分析病例肺实质病变、磨损性玻璃影、铺路石等多种典型病毒特征图并给出新冠肺炎早期影像医学分析检验结论，AI 医学分析结论子系统主要用于准确区分普通感染病毒旧冠肺炎与典型新冠肺炎，增强对不同感染类型病毒肺炎的早期筛查以及甄别诊断能力。研究人员团队收集 400 余例早期确诊新冠慢性肺炎与临床典型治疗病毒性新冠肺炎的CT 图像，经过长期持续技术攻关和研发早期测试，证实该影像系统早期测试的总结果准确度已经超 83%，初步成功实现了基于 CT 影像的新冠肺炎临床特征的早期检测，有望为治疗新冠肺炎的早期排查与临床分析助力。

目前用于诊断各种新冠肺炎的标准虽然只能完全依赖基于核酸分组检测的诊断结果，但对于核酸组的检测也是具有一定的假阴性率，而用天河医学平台的 AI+CT检测系统可以判断各种新冠急性肺炎的检测结果，能直接达到 83%的检测准确率。所以，这个检测系统不仅可以有效帮助医院一线外科医生快速准确地及时获取检查结果，还能提高他们筛查和诊断的能力。目前的企业系统研发精度主要建立在已完全掌握系统数据基础上的系统可信度，后续随着产品研发和应用数据库的更新，还将不断对系统平台研发能力与系统实用性功能进行提升完善。

该计算系统已在我国国家医院超级计算天津中心投入试运行，由天津、北京、山东、陕西、江西、安徽、福建等 10 余家二级医院投入试用，通过不断扩大系统数据集成和验证而进一步完善优化系统模型。后续该团队还将在国际合作医院、医疗机构领域开展多方面的应用，并逐步全面对外开放。正式注册上线后，使用者不用到当地国家电信超级计算服务中心现场进行应用程序注册对接，只需要远程注册借助天河人工智能创新一体化平台提供的全开放超算能力系统支撑，便可在平板电脑、手机等多个移动终端进行注册并免费使用。

2. 基于胸部 CT 和 X-ray 影像学的新冠肺炎 AI 辅助诊断系统

在疫情初期，生物岛实验室张康教授团队、中山大学林天歆教授团队、清华大学和澳门科技大学等团队响应国家号召，联合研发了基于胸部 CT 和 X-ray 影像学的新冠肺炎 AI 辅助诊断系统。该中心科研研发团队在 2016 年分析了全国超 50 万份医院临床外科影像学分析数据，结合深度机器学习、迁移机器学习、语义数据分割等多种新型人工智能医疗前沿技术，辅助医院临床外科医师快速进行新冠肺炎的快速科学诊断和定量分析。该模型有高诊断精准度和实时高效率的两大优势，不仅可以用于辅助疾病临床诊断医生准确做疾病诊断前的决策，提高临床诊断时的准确率，还可以大大减少其诊断工作量，提高临床诊断工作效率，节省患者临床等待诊断时间。此外，系统不仅具有病情严重恶化程度预测分级和临床重症患者危重症状的预测评估功能，还能够及时协助临床医务人员及时进行临床药物治疗效果预测评估，指导患者用药。

科研团队真正需要的是让新冠肺炎辅助诊断系统快速上线投入使用，帮助国内一线外科医生快速、准确诊断并抗击肺炎疫情。由于目前传统的网上线下快速部署业务方式往往要求先进行线下设备及网络线路等的采购、部署、测试，再将线下业务系统部署架设在线下的大数据中心，不仅设备搭建过程周期长，而且非常缺乏操作弹性，很难完全满足快速高效部署线下业务的实际需求。经过多次现场测试和深入研讨，阿里云以高性能数字计算、全球顶级加速计算网络、极速数据存储等多项技术领先优势促使该影像系统在采用全球顶级加速计算网络及 A 系列 GPU 计算性能的严格保证下，将专业影像处理科学和医生平均阅读影像时间缩短至 20 秒内，且平均阅读准确率高达 90%。

阿里云为此次新冠肺炎治疗 AI 加速诊断系统的开发部署应用提供了基于全球首个加速版的创新解决方案，通过开发全球首个加速版的诊断产品，依托阿里巴巴覆盖全球的优质数据传输服务网络，有效地提升了对全球多个数据中心访问的高速稳定性。GA 内置的 TCP 协议不仅可以优化传输能力，还可以大幅度地提升数据传输器的性能。相比于目前传统的专线加速部署长达数月的完成周期，采用阿里云 GA 技术构建的整个全球专线加速部署网络仅仅需要 30 分钟，为其云业务管理系统的快速安全上线部署提供了新的基础设施保障。

3. 新冠肺炎 CT 影像 AI 定性辅助诊断系统

北京天坛医院、中国人民解放军总医院、BioMind 联合推出的新冠肺炎 CT 影像 AI 定性辅助诊断系统是业内真正意义上的、专门实现新冠肺炎的 AI 定性诊断系统。专门针对新冠肺炎是因为这套新冠 AI 定性诊断系统不仅能够实现肺炎诊断，还能实现新冠肺炎与其他肺炎（病毒性肺炎、细菌性肺炎等）的进一步鉴别诊断。该系统全程仅需十几秒且针对新冠肺炎的诊断结果与核酸检测阳性结果符合率超过 95.5%。该系统具有如下优势。

（1）"鉴别诊断"临床功能能够准确检出慢性新冠肺炎伴有毫米波等级的黏膜磨损性玻璃影、斑片影等早期细微病变征象。在 2020 年实现动脉肺炎阳性检出结果敏感性提高接近 100%的基础上，新冠肺炎的疾病鉴别率和诊断结果准确率（与脱氧核酸阳性检查结果的相符合率）也有望能够长期达到 95.5%以上。

（2）"智能量化分析"咨询功能主要实现了精确的临床病灶病程量化评估分析与临床动态风险评估，为癌灶病程持续进展变化提供精确量化评估指标与及时的临床风险分析预警，辅助临床影像肿瘤科专业医生及时进行癌灶病变分期与病情严重恶化程度的分析判断，并为保证临床及时准确采取具有针对性药物治疗与新方式诊断提供科学依据。

（3）"智能随访"功能可以快速实现患者多次影像检查的自动调用及病灶精确配准分析，辅助医生迅速做出治疗效果评估、患者出院前评价及出院后康复随诊等一系列重要工作。随着疫情攻坚战的深入，治愈患者的数量将不断增加，"智能随访"功能将为精确监测治疗转归、密切观察患者预后、评估肺结构及功能损害程度提供丰富准确的指标。

8.4.3 人工智能辅助诊断系统的诊断流程

基于 CT 图的新冠肺炎诊断工作基本流程大致可以分为三个阶段：预测和扫描技术准备、图像分析采集和临床疾病诊断。在预期的扫描测试准备工作阶段，技术人员通常会提供指导和支持，协助每个实验受试者按照他们指定的测试方案躺卧在位于 CT 室的生物检测实验床上。在临床图像数据采集扫描阶段，在每位患者一次肺屏气期间首先获取一个 CT 图像，扫描对象是从两侧肺尖一直到两侧肺底，扫描范围是从上到下胸腔到肺入口的一个水平三角到两侧肋下的三角，根据每位病人的不同体型，由医院放射科医生自行设定并优化扫描参数。在疾病诊断第一阶段，从之前获取的原始图像数据中选择重建一个 CT 照片图像，然后通过在线图片、图像归档和数据通信传输系统进行数据传输，以便进行后续的数据读取和分析诊断。

首先，直接扫描不同图像时往往需要为其设置大量图像参数与扫描协议，针对不同类型病人的图像扫描，需要更有针对性地为其设置不同的图像参数和扫描协议，这就可能会直接导致其在扫描的不同图像的扫描质量上会有很大的差异。辅助诊断系统通过使用高吞吐量辐射扫描节省成本，而且辐射诊断 CT 扫描有助于对每个患者的特定区域进行局部的针对性扫描，从而避免患者局部受到过多的紫外辐射。减少辐射剂量同时也可以获取患者足够多的信息。因此，辅助诊断系统从预辐射扫描的手术图像中有效准确地找到需要反复扫描肿瘤病变器官的位置，在最小的辐射区域内同时进行反复扫描，能够使患者接受更少的光线辐射、减少扫描时间和降低成本，增加反复扫描的结果一致性。

其次，读片治疗用于进行诊断、治疗和制订手术诊断计划：在读片治疗过程中，当外科医生在特定治疗部位或其他器官上查找目标病变时，放射科中的医生可能需要将染色体素进行调整，转移到特定目标病变位置。发现重要病灶后，医生可能需要及时生成检查报告。医学影像的数字语义信息分析技术能够将报告读片和图像生成后的报告读片结构等转化为一个线型工作流，从而大大提高报告读片的工作效率与处理精度。医学影像学和语义学的分析也是研究放射外科治疗、干预和整形外科手术在临床手术过程规划应用中的一个先决条件。

最后，高级的数量化和智能建模用例如脂肪组织量和体积等可对临床重要参数进行测量，对临床疾病诊断非常重要。在目前没有任何智能医疗后处理影像软件的技术协助下，通过手动方法精确定义一个目标并对其进行各个参数的精确测量，在3D 的专业医学影像中，是非常浪费时间的。自动切换影像库的语义数据分析也同样能克服多次切换读片之后出现不一致分析结果的复杂情况。最后一点，基于 3D 建模目标的细胞分割，使得人体生物动力学和人体血液细胞动力学系统建模中的分析方法变得可行。

8.4.4　人工智能辅助诊断系统的优势

AI 智能辅助判断诊疗技术系统可以智能地辅助医生阅片并做判断。AI 智能辅助判断诊疗技术系统基于先进深度机器学习实现肺脏特征分割和肺叶病灶排布分割两种算法，首先可以完成不同区域肺叶病灶体积的深度计算，通过深度识别特征勾勒出在感染周围区域内的病灶数并计算得出相应肺叶体积；在此基础上，根据勾勒感染周围区域内基于 CT 参数值的病灶分布变化情况，计算出真实性肺叶病变的病灶大小；最终统计出具勾勒感染周围区域肺叶体积和所占实例比及勾勒感染周围区域病灶实变大小分析报告。其中，病灶影像分割分析算法技术是由合作医院提供新冠肺炎患者个人胸部病灶影像分析资料，在高年资外科医生精准分析勾勒新型肺炎原发病灶的技术基础上经过训练、测试而来的。由此可得出 AI 辅助诊疗系统相较于传统方式的优势。

（1）精准辅助与智能预警。医生每天临床工作量大，长期进行高强度的临床工作会直接导致很多医生疲劳，注意力不能完全集中，使判断的准确性降低，而精确作为机器最大的特点之一，能使医生有效避免这一情况。通过实时分析就诊患者的 CT 影像，系统能够实时提示当前就诊患者是否为疑似新冠肺炎疾病患者并及时给出疾病预警。

（2）快速筛查和海量识别。新冠肺炎自 2019 年年末至今确诊重症病例死亡人数仍在较大幅度并且持续快速增加。不仅如此，新冠病毒已产生多个突变点，演化出了多个亚型，加大了医疗工作人员的工作量，而引入深度学习模型的医疗影像辅助诊断系统可以在短时间内识别图像并且给出诊断建议。

（3）定量分析与疗效评估。系统可以自动详细对比患者患病前后胸部影像变化，快速评估病情的进展及治疗效果。系统对患者早期典型肺部深层组织 CT 型受损图像及影像数据进行综合分析后，得出该例患者早期肺部深层组织的受损严重程度，并进行综合分析，为帮助医生准确做出诊断及有效解决治疗肺部疾病问题提供重要依据。

医学诊断图像通常在诊断疾病的早期阶段表现出一种阴性的放射学图像特征，因此这一早期阶段的临床研究对于开展辅助进行临床医学诊断的疾病不确定性分析具有重要指导意义。同时，当前许多主要用于样本细分和模型诊断的基于 Aida 技术的基础研究都主要基于小型的样本，这很有可能会直接导致研究结果的分析过度的模拟化组合。为了能够使分析结果在药物临床上更具有新的使用价值，需要进一步不断改善临床数据的分析质量和结果数量。因此，其应用于射线收集更多的临床图像，包括那些带有新冠肺炎的宽带射线线性临床影像图像的 X 射线和内含 coct2 的临床图像的射线临床图像数据集。深度学习机器人工学习已经被发展起来成为目前人类能够对抗多种疾病的主要临床诊断治疗方法，但是，获得的大量新冠肺炎成像分析标签数据中很有可能包含具有不完整、不准确的疾病成像分析标签，这为准确的成像标签数据分类和正确的临床诊断方法选择提出了巨大技术挑战。因此，可以考虑利用现代深度机器学习这种方法。此外，手动和非标记式的成像获取数据既昂贵又费时，这也可能促使未来人们对自我控制监督的各种深度机器学习和自动迁移式的深度机器学习技术方法的深入研究。

8.4.5 人工智能辅助诊断系统对科技向善创新的启示

1. 智能技术推动医疗产业升级，提高治疗效率

新冠肺炎智能辅助诊断系统不仅能够有效帮助外科医生快速准确筛查一个疑似病例，遇到一个疑似新冠肺炎病例 CT 影像时，AI 监测系统也会立刻向外科医生发

出预警，请外科医生尽快进行处理，让新冠肺炎患者尽可能被早发现、早隔离和早治疗，减少新冠肺炎患者的住院排队就诊时间和院内肺部交叉感染的发生风险；此外，监测系统同时还可以对确诊病例自身肺部慢性炎症的长期变化情况进行长期、全程的疫情监测和智能辅助检查诊断，诸如分析肺内急性感染两例病灶同时检出，分析异常感染病例和肺内重症感染病例，有序、个性化地进行分级综合治疗，协调整合医疗技术资源，全自动前后片技术对比和外科疗效综合评估等多项功能，帮助外科医生更快速、准确地完成外科治疗疗效评估，为超负荷进行临床工作的外科医生同时节省大量精力和治疗时间。

人工智能依托互联网飞速发展并深入各行各业。人工智能与医疗技术结合推动了医疗行业升级，比如智能辅助诊断系统可以减少年轻医生出错，又能提高他们的工作效率，使其健康成长。AI 健康医疗不仅能极大地降低企业人力资源成本，还能创造出更好的专业个性化健康治疗方案，在目前中国医疗行业现状中，有着较为广阔的医疗市场以及应用发展前景，由此带来的经济效益也不可低估。智慧健康医疗网络是推进传统行业医疗卫生行业信息化的"革命性升级"，不仅全面提升了我国医疗卫生领域的信息技术创新能力、服务水平，也将成为我国推动健康中国体系建设的重器。

2. 智能技术应用提高医生医疗决策水平

人工智能早期辅助筛查诊断系统在利用原有强大的全身性 AI 早期辅助筛查诊断系统的基础上，对新型阳性肺炎的早期筛查诊断功能分别进行了专门的技术强化，可以针对各类不同原因感染导致的新型肺炎全肺 CT 疾病影像患者进行快速早期检测，可用于帮助新冠肺炎的早期疾病影像患者进行大、中、小规模肺炎病例早期筛查，检出率高，有助于及时发现潜在肺炎病人，避免假阳性肺炎患者的长期隔离，有效节约整个国家基础医疗人力资源，其"早发现、早诊断、早隔离"为疫情的有效防控发展提供一个时间窗，为有效防控疫情发展做出有效医疗资源布控。新冠病毒感染放射科学的筛查诊断节约大量临床医学诊疗技术资源，助力医院一线专科医生及时进行新型冠状病毒肺炎的放射影像检查诊断。AI 医学影像智能筛查识别技术现阶段是通过 CT 等先进医学影像技术进行预筛的各类疑似病例的一种重要技术手段，但也可能存在一定的漏洞，疫情的最新状态发展很可能还存在疑似病毒类型变异以及影响目前 AI 影像识别技术效果的种种可能性，需要不断更新 AI 识别引擎以不断提升目前识别各类疑似病例的影像筛选技术能力。在一些临床医学医疗影像临床诊疗服务领域，人工智能等在成像分析技术方面的直接应用也可以直接结合大数据挖掘，使得这些临床医学影像服务中的医疗大数据在经过结合人工智能的技术进行准确筛选、梳理和综合分析后再提取，转换成有效的临床医学影像和医疗管理决策。

本章参考文献

[1] 王忠民．灾难搜救机器人研究现状与发展趋势[J]．现代电子技术，2007，30（17）：152-155．

[2] 杜晓霞，尚红，赵凡．为提升我国地震灾害救援能力提供高新技术支持：废墟搜索与辅助救援系列机器人成果[J]．科技成果管理与研究，2015（4）：62-64．

[3] 谢永利．消防机器人在灭火救援中的研究[J]．中国新技术新产品，2021（7）：137-139．

[4] 方江平．消防灭火机器人研究进展[J]．今日消防，2020，5（3）：19-22．

[5] 王元友，马小林，张文敬，等．蛇形机器人发展历程及应用前景分析[J]．中国设备工程，2020（11）：35-36．

[6] 陈丽，王越超，李斌．蛇形机器人研究现况与进展[J]．机器人，2002，24（6）：559-563．

[7] 叶长龙，马书根，李斌，等．三维蛇形机器人巡视者Ⅱ的开发[J]．机械工程学报，2009，45（5）：128-133．

[8] 陈淑艳，陈文家．履带式移动机器人研究综述[J]．机电工程，2007（12）：109-112．

[9] 赵润州，侍才洪，陈炜，等．美军战场救援机器人系统研究进展[J]．军事医学，2013，37（4）：318-321．

[10] 李允旺，葛世荣，朱华．煤矿救灾机器人应用探讨[J]．煤矿机械，2009，30（1）：164-167．

[11] 李科杰．危险作业机器人发展战略研究[J]．机器人技术与应用，2003（5）：14-22．

[12] 王勇，朱华，王永胜，等．煤矿救灾机器人研究现状及需要重点解决的技术问题[J]．煤矿机械，2007，28（4）：107-109．

[13] 王晓娣，方旭红．医疗机器人伦理风险探析[J]．自然辩证法研究，2018，34（12）：64-69．

[14] 李科威，陈则渊，李科赛．以创新思维推动医疗机器人的长远发展[J]．海峡科学，2018（4）：107-109．

[15] 刘壮．任重道远的医用机器人[J]．装备制造，2016（11）：94-96．

[16] 王东浩．应用伦理学研究的新视野：机器人伦理[J]．石家庄职业技术学院学报，2013，25（5）：50-52．

[17] 杨振巍．浅谈医疗机器人及发展前景[J]．科技创新导报，2018，15（12）：104-105．

[18] 李光林，郑悦，吴新宇，等．医疗康复机器人研究进展及趋势[J]．中国科学院院刊，2015，30（6）：793-802．

[19] 陈皓，兰候翠，刘伶俐．医用机器人的伦理问题及应对之策[J]．中国医学伦理学，2019，32（6）：724-727．

[20] 郑相淮，林曦．新冠肺炎疫情期间咽拭子取样方法改进[J]．实用口腔医学杂志，2020，36（2）：264-265．

[21] 蔡敏婕．钟南山团队等研发咽拭子采样机器人取得进展[J]．科技传播，2020，12（6）：8．

[22] 王恩运，吴学谦，薛莉，等．外科手术机器人的国内外发展概况及应用[J]．中国医疗设备，2018，33（8）：115-119．

[23] 付宜利，潘博．微创外科手术机器人技术研究进展[J]．哈尔滨工业大学学报，2019，51（1）：1-15．

[24] 胡洋洋，张文强．医疗服务机器人现状与展望[J]．中国发展观察，2016（14）：52-53．

[25] 彭亮，侯增广，王晨，等．康复辅助机器人及其物理人机交互方法[J]．自动化学报，2018，44（11）：2000-2010．

[26] 谭民，王硕．机器人技术研究进展[J]．自动化学报，2013，39（7）：963-972．

[27] 胡进，侯增广，陈翼雄，等．下肢康复机器人及其交互控制方法[J]．自动化学报，2014，40（11）：2377-2390．

[28] 赵春鹏，王军强，苏永刚，等．机器人辅助经皮螺钉内固定治疗骨盆和髋臼骨折[J]．北京大学学报（医学版），2017，49（2）：274-280．

[29] 陶永．发展服务机器人，助力智能社会发展[J]．科技导报，2015，33（23）：58-65．

[30] 佚名．无人机市场战"疫"[J]．中国减灾，2020（11）：37．

[31] 方原柏．红外测温是抗击新冠病毒的"疾控卫士"[J]．自动化博览，2020，37（8）：88-93．

[32] 无人机测体温 大疆工程师一根棉花棒将精度提升至±0.5℃[EB/OL]．（2020-02-21）[2020-02-27]．https://baijiahao.baidu.com/s?id=1658944564353336480．2020-02-19．

[33] 渠慎宁，杨丹辉．突发公共卫生事件的智能化应对：理论追溯与趋向研

判[J]. 改革，2020（3）：14-21.

[34] 莉. 机器人、人工智能产品纷纷投入一线防疫工作[J]. 机器人技术与应用，2020（2）：14.

[35] 柳彤. 大疆：空中"战疫"齐出动[J]. 农机市场，2020（3）：53.

[36] 人工智能在新冠肺炎战"疫"中能帮什么忙？[N]. 人民邮电，2020-02-25（4）.

[37] 孙永生，金伟，唐宇超. 无人系统在新冠肺炎疫情防控中的应用实践[J]. 科技导报，2020，38（4）：39-49.

[38] 前瞻产业研究院无人机研究小组. 我国无人机行业发展现状与前景分析[J]. 军民两用技术与产品，2020（7）：10-19.

[39] 宋小芹. 大疆探索不停步[J]. 中国新时代，2020（6）：50-54.

[40] 唐思源，杨敏，刘燕茹. AI技术辅助诊断新型冠状病毒肺炎研究综述[J]. 计算机工程与应用，2020，56（18）：16-24.

[41] 张楠，邹明宇，周姝. CT低剂量扫描结合AI辅助诊断系统在新型冠状病毒肺炎检查中的应用[J]. 医疗卫生装备，2020，41（5）：9-11+15.

[42] 应池清，吴炜. 人工智能辅助新型冠状病毒肺炎诊断及预后预测模型相关进展[J]. 浙江医学，2021，43（12）：1348-1352.

[43] 萧毅，刘士远. 人工智能技术在新型冠状病毒肺炎诊治中的应用及价值[J]. 中国医学影像学杂志，2021，29（4）：289-292.

[44] 刘志伟，王潇潇，王子文. 新冠肺炎AI辅助医学影像诊断系统研究取得进展[J]. 仪器仪表用户，2020，27（3）：45.

[45] 杜金蓉，李婷婷，韩俗. 用于疑似新冠肺炎患者筛查的AI医学影像辅助诊断系统与PACS系统对接的设计与实现[J]. 医学信息，2020，33（15）：10-12.

[46] 王娜娜，王大为，李大胜，等. 人工智能辅助诊疗系统在新型冠状病毒肺炎诊疗中的应用初探[J]. 中国医疗设备，2020，35（6）：75-79.

[47] 郭和合，詹鹤凤，张永高，等. 人工智能肺炎辅助诊断系统在新型冠状病毒肺炎疑似病例CT筛查中的应用价值[J]. 实用医学杂志，2020，36（13）：1729-1732.

[48] 康波，郭佳，王帅，等. 超级计算支撑的新冠肺炎CT影像综合分析辅助系统应用[J]. 中国图像图形学报，2020，25（10）：2142-2150.

[49] KAWATSUMA S, FUKUSHIMA M, OKADA T. Emergency response by robots to Fukushima-Daiichi accident; Summary and lessons learned[J]. Industrial Robot, 2012, 39(5): 428-435.

[50] MANEMEIT C H, GILBERT G R. Joint Medical Distance Support and Evacuation - Joint Combat Casualty Care System Concept of Employment[R]. 2010.

[51]YANG G Z, NELSON B J, MURPHY R R, et al. Combating COVID-19—The role of robotics in managing public health and infectious diseases[J]. Science Robotics, 2020,5（40）: eabb5589.

[52] WANG S, KANG B, MA J L, et al. A deep learning algorithm using CT images to screen for Corona virus disease （COVID-19）[J]. European radiology, 2021, 31(8): 6096-6104.

第9章　企业科技向善的启示和未来发展

科技向善的创新有三个含义：一是科技普惠与科技平权，即让更多人从新的科技进展中获得使用它的好处；二是用科技服务于社会弱势群体，即使用科技方法和手段为鳏寡孤独、老弱病残人口解决他们特有的困难；三是用科技方法和手段解决重大社会难题，诸如改善社会治理、科技扶贫、抑制疫情、缓解求医难等问题。鉴于科技向善的以上寓意，科技向善的创新将更多地发生在如表9-1所示的领域。

表 9-1　科技向善创新的含义及可能发生的领域

含　义	服务领域及对象
科技普惠与科技平权	生活中的衣食住行、医疗、教育、娱乐、沟通、交友
科技服务于社会弱势群体	鳏寡孤独老弱生活助手、病残者体能增材
用科技解决重大社会难题	改善社会治理、科技扶贫、抑制疫情、缓解求医难

在科技普惠、服务弱势群体和解决重大社会问题等领域，业界已有不少较为典型的探索实践。

9.1　科技普惠（医疗领域）的科技向善

人人都会得病，故医疗领域的科技向善应视为科技普惠。

9.1.1　借助先进技术防范、监测、治疗疾病

（1）借助人工智能技术防范和减少交叉感染。新冠肺炎疫情期间，医院人流急剧增加，交叉感染概率增大。为了提高答疑和诊断效率，阿里巴巴达摩院推出智能疫情机器人，通过语音识别、自然语义理解等人工智能技术，机器人可针对疫情问题、就医注意、防护措施进行回答。对于正常用户、轻症用户来说，人工智能可以起到一定程度的答疑作用。另外，它还能快速分流轻症和重症用户，提高分诊效率，避免医疗资源紧缺以及交叉感染的风险。

（2）借助人工智能技术对患者进行实时监测。逐日公司已研制了可检测糖尿病的 Siren Care 智能袜子（见图9-1）。名为 Siren Care 的机构研究发现，某些类型的糖尿病会让患者的足部发生肿胀，如果不能及时治疗，会引发溃疡甚至

导致截肢等严重后果。因此，Siren Care 将传感器编制到袜子中，以随时随地检测糖尿病患者的足部，并将检测出的所有信息上传到相应的 App 上，以便患者直观地了解自己的足部情况。

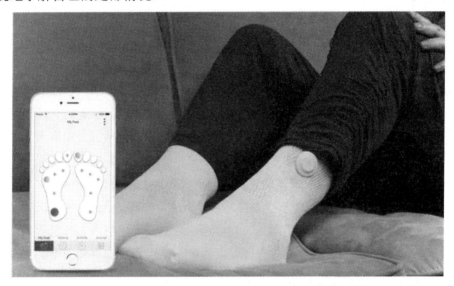

图 9-1　智能袜子和手机应用对糖尿病的监测

（3）借助 5G 技术实施远程医疗。诸如在新冠肺炎疫情期间，中兴和华为等企业在全国 210 多家医院紧急建设 4G/5G 网络；在北京小汤山医院 3 天内完成 5G 网络覆盖。例如，借助"5G+医疗"，多学科专家远程为重症患者进行诊疗，进而商讨和确定治疗方案。在武汉雷神山医院，北上广多家医院的专家通过 5G 连线开展远程会诊，对重症患者的 CT 影像进行研讨并确定治疗方案。

9.1.2　多种技术整合创新的普惠医疗

腾讯觅影聚合腾讯公司下属腾讯 AI LAB、优图实验室、架构平台部等多个人工智能团队，运用图像识别、大数据、深度学习等先进技术，与医学界合作研发能够辅助医生进行疾病筛查诊断、提高临床医生诊断准确率及效率的"AI 医学映像设备"。该设备可用于肺炎分析筛查、肺癌早期筛查、眼底疾病筛查、结直肠癌早期筛查、宫颈癌早期筛查。

还有机构研制了 AI 辅助诊疗设备，可用于智能导诊、病案智能化管理、诊疗风险监控。具体而言，诊前，AI 辅助诊断引擎模块可实现精准导诊，通过与患者对话，为患者提供"依症寻医"的导诊服务，引导患者顺利就医；诊中，诊疗风险监控模块可通过 AI 辅助医生进行鉴别排除，降低高危疾病漏诊风险；诊后，病案智能管理模块可助力医疗数据标准化和医疗大数据管理，提速医院规范化管理。

再如，以腾讯觅影 AI 电子阴道镜辅助诊断系统为例，截至 2020 年 8 月，该辅助诊断系统已在江西省妇幼保健院、辽宁省肿瘤医院、重庆市肿瘤医院等多家医院进行了产品定型前的测试，并已在深圳市妇幼保健院和辽宁省妇幼保健院上线使用。

9.1.3 面向慢性病患者的人体辅助设备

伴随人口老龄化，以及人们不合理的膳食习惯、缺乏运动、吸烟酗酒等，糖尿病、充血性心力衰竭、高血压等在内的慢性病患者逐年增加。这些慢性病患者患病时间长、服务需求大，故会占用大量医疗资源。近年来可穿戴设备的兴起为慢性病的预防和监控提供了便利。如苹果公司在 2015 年版的 Apple Watch 中嵌入了精准心率传感器，此后还增加了心脏监测功能，以及测试心电图所需的电传感器。由此，该 Apple Watch 可监测心肌泵送来的电信号甚至成为事实上的血压监测器。

近年来，苹果公司又与多伦多大学及华盛顿大学合作研制 Apple Watch Series 6，通过搭载 VO2 Max 和血氧传感器，可对哮喘、心衰及流感患者进行远程病情监测和数据分析。关于糖尿病的监测，患者可借助穿入使用者腹部皮肤的小尖头来监测血糖，并通过葡萄糖取样来获得持续测量结果，进而无线传输到 Apple Watch 显示屏。此外，苹果公司还与生产血糖监测套件的 One Drop 公司合作，借助监测套件将用户血液检测结果发送到 Apple Watch。

9.1.4 脑机接口系统在医疗领域的应用

脑机接口（brain-computer interface，BCI）又称"脑机融合感知"或"大脑端口"，是在人脑或动物脑与外部设备间建立的直接连接通路。关于脑机接口的研究对运动、感觉等能力受损的群体有重要意义。脑机接口的研究与实施涉及脑外科学、神经科学、材料学、微电子学、临床试验、计算机软硬件、网络通信、人工智能等多学科。

有一个典型的脑机接口的应用案例。美国男子罗伯特（Robert Buz Chmielewski），他少年时遭遇的一次冲浪事故使他四肢瘫痪，30 多岁才第一次自己吃饭。2019 年，历经长达 10 小时的手术，约翰霍普金斯大学医学院的医护人员将 6 个电极植入他的大脑，以此来控制他的一对机械手臂。该手术改善了罗伯特的双手对外界的感知，实现了意念控制（见图 9-2）。

从原理上讲，通过给罗伯特大脑两侧（控制运动和触觉的区域）植入皮质内微电极阵列传感器，左臂和右臂连接三个电极，其他电极连接到大脑区域，这些区域负责传递来自假肢手指的感觉反馈。术后，罗伯特能够通过脑机接口控制机器手臂，执行不同的任务，比如喂自己吃夹心小蛋糕。

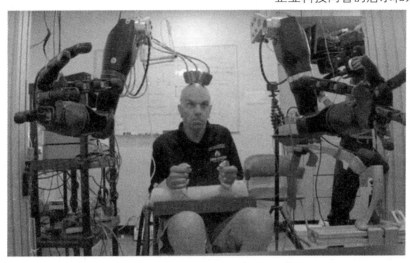

图 9-2 脑机接口在瘫痪病人身上的辅助应用

这些年，脑机接口的应用实践越来越多。2020 年 1 月我国浙江大学科研团队宣布"植入电极的志愿者可利用大脑运动皮层信号精准控制外部机械臂，实现三维空间运动"。2020 年 4 月，美国生命科学领域的权威学术杂志《细胞》刊登来自美国俄亥俄州的论文，介绍了"通过脑机接口系统恢复严重脊髓损伤患者手部触觉和运动能力的案例"，案例中人的触觉准确率达到了 90%。2020 年 8 月，美国 Neuralink 公司展示了最新的可穿戴设备 LINK V0.9 和手术机器人，通过现场的三只小猪和实时神经元活动进行连接演示，展示了脑机接口技术的实际应用过程。客观上，目前脑机接口技术的发展和应用已成大势所趋。

9.2 服务弱势群体（老年人群）的科技向善

我国已步入老龄化社会，同时空巢家庭增多，这使得老年人的生活便利性遇到了挑战。为提高老年人的生活质量，"智慧养老"成为一个时髦概念。相应地，针对老年人的可穿戴设备、智能养老监护设备、家庭服务机器人等如雨后春笋般出现。

9.2.1 帮助老年人记忆和观看的科技装置

常见的老年现象是"健忘"，甚至忘记吃药。于是有公司研制了智能化的 EasyPill 老人用药提醒装置。它可通过灯光来提醒老人按时用药、准确用药，还能记录用药情况，并通过相应的 App 软件及时告知医生和家人"老人是否吃药"，同时为老人后续的治疗提供数据。

"眼花"是另一种老年现象。基于此，日本三井化学公司研制了一种电子变焦眼镜 TouchFocus，可帮助佩戴该装置的老人看清近处和远处的物体。这种装置在镜片下方有个液晶显示区，用手指触碰眼镜腿上的开关，即可激活液晶镜片，调节焦距，进而在普通眼镜和老花镜之间切换；还有公司研制了 GLAX 可调节阅读老花镜。相比于 TouchFocus，GLAX 没有使用先进的电子技术，而是选择了简单直接的结构设计，通过按压镜腿的活动部分，即可调节眼镜的状态，使眼镜在普通眼镜和老花镜之间切换。这种眼镜更适合那些接受新鲜事物缓慢，甚至有抵触心理的高龄群体。

9.2.2　为老人代步的滑板车

老年人出行走路往往有些困难。为缓解老年人的行动不便，英国 Priestman Goode 工作室推出一款专为老年人设计的 Scooter For Life 滑板车（见图 9-3）。滑板车采用全电动模式，设计安全稳妥、端庄大方，配有偌大的前置购物袋。滑板车还可以轻松折叠，使携带它的老年人便捷地上下公交车辆。此外，滑板车具有路线学习功能，可以通过手机连接导航，给老年人设置一个固定路线，对于记性不佳的老年人，Scooter For Life 的"带我回家"功能可让老年人轻松到家。

图 9-3　专为老年人设计的智能滑板车

9.2.3　可期待的更为广泛的智慧养老设备

针对老年人的家庭养老，现阶段不少业界机构正致力于研制健康管理可穿戴设备、便携式健康监测设备、固定的自助式健康监测设备、智能养老监护设备，以及家庭服务机器人（见表 9-2）。其中所用的技术，主要是云计算、大数据分析、物联网技术、人脸识别、自然语言处理、GPS 定位技术等（见表 9-3）。

表 9-2　可期待的智慧养老设备

类　型	用　途	作　用
健康管理可穿戴设备	健康手环、健康腕表、可穿戴监控设备	对血压、血糖、血氧、心电等生理指标和健康状态进行实时、连续监测，实现在线即时预警
便携式健康监测设备	用于家庭的智能健康监测工具包	便于个人在家庭和移动场景中实时监测各项生理指标，并能借助在线管理系统实现远程健康管理等功能
固定的自助式健康监测设备	主要用于社区等公共场所的自助式健康检测设备	便利用户在社区、机构中随时随地自助完成基础健康状态检测
智能养老监护设备	用于家庭及机构养老的智能轮椅、监护床等智能监测、康复、看护设备，预防老人走失的内外定位终端	提高用户自主养老、自主管理的能力，提升社会和家庭养老资源的使用效率
家庭服务机器人	用于个人家居情感陪护、娱乐休闲、残障辅助、安防监控等的机器人	提供轻松愉快、舒适便利、健康安全的家庭生活，提高老年人生活质量

表 9-3　可期待的智慧养老设备常用的技术

应 用 领 域	应 用 场 景	涉及技术/模型
终端设备	智能摄像头	卷积神经网络、深度学习、机器学习、人脸识别、热成像
	可穿戴设备	云计算、物联网技术、GPS 定位技术、大数据技术等
	陪伴机器人	机器人技术、物联网技术、AR 技术、语音识别等
软件产品	监护系统	物联网技术、图像抽取、图像增强等
集成服务	虚拟养老院	物联网技术、云计算、GPS 定位技术、大数据技术等

9.3　服务弱势群体（残障人士）的科技向善

如何利用高科技辅助装置缓解弱势群体生活中的不便，是"科技向善"的重要议题。近年来创新者在这方面的努力主要是围绕助视器、助行装置、缓解手脚不便、缓解骨骼负重等方面的创新。

9.3.1　为盲障人士装上眼睛：助视器

有机构研发的助视器由头部可穿戴摄像头和口含式传感器组成。该助视器可将摄像头捕捉到的视觉信息转换为微电脉冲信号，盲障人士可以通过舌头上的传感器感受到这些信号，从而判断周边物体的形状、大小和运动轨迹等。实验表明，这种助视器可较为有效地为盲障人士指路、引路（见图9-4）。

图9-4　服务盲障人士的助视器

9.3.2　让残疾人行动起来的科技辅助装置

目前，有较多科技辅助装置可让残疾人站起来、动起来。残疾人在生活中只能依靠轮椅移动，这既不方便，而且久坐又会导致双腿肌肉萎缩。目前，土耳其一家科技公司研制了这样一种轮椅，通过脚踏板和安全带固定下肢残疾人士的双脚和腰部，帮助使用者站立起身，解决他们行动不便和久坐双腿肌肉萎缩的问题。

外骨骼机器人是一种常见的科技辅助装置。这种骨骼机器人可通过"力反馈"技术以及分布在各个关节上的19个不同的传感器和11个分布式CPU模块，感知使用者在步行中的足底压力变化并做出判断，然后把指令传输给电机，以达到帮助使用者行走自如的目的（见图9-5）。

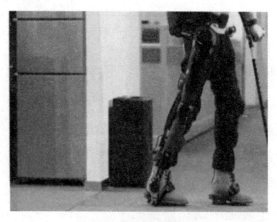

图9-5　骨骼机器人

此外，还有机构研制出帮助残障人士的Stik Mobility System行动系统和ENEA 3D打印手杖。所谓Stik Mobility System行动系统，即特殊人群行动系统。该系统由手杖和放置在空间中的众多壁挂支架组合而成，可以帮助老年人和残障人士独立完成一系列动作，如上厕所、下床、出入浴缸。同时，手杖也是行走辅助工具（见图 9-6）。

图 9-6　Stik Mobility System 行动系统

相对于 Stik Mobility System 行动系统的奇妙，伦敦一家研发机构——Shiro Studio 工作室研制了一种名为 ENEA 的 3D 打印手杖，它有一个圆滑、优雅的设计和不同寻常的三叉式手柄，解决了常见移动辅助设备的视觉和使用问题，且由于是多孔的，因此 ENEA 非常轻。

9.3.3　让残疾人自我照顾的手套

因脊髓损伤、中风、脑瘫等原因致残的残疾人的四肢灵活度会大大下降，甚至会失去日常生活自理能力。于是，韩国一家机构的科学家研制出一款能够让残疾人"自我照顾"的聚合物手套。该手套嵌入了肌腱驱动装置，当使用者把手指穿戴进去后，按下按钮，手指就能自由弯曲和伸展，辅助抓握物体，由此方便了残疾人的日常生活（见图 9-7）。

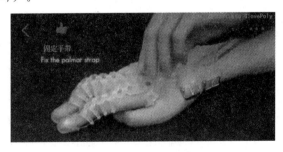

图 9-7　自我照顾手套

9.4　服务弱势群体（自闭儿童）的科技向善

自闭症是严重危害儿童身心健康的广泛性发育障碍，且由于病因未明，缺乏有效的治疗药物。自闭症儿童很难解读在我们看来稀松平常的日常交流，他们在言语表达和情绪表现方面都存在很大的困难。近年来，自闭症的发病率有不断增长的趋势，被认为是当今世界最为严重的"公共卫生挑战"之一。有数据显示，我国的自闭症患者已超过了 1000 万，其中每 59 人就有一个儿童。自闭症患者通常有三种表现，即社交障碍、非语言和语言交流障碍、兴趣狭窄及刻板重复的行为方式。为帮助自闭症儿童提升沟通能力，一些机构研制了不少很有意思的产品。

9.4.1 让自闭症儿童玩起来的 Leka

有机构研制了一种叫 Leka 的互动设备。Leka 可通过发出声音、播放音乐、发光、震动，甚至说话，让自闭症儿童在玩耍中充分调动多个感觉器官，用游戏激发自闭症儿童的自主能力。同时，这款设备还可以根据不同儿童的特殊需求和舒适感进行个性化定制（见图 9-8）。

图 9-8　Leka 互动机器人

9.4.2 调节自闭症儿童情绪的科技装备

有机构研制了一种叫 Synchrony 的产品。Synchrony 的造型像个鼓，用硅胶制成，质地光滑，可以通过播放音乐诱发自闭症儿童的愉悦心情，从而改善自闭症儿童与其他玩伴的关系，促进消除自闭症儿童在社会交往中的心理障碍。

国外也有机构研制了一种叫 Smartstones Touch 的智能发声器。Smartstones Touch 能让自闭症儿童主动"说话"。这是一款手掌大小、造型类似鹅卵石的智能设备，它能够远程控制一款名为 Prose 的 App。自闭症儿童可以通过敲击和滑动等动作让 App 大声"说出"预先设定好的词句，且不同的动作可以引发 Smartstone Touch 之前设定好的发光、发声或者震动等模式，这样自闭症儿童就能够在与他人交流过程中获得触觉上的反馈。

9.4.3 帮助自闭症儿童提高社交能力的 Kaspar 机器人

有机构研制了一种叫 Kaspar 的机器人，可专门教自闭症儿童与他人进行安全有效的沟通。Kaspar 可以说话、唱歌、梳头发，还可以模仿吃饭的动作。简单的脸部设计方便自闭症儿童理解 Kaspar 的面部表情。同时，Kaspar 也能对他人的触碰做出反应。如果自闭症儿童在玩耍过程中做出太多粗鲁的举动，Kaspar 就会发出提示；而且 Kaspar 可以作为学习工具，帮助自闭症儿童在与同龄人的交往中获得舒适感。

9.5 关于科技向善的创新的研究展望

业界现在已有不少科技向善的创新实践，这催促学界应加快和深化对科技向善的创新的研究。从以往业界实践和学界研究看，当前和未来一段时期，关于科技向善的创新的研究，应重点关注三个方面的问题，即科技向善的创新的主体、过程及其需要的社会生态。

9.5.1 关于科技向善的创新的主体

创新是由相应的创新主体推动、实施的。对于常规的商业领域的创新，创新的主体基本是工商企业。但在科技向善的创新领域，创新的主体可能首先是科研机构，其次是潜在用户的关系密切者，第三位的才是企业。其中有三个方面的原因。一是因为科技向善的新产品的研制多数需要新的科技知识，甚至需要做一些应用科学研究或科学试验，这就使得在科技向善的创新领域，科研机构具有独到的优势。二是创新的触发更需要"创意"。在科技向善的创新领域，关系密切者可根据潜在用户的具体需求构思一些用品，其后做成较为粗糙的原型产品，供潜在用户使用。比如，某个人腿脚不方便，其关系密切者为让他生活得更好些，可能会根据这个人的具体情况，为他设计并制作拐杖之类的辅助用品。三是科技向善的创新用品本身会有一定的市场需求。有逐利意识和适用技术的工商企业自然也会成为这一领域的创新主体。其中，将关系密切者为潜在用户构思的原型产品进一步完善，将是企业向善创新的重要知识源。

9.5.2 关于科技向善的创新过程

在科技向善的创新过程中（见图 9-9），创新者萌生向善的意识是十分重要的。换言之，创新者只有萌生了向善的意识，才会去努力发现社会中"向善的需求"，进而才会去开发适用技术，研制向善产品。产品研制成功后，让潜在用户试用、体验新产品；然后根据潜在用户试用、体验新产品后的感受和建议，进一步对产品做些调整，使其完善，再开发更大的规模化市场。

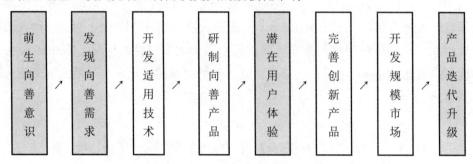

图 9-9　科技向善的创新过程模型

任何新产品都难以一蹴而就，随着更多客户的使用，未来对产品的迭代升级也是很重要的。华为、苹果的手机正因为有了多轮次迭代，才有了我们今天所感受到的"便捷、实用、高大上"等。特别是当某种产品经多轮迭代已不能满足用户新的需求时，乐于持续向善的企业就需要研制新的向善产品，开发新的适用技术，甚至需要主动、前瞻地发现潜在客户尚未满足的向善需求。

9.5.3　关于科技向善的创新需要的社会生态

创新者谋求科技向善的创新，目的是为社会提供有益的产品，这也需要良好的社会生态。首先需要潜在用户的配合，诸如他们愿意为创新的企业或机构展示和表达自己的需求；在创新者研制出向善的产品后，试用的用户要乐于帮助创新者发现产品缺陷，提供产品完善所需要的建议。更为重要的是，政府作为社会的"守护人"，要为企业研制向善产品提供宽松的环境；政府作为市场的"监管者"，要为创新者向市场推出向善产品提供各种审批、核准的"绿色通道"，以使向善的新产品能够较快地被潜在客户所看到、所买到。同时，购买向善产品的客户如果生活上有一定困难，自然希望向善产品"物美价廉"。为此，一方面，创新者要尽可能地降低向善产品的生产成本和对利润追求的欲望；另一方面，相关政府部门也应对向善产品降低税收，让用户能够买到物美价廉的向善产品。

"科技向善的创新"是个永恒的话题，期待业界努力实践，也期待学界就科技向善的创新的主体、过程及社会生态等，更为深入系统地进行考察和研究。

本章参考文献

[1] 王飞. 伦克的技术伦理思想评介[J]. 自然辩证法研究，2008（3）：57-63.

[2] 孟猛猛，陶秋燕，雷家骕. 企业社会责任与企业成长：技术创新的中介效应[J]. 研究与发展管理，2019，31（3）：27-37.

[3] 刘振，杨俊，张玉利. 社会创业研究：现状述评与未来趋势[J]. 科学学与科学技术管理，2015，36（6）：26-35.

[4] 陶秋燕，高腾飞. 社会创新：源起、研究脉络与理论框架[J]. 外国经济与管理，2019，41（6）：85-104.

[5] 杜旌，穆慧娜，刘艺婷. 集体主义的确阻碍创新吗？——一项基于情景作用的实证研究[J]. 科学学研究，2014，32（6）：919-926.

[6] 雷家骕. 疫灾时期科技向善的创新[J]. 网信军民融合，2020（3）：29-32.

[7] 江积海，阮文强. 新零售企业商业模式场景化创新能创造价值倍增吗？[J]. 科学学研究，2020，38（2）：346-356.

[8] 司晓，马永武. 科技向善：大科技时代的最优选[M]. 杭州：浙江大学出版社，2020.

[9] 江积海，刘芮. 互联网产品中用户价值创造的关键源泉：产品还是连接？——微信 2011－2018 年纵向案例研究[J]. 管理评论，2019，31（7）：110-122.

[10] 江积海，廖芮. 商业模式创新中场景价值共创动因及作用机理研究[J]. 科技进步与对策，2017，34（8）：20-28.